般若法雨润无声，洛影华梵一生情；
孤灯青影研不倦，不事标奇自高行。

天竺惠风临回鹘，王师歧路擎明灯；
廿年受教师恩重，以介眉寿贺龟龄。

——杨富学《拜贺王师七十华诞》

风流集

王邦维教授古稀寿庆文集

陈明　周广荣　主编

中西書局

图书在版编目(CIP)数据

风咏集：王邦维教授古稀寿庆文集 / 陈明，周广荣主编. —上海：中西书局，2021.9
ISBN 978-7-5475-1867-0

Ⅰ. ①风… Ⅱ. ①陈… ②周… Ⅲ. ①王邦维-纪念文集 Ⅳ. ①K825.46-53

中国版本图书馆 CIP 数据核字(2021)第156816号

FENGYONGJI——WANGBANGWEI JIAOSHOU GUXISHOUQINGWENJI
风咏集——王邦维教授古稀寿庆文集
陈 明 周广荣 主 编

责任编辑 王 媛
装帧设计 黄 骏

出版发行 上海世纪出版集团
中西書局(www.zxpress.com.cn)
地 址 上海市陕西北路457号(邮政编码：200040)
印 刷 上海盛通时代印刷有限公司
开 本 700×1000毫米 1/16
印 张 19.25
字 数 304 000
版 次 2021年9月第1版 2021年9月第1次印刷
书 号 ISBN 978-7-5475-1867-0/K·369
定 价 98.00元

前　言

时光匆匆，又到一年金秋。遥想我第一次坐在能看见博雅塔的教室里，听王老师娓娓道来，已是二十几年前。其景其情又仿佛就在今天上午，那如沐春风的感觉一刻也没有远离过。

王老师性格温和，有别人难以企及的资历和学识，却从不张扬，而是静水流深，宁静致远。无论我们做得多么不好，他都没有发过脾气，也没有批评，只有苦口婆心的点拨。“要爱惜自己的羽毛”，“德国人很讲时间观念”，诸如此类，已经是他最严厉的告诫了。

王老师习惯亲力亲为，从不给学生增加负担。在新冠肺炎疫情严重的春天，正赶上他乔迁新居，他和师母冯老师用布袋子把书一包又一包、一趟又一趟地从燕北园扛到新居。想象他们搬书的画面，那真是一首无言的长诗。

王老师热爱土地和耕作，燕北园的一个小院子就缠住了他和冯老师的心。点滴汗水，换来丰收的瓜果，那芳香和甘甜，在众人的分享中，变成了老师们满满的笑容。

曾贴在三角地橱窗里的一张照片令我印象深刻：在季羡林先生的书房里，王老师手捧着一本大书。青春的光华照亮了书房，也照亮了我们前行的路。我们能有这样的老师，是多么的有福气，多么的幸运！

这本小册子是我们跟随王老师学习后的汇报，相比王老师指点给我们的境界，还有很远的距离，“虽不能至，心向往之，非曰能之，愿学焉”。我们愿意跟在王老师身后，一步一步向前！

值王老师古稀寿庆之际，谨此祝福，以示相期于茶之意！

陈　明

2020年9月15日

拜贺王师七十华诞

杨富学

般若法雨润无声，洛影①华梵②一生情；
孤灯青影研不倦，不事标奇自高行。

天竺惠风临回鹘，王师歧路擎明灯；
廿年受教师恩重，以介眉寿贺龟龄。

---

① 洛影，唐义净《南海寄归内法传》在述及古代测定时辰之法时有“洛州无影”一语，学界不得其解。王邦维师撰《“洛州无影”与“天下之中”》（刊《四川大学学报》2005年第4期），指出洛州即洛阳，其位置在北回归线以北，从天文的角度来说一年之中任何时候都不可能出现“无影”的情形；但王师偶然发现在洛阳附近一处地方，确实可以见到“无影”的奇观，并根据实时实地的考察进行讨论，认为这与中国古代把洛阳看作是“天下之中”的观念有关。

② 华梵，王邦维师终生研治印度历史文化及其对中国的影响，撰成《华梵问学集——佛教与中印文化关系研究》（兰州大学出版社，2014年12月版）一书，享誉学林。

目　　录

“念”字小考*

——佛典汉译中的词义变迁

常 蕾

内容提要： 佛经汉译词汇一词多义的情况并不罕见，甚至有些词义相差甚远，其成因值得深入探索。本文以“念”“念念”等佛经译词为核心，以梵汉佛经对勘为基础，详辨“念”在佛典中的确切含义，溯源“一念顷”等词汇的形成过程，揭示“念念”等译词兼具源头语和目的语的双重特征。

关 键 词： 念 刹那 一念心 梵汉对勘 佛经翻译

作者简介： 常蕾，文学博士，中国社会科学院外国文学研究所东方研究室助理研究员。2001年9月—2007年1月，在王邦维教授指导下，于北京大学外国语学院南亚系攻读印度语言文学专业博士学位。

畺良耶舍所译《佛说观无量寿佛经》中有这样一段话：“如此愚人临命终时，遇善知识，种种安慰，为说妙法，教令念佛。彼人苦逼，不遑念佛。善友告言：‘汝若不能念彼佛者，应称归命无量寿佛。’如是至心令声不绝，具足十念，称南无阿弥陀佛。称佛名故，于念念中除八十亿劫生死之罪。命终之时见金莲花，犹如日轮住其人前。如一念顷，即得往生极乐世界。”[①]确知语义是研究佛典的第一关。此佛典中的“教令念佛”“不遑念佛”“不能念”“十念”“念

* 本文原刊于《宗风》庚寅冬之卷，北京：宗教文化出版社，2011年12月。

① 《大正新修大藏经》（以下简称T，T后数字代表册数）第12册，第346页。

念”与“一念顷”等词汇中所使用的“念”字，含义是否相同，应作何解？这一问题如果仅仅从汉语的角度考察，不易有清晰的解答，如果在佛经梵汉对勘的烛照下，也许会有新的理解。

以《十地经》[①]为例，译为“念”的梵文词主要有以下三类：

1. smṛti：有记忆、回忆、忆念、觉知（remembrance, thinking of, mindfulness）等含义。这是被译为“念”的次数最多的一个词。[②]

2. 由词根klp构成的名词，如kalpa或saṃkalpa。[③]kalpa一般译为劫或劫波，与kṣaṇa（刹那）相反，是极长的时间概念。不过在佛典中有时用作“分别”“念虑”等含义。saṃkalpa意谓分别、念头、妄念（conception or idea formed in the mind or heart）。这个词的对译在几个汉译本中不完全固定，但有三个译本译为“念”。在supariśodhita-saṃkalpānāṃ一句中，地论本是“善清净诸念”。实本和尸本译作“善洁思念”。在这三个译本中，saṃkalpa译为“念”或“思念”。

---

① 《十地经》保存至今的有六个古代汉译本，已刊行三种梵文校勘本，另有尼泊尔所藏最早的梵文贝叶经。这些众多的梵汉版本各自形成于不同的时期和不同的地域，颇能反映佛经汉译的不同特点。汉译本最早为公元3世纪竺法护所译《渐备一切智德经》，最迟为唐贞元年间尸罗达摩与悟空的译本，时间跨度长达500年。竺法护、鸠摩罗什、实叉难陀、义净等著名的译师都曾参与此经的传译，古译、旧译乃至新译的风格都有所体现。（下文以译者简称代译本）从空间上来看，此经的传译地点不仅有当时的中心长安、洛阳等地区，更有建康（今南京），甚至北庭（今乌鲁木齐东）等地。

② 如bodhicitta-smṛty-asaṃpramoṣāya（护：逮菩萨意。什、跋：不忘失菩萨心故。留：忆念不忘菩提心故。实：忆念菩萨心不忘失故。尸：为菩提心念不遗失。）留本、实本译为动词性的“忆念”，尸本则译为名词性的“念”。又如apramāõa-smṛti-bhājanatayā（护：其道器意，不可限量。什：能持无量念故。跋：念持无量法故。留：念持无量法故。实：念其无量法器故。尸：以无量念而为器故。）护本对smṛti的翻译是“意”，什本和实本、尸本都译作“念”，留本是“念持”。再如smṛti-dhṛti-viśuddha-buddhe（护：其意坚固行清净。什、跋：戒念慧清净。留：念坚清净慧。实：念持清净行。尸：念持清净慧）。此句和上句相类似，护本译为“意”，什、跋、留本、实本和尸本均译为“念”。

③ 在akalpa-kalpa-apagataṃ一句中，kalpa的含义是思虑、分别（护：无念以舍念。什、跋：非思量所得。留：非分别离念。实：非念离诸念。尸：不可分别离分别）。第一个kalpa加了否定的前缀a，第二个kalpa与表示离开、离弃的apagata构成依主释复合词，意为离思虑。这个依主释作为整体与akalpa构成相违释复合词，为并列的关系。法护和实叉难陀将两个kalpa都译出，译词均为“念”。尸本译为两个“分别”。什本和跋本只译出一个“思量”，只有留本，既用了“分别”，又译为“念”。

3. kṣaṇa：表示极其短暂的时间。作为“念”的译词来说，kṣaṇa在《十地经》中出现的频率相对比较高。[①]

从以上分类可以看出，同一个译语“念”对应的梵语词汇有三种来源：一种是表示忆念的smṛti，另外一种是表示念头、思虑、想法、妄念等的词语，如kalpa、saṃkalpa等，还有一种是表示极其短暂的时间的kṣaṇa。

一、忆持不忘——修行方式的概称

smṛ是梵语名词smṛti的动词词根，词义较多，依据印度学者阿伯代（V. S. Apte）的《实用梵英词典》（*The Practical Sanskrit-English Dictionary*）等词典，主要有记住不忘、忆起、思索、称诵（名号）等含义。[②]作为阴性名词的smṛti的词义非常丰富，在印度文化中一般指“传承”，即与吠陀相对的各种法论。[③]smṛti主要的含义中记住不忘、忆起、思索与上古的“念”字含义相近。上古汉语中“念”的主要含义是“思念”，如《说文解字》中解释“念，常思也”，正与这个义项非常贴合。这也是“念”在佛教经论中被广泛使用的一个义项。如《大乘广五蕴论》云：“云何念？谓于惯习事，心不忘失，明记为性。惯习事者，谓曾所习行，与不散乱所依为业。”[④]此处明确表示“念”是系心不忘之意。

然而需要注意的是，与汉语词“念”的“常思”义项相比，“念”作为smṛti相应译词的确切含义不仅有“常思”一项，而且也包括心专注于所缘之境、不散乱、明记、忆持不忘。不仅如此，“念”还是佛教的一种修行方法，如安般念、四念住、六随念，这三种修行方法的共同特征是强调系心一处、明

---

① 如sarva-jagat-paripācana-vinaya-yathākāla-kṣaṇa-adhiṣṭhāna-sarva-kriyā-saṃdarśana-kuśalaiḥ，在什本和跋本中，kṣaṇa对应的译词是“念念”，留本对应的译词是“刹那”。

② 泉芳璟在《梵文无量壽經の研究》中“原語より見たる念佛の意義”一节讨论了smṛ的记忆和唱诵两个义项。

③ 吠陀是天启的，即听闻的（śruti），而法论是传承的（smṛti）。两者的规定都是神圣应遵循的。最知名的《摩奴法论》原本的名称就是*manusmṛti*。

④ 地婆诃罗译：《大乘广五蕴论》，T31，第851页。

记不忘失。

安般念（ānāpānāsmṛti）即观呼吸（安那般那ānāpānā，即出入息）的修法，通过对出息和入息的专注观照达到心一境性。安般念传入汉地的时间比较早。东汉的译经师安世高已经译出大、小两部《安般守意经》。四念住（catvāri smṛty-upasthānāni）是佛教的基本修行法之一，指观身不净，观受是苦，观心无常，观法无我。通过四念住的修习，修行者可以达到观见身如虚空，受不在内不在外，心唯有名字，法不为善不为不善，身、受、心、法四者皆不可得的境界。直到现在，安般念和四念住在南传佛教中都是非常重要的修行方式。

无论是安般念还是四念住，其中的“念”都没有反复称诵（名号）的义项。但是在“六随念”及其“念佛”法门中，逐渐加强了这一义项，即“唸”的含义。六随念（ṣaḍ-anusmṛtayaḥ）①，又称为六念门，指念佛、念法、念僧、念戒、念施、念天。主要见载于《长阿含》和《杂阿含》等阿含经，大乘经论如《摩诃般若波罗蜜经》《大集经》《华严经》《大智度论》②和《瑜伽师地论》等亦曾提及这一修行方法。③六随念中念佛的确切含义尤其值得注意。在阿含经中，念佛也称为佛随念，主要指通过思维佛的功德、佛的相好庄严或者佛的十种名号所指向的成就等，增进信心、提升修行。④

在唐代的口语中，“念”作为诵读的义项已经极其普遍了。⑤蒋绍愚先生在《论词的“相因生义”》一文中指出类推作用造成词的“相因生义”，并

---

① anusmṛti（随念）由smṛti和前缀anu构成。“随”字正是anu的对应译词。

② 《摩诃般若波罗蜜经》和《大智度论》从大乘般若的角度提出对六念的不同理解，无忆、无念是为念佛、念法。

③ 昙无谶译《大般涅槃经》尤其提供了较为详细的解释（见T18，第468页及以下）。这部经提到念佛的主要内容依然是思维佛的功德、相好庄严和佛的各种名号代表的特殊成就，只是与阿含经相比更为铺张华丽。作为六随念之一的念佛，在汉地注疏中得到了正确的理解。如隋代净影寺慧远在《大乘义章》中说：“六念之义出《涅槃经》。守境名念……”

④ 作为重要的护卫方式，佛随念至今仍是南传佛教修学必不可少的一部分。

⑤ 日本僧人圆仁所著《入唐求法巡礼记》在描写当时的佛教仪式时多处使用的“念经”“念佛”，都是指诵经、称诵佛号，如“新罗诵经仪式（大唐唤作“念经”）”“同音念‘阿弥陀佛’”等。又如《坛经》中“此须心行，不在口念。口念心不行，如幻如化，如露如电。口念心行，则心口相应，本性是佛，离性无别佛。”这里的“口念”与“心行”相对举，应是口中念诵之意。中国的文学作品中也出现了意义为诵读的“念”。如《西游记》多处提到唐僧“念紧箍咒儿”，各路神仙“念咒语”“念真言”等。

以“念”为例，认为“到了中古，在佛教中产生了‘念诵’一词，《普贤观行语》:‘在心曰念，发言曰诵，言由于心，故曰念诵。’这里的‘念’还是‘思念’的意义，但因为和‘诵’连用，它就取得了‘诵’的意义，因此就有了‘念经’、‘念佛’等说法。……”[①]作为诵读之意的念，多出现在口语体的著作或小说中。净土宗更是有“持名念佛”的修行方式。在这种方式中，念并不仅仅是指与“唸”相通的口中反复称诵佛名，更是历代弘扬净土的大德所强调的忆念、专注不散乱。净土宗常用的一个比喻就是念佛要如母子相忆一般不忘不失。这正是smṛti所对应的“念”字在佛教语境中的本义。在佛典中，“念”主要承载的仍是smṛti的忆念不忘的含义。

二、思索与妄念——新词义的灌注

表示思索、念头、妄想等含义的“念”字，对应的是与思维相关的梵语词。这些词大致可分为两类。一类是表示思索、思考的词，如manas-√kṛ译为“念”。[②]这个词由manas（意、意识）与动词词根√kṛ（做，运用）构成，意思是作意、思维等。从“思维”的含义来讲，以“念”对译很合适。另外一类是表示妄念或念头的梵语词。如samkalpa、vikalpa及kalpa等。这几个动词的词根是√klp，意思是适合、产生、安排等。由√klp加上前缀和后缀所构成的词在佛经中多指妄想、分别。[③]虽然上古汉语中“念”字主要表示“思”，很少有“念头”的含义，更没有“妄想”“分别”等义项，但是有“忧思”“思量”的用法，并且汉语中缺乏直接与这类词义对等的词汇，因此初期的译师选择了词义接近的“念”来对译这些词也在情理之中。随着佛典和佛教的影响越

---

① 《蒋绍愚自选集》，郑州：河南教育出版社，1994年，第11页。

② 《阿弥陀经》中鸠摩罗什所译“念佛、念法、念僧”一句，其中“念”对应的现存梵本作manasikāra。这个梵文词是由manas（意，意识，思维）和kāra（作）构成的复合词，可理解为作意、思维。

③ 如《楞伽经》中vikalpa一般通指“分别”。vastuvikalpavijñāna指与阿赖耶识相对的“分别事物识”。nirvikalpa指“不起分别”。实叉难陀本将saṅkalpa、vikalpa和parikalpa分别译为“总分别”“别分别”和“遍分别”。

来越大，中古汉语中“念”的词义就更为丰富，“念头”“妄念”等在佛典中成为常见的义项，禅宗强调修行时“不怕念起，只怕觉迟”，又说“打得念头死，许汝法身活”。其中的“念”指的就是“念头”或“妄念”。不仅如此，这个义项还逐渐进入了本土著作和口语，如《儿女英雄传》《官场现形记》等多处使用“转念一想”“回心转念”“心上转念头”等语。

“转念之间”这类的词语用心念的转变表示时间的短暂，这样的表达方式，还与下面将要讨论的“念”的另一个来源kṣaṇa有关。

三、刹那·一念心——哲学范畴的延伸

“念”还有一个重要的对应译语是kṣaṇa。佛典中表达时间短暂性最常用的词语莫过于kṣaṇa，即刹那。kṣaṇa的词源学解释有两种。一种是印度传统语法学的解释，如耶斯卡（Yāska）在《尼录多》（*Nirukta*）中说“kṣaṇaḥ kṣaṇoteḥ prakṣṇutaḥ kālaḥ”，也即是说kṣaṇa的词根是kṣaṇ（破坏，伤害），是破碎的时间。另一种是曼弗雷德·迈尔霍费尔（Manfred Mayrhofer）的《简明梵语词源词典》（*A Concise Etymological Sanskrit Dictionary*）认为其词源是akṣan或īkṣaṇa，词义都是眼睛，kṣaṇa意谓眨眼间。[①]无论哪种词源学的解释，kṣaṇa都指极其短暂的时间。玄奘在《大唐西域记》中的解释也是如此：“时极短者，谓刹那也。百二十刹那为一呾刹那。六十呾刹那为一腊缚。三十腊缚为一牟呼栗多。五牟呼栗多为一时。六时合成一日一夜。”按照这种解释，一刹那约相当于0.013 3秒。[②]

梵语词kṣaṇa的汉译语除了音译词“刹那”之外，另外还有一类意译词，

① 有关kṣaṇa词源学的解释及相关讨论，参见Alexander von Rospatt, *The Buddhist Doctrine of Momentariness: A survey of the Origins and Early phase of this Doctrine up to Vasubandhu*, Dissertation，1995，第94页及以后。

② 另一种相似的解释见于《俱舍论》卷12：“如壮士一疾弹指顷六十五刹那。如是名为一刹那量。”T29，第62页。

即“念”或“念念”[①]。因早期汉译佛典的原文本或不存，或不易确证，故而难以断定最早将kṣaṇa译为“念”的出处和译者[②]。早于鸠摩罗什的西晋竺法护所译的《渐备一切智德经》既没有出现音译的“刹那”，也没有使用“念”，而是用中土固有的表达方式，如“斯须”“一时”等词汇来对译。[③]中国古代表示时间短暂的本土词汇很丰富，有各种表示方法。早期多以“须臾”来表达，如屈原《九章》:“羌灵魂之欲归兮，何须臾而忘返?”《礼记·中庸》:“道也者，不可须臾离也。”也有使用肢体、五官动作的某些动宾短语或并列短语来表示时间短暂，如反掌、反踵、捻指、弹指、眨眼、转眸、转目、转瞬、转眼、转盼、俯仰、瞬息、指顾，等等。[④]如果转瞬、一时等词也可以对译kṣaṇa，那么当年的译者为何还要用“念”这样一个心理名词对译时间名词kṣaṇa？

首先，佛经中对于时间的区分很细，在汉语中难以找到足够对应的译语，只能采用音译或创译。《法华经》和《金光明经》等梵文佛经中使用复合词kṣaṇa-lava-muhūrta表示短暂的时间。kṣaṇa、lava和muhūrta都是表示时间的词语，kṣaṇa的单位在三者中最小[⑤]。玄奘在《俱舍论》《大毗婆沙论》诸论中采用了音译的方式，将kṣaṇa译为“刹那”，lava译为“腊缚”，muhūrta译为“牟呼栗多”。采用创译的例子也很多。佛陀跋陀罗翻译的《摩诃僧祇律》(T22，第360页)中说:“二十念名一瞬顷。二十瞬名一弹指。二十弹指名一罗豫。二十罗豫名一须臾。日极长时有十八须臾。夜极短时有十二须臾。”对于这些时间名词，译者使用了创译(念、瞬顷、弹指、须臾)与音译(罗豫)结合的

① kṣaṇa还有一个译语“暇满”。在《维摩诘经》中，鸠摩罗什译为“无难”，玄奘译为“有暇”。aṣṭākṣaṇa 译为“八难”或“八无暇”，指佛世难遇、正法难闻的八种境况。这个译语与本文关联不大，故暂置而不论。

② 在安世高的译经中，已经使用了“一念”“念念”等词语。

③ 竺法护虽然在《渐备一切智德经》中并没有使用“念”或“刹那”，但是在《普曜经》中则使用了“其顺道训，念念安隐，淡若净水”(见T3，第505页)。比对现存的梵本*Lalitavistara*(Vaidya校本)，包括此句在内的这一小段有关菩萨状态的描述都不见于现存梵本。

④ 详细分析参见王海棻:《记时词典》“序言”，合肥：安徽教育出版社，1999年。

⑤ 三者的关系参见前文所引《大唐西域记》的论述及《俱舍论》卷12:“刹那百二十为一怛刹那。六十怛刹那为一腊缚。三十腊缚为一牟呼栗多。三十牟呼栗多为一昼夜。”T29，第62页。

方式。

其次，在创译的过程中，为什么入选的是“念”而不是别的词语？佛教禅法一个重要的特质是观照心念的迅疾无常。早期译经师如安世高即已传入安般守意等禅定方法，罗什亦有禅法传授，佛陀跋陀罗更以禅法的纯正传承而见重于当时，而参加佛经传译的中土人士都是投身佛法的实践者和传承者，并多为译主的弟子，对于心念的短暂性当不会陌生。这是以“念”来创译kṣaṇa的修习背景。然而若直接以心念对译时间名词kṣaṇa，应当还有更为直接的证据。对于这一问题，可以从与kṣaṇa有关的几个复合词入手。

第一个是cittakṣaṇa。如鸠摩罗什译本《十住经》（即《十地经》）中“于一念顷能至十方诸佛大会，劝发谘请”一句对应的梵文是cittakṣaṇa-sarvatathāgata-parṣanmaṇḍala-upasaṃkramaṇa-pūrvaṅgama-kathā-puruṣaiḥ。法护译本此句没有对应的译文，尸罗达摩译本将其中的citta-kṣaṇa译为“心刹那”，其余四个译本都译为“一念顷”。这是一个巧妙的意译。这个复合词的译语中，“念”应当指citta（心、心念），“顷”才是kṣaṇa的译词，这样联合表现时间的极短。后来汉地佛经注疏也用“念顷”来注解音译词刹那。如《华严经探玄记》卷十八（T35，第458页）：“刹那者，此云念顷，于一弹指顷有六十刹那。”也有一些经论在解释刹那的时间长度时，称一念为一刹那，或者一念中经六十刹那、九十刹那等。

另外还有复合词eka-kṣaṇa和eka-citta，这两个词都对译为“一念”“一念心”或“一刹那”。《十地经》的译本中除了护本、尸本，其他四个译本多将eka-kṣaṇa（一刹那）译为“一念”。[①]从梵文来说，eka-kṣaṇa仅指短暂的一瞬间，与心念并无关系。但是eka-citta指“一心”。如《维摩诘经》中eka-citta罗什译为“一念”，玄奘译为“一刹那心”。[②]

---

① 如tryadhvaikakṣaṇa-vibodhanāya（为了一刹那间知晓三世），护译为“一时觉了，三世世事”，什译与跋译为“为于一念中知三世事故”，留译为“为得一念中觉三世事故”，实译为“为一念知一切三世故”，尸译为“为一刹那能知三世”。ekakṣaṇa在几个译本中多译为“一时”“一念”和“一刹那”。

②《维摩诘经》中罗什所译“一念知一切法是道场”，玄奘的对应译文是“一刹那心觉一切法究竟无余是妙菩提”，对应的梵文是ekacitta-niravaśeṣa-sarva-dharmānubodhamaṇḍa，两位译师分别译ekacitta为“一念”和“一刹那心”。

如此可以明了印度惯以心念变换之迅速表达时间的短暂性，这一传统又经由佛教的传译渗透到中国的观念之中。中国的表达方式如顷、转目等进一步和这个表达方式融合，形成“一念顷”“转念”等用法。在汉语语境中，“一念”和“一念心”是与表达时间短暂有关的词语，又因和心念相关联而发生词义转变。由于在译语的选择上，这些复合词都使用了“一念”“一念心”，这使得即使是来源于ekakṣaṇa的译语“一念”也因与心念相联系而有了新的含义。

在翻译的佛典中，《般若经》《华严经》《大宝积经》等经论都有“一念”“一念心”的使用，但是并无详细或特别突出的解说。在后来的中国佛教哲学中，“一念”和“一念心”虽有所区分，但是在很多语境下可以互指，并且成为中国佛教宗派如天台、华严、禅宗、净土的重要范畴，[①]甚至成为宋明理学惯用的术语。天台宗智者大师提出的“一念三千”，不仅成为中国佛教哲学的一个思想高峰，而且是后世的思想源泉，是中国思想史上极应注意的重要概念。

四、念念——水乳交融的体现

“念”这三种来源不同的词义“忆持不忘”“心念”和“极短暂的时间”几经变迁，在汉语的语境中融合体现于一个词语上，即“念念”。

通过梵汉佛经的对勘可以发现，“念念”的来源主要与kṣaṇa有关，在有些经典如《十地经》中，kṣaṇa直接译为“念念”。另外kṣaṇakṣaṇa和cittakṣaṇa等复合词也有对译为“念念”的例子。梵语词汇重复使用表示全体、每一个，kṣaṇakṣaṇa含义是每时每刻，强调时间上的不间断性。这个复合词一般仿译为“念念”或“刹那刹那”。在《十地经》中，法护译为“频数”，其他几个译本除了尸罗达摩译为“刹那刹那”之外，鸠摩罗什、菩提留支、佛陀跋陀罗和实叉难陀都译为“念念”。《楞伽经·现证品》中的cittakṣaṇe cittakṣaṇe，三个现

① 《大安般守意经》《宝性论》《华严经》和《大集经》等经论中都出现过“一念心”，这个概念经天台宗智觊以“一念三千”的表述阐发之后，成为中国佛教各宗派的重要范畴。

存古代译本宋、魏、唐本均译为"念念"。① "念念"在译经中的广泛使用主要有以下三个特点：

首先，魏晋南北朝时期的译经多用"念念"。如《信力入印法门经》《大宝积经》《大集经》等，皆用"念念"，而不使用音译的"刹那刹那"。真谛译《金七十论》（T4，第1247页）也是："无常有二种，一暂住无常，二念念无常。"《六十华严》《八十华严》和《四十华严》很少使用"刹那刹那"，而多用"念念"，如"此菩萨摩诃萨于念念中，得不可说不可说十力地""于念念中，普能示现神通等事"。从整体来看，"刹那刹那"与"念念"相较，显然是"念念"使用得更为普遍。②

其次，在表达生灭法的短暂性时，多使用"念念"一词。如《百喻经》（T4，第552页）"一切诸法念念生灭"。般若译《大乘本生心地观经》（T3，第313、319、327页）"念念衰老无时暂停""常应念念作如是观""心如流水念念生灭"等。甚至本土著作也受到了这一影响，如受佛教影响较深的《颜氏家训》中已有这样的句子："鉴其念念随灭，生生不断。"

再次，在天台宗、禅宗和净土宗的佛教注疏里，"念念"不仅仅指时间的连续不间断性，并且与主观的意识活动联系了起来，也多指心念。③ 如天台智觊《摩诃止观》中云："若其心念念专贪瞋痴，摄之不还，拔之不出……若其心念念欲多眷属，如海吞流，如火焚薪……若其心念念欲得名闻，四远八方称扬钦咏……（T46，第4页）。"禅宗的著述中大量使用"念念"，而且多是指念头之念。如《坛经》："念念之中，不思前境。若前念、今念、后念，念念相续不断，名为系缚。于诸法上，念念不住，即无缚也。此是以无住为本。"在净

---

① saptamyāṃ bhūmau punaś cittakṣaṇe cittakṣaṇe bodhisattvā mahāsattvāḥ sarvabhāvasvabhāvalakṣṇavyudāsāt samāpadyante/ 求那跋陀罗译：第七地菩萨摩诃萨念念正受，离一切性自性相。实叉难陀译：七地菩萨念念恒入，离一切法自性相故。

② "念念"和"刹那刹那"出现频率不相上下的例子是玄奘的译文。如玄奘译《大般若波罗蜜多经》多处为"刹那刹那功德增进""刹那刹那白法增益"，但是同样含义的句子也使用"念念"，如"心诸功德念念增进""于念念中白法增益"。

③ 安世高的译经已经使用了"念念"，如《四谛经》（T1，第816页）："若贤者道德弟子苦为念、苦习为念、习尽为念、尽道为念、道相念从念，念念不忘，少言念不离。是名为正直念。"《大安般守意经》（T15，第172页）："何等为觉？念念为觉，念念为得。觉得是意便随道也。"在天台、禅和净土这三个宗派的著述中，"念念"的新词义更为明显，使用更为广泛。

土宗诸祖师的论著中，"念念"则多指如瀑流相续的意识活动，即前念后念相生不断的意识的续流。"念念相续"意味着一心一意、无断无杂，不仅有忆持不忘、专注，而且具有连续不间断的含义，也即糅合了smṛti和kṣaṇa两个词的义项。这一内涵随着净土宗影响的扩大获得了稳固的含义。

因此，即使"念念"在最初的译经中表达的含义与"刹那刹那"相同，即极其短暂的时间，强调的重点并不在心念或念头，但是在汉语言的语境中，众多译者因不同的源头语词汇选择了同一个译语"念"，使得其含义不仅有"刹那刹那"所表达的连续不间断的每时每刻，而且与思维的快速变化结合起来，形成了独特的汉语表达方式。这种表达方式，可以说不仅没有损伤源头语的意义，反而更传神地表现出佛教重视个体的主观修行实践的价值取向。

结　　语

如此再看"教令念佛""不遑念佛""不能念""十念""念念"与"一念顷"等语，可大致明白："教令念佛""不遑念佛""不能念"的"念"对应smṛti，作为一种修行方式，强调的是制心一处、忆持不忘；"十念"指称诵十次名号；"念念"与"一念顷"都表示如同念头闪过那样极其短暂的时间。

在汉译佛经中，同一个"念"字对译如此多的梵语词①，从一个侧面表明了中国本土对细辨思维活动的不同层次、不同类别并不擅长，而从印度传来的佛教却对此着力甚多。两种文化的异质对冲不仅使得翻译的完善需要经历一个较长时期的打磨过程，而且本土思想对于异质文化的消化和吸收也注定不会是短期行为。译词在目的语中获得新的内涵和外延，逐渐得到接受并融入，不仅在语言层面上影响目的语，而且在思想史上也可能带来新的论题与表述方式。

---

① 在平川彰所编《汉梵词典》中，"念"字对应的梵语原词仅词根和主要的名词就有近50个。灵友会，1997年，第469页。

“法出波斯”*

——“三勒浆”源流考

陈　明

内容提要：“三勒浆”是唐代从波斯传入的一种果品饮料，本出自印度，由“三果”（诃梨勒、毗梨勒、庵摩勒）配制而成。三勒浆成为唐代上层社会的一种时尚饮品；宋代南方与之相关的诃子汤、余甘子汤则声名北被；元代许国祯更使三勒浆重现短暂的风光；明清以降，尽管三勒浆已几乎不再酿制，但相关知识在文献中代有传递，人们仍然试图保持对唐代风物的历史记忆。三果在古代印度的医疗与饮食中占据重要位置，且有相关的神话式描述与之相匹配。波斯、阿拉伯医学文献及《回回药方》多处描绘了“三勒”的入药与入饮，说明其在波斯、阿拉伯地区是比较流行的，这与“三勒”在中土的流传颇有差异，原因在于波斯、中国与印度之间文化的不同。作为文化中转站，波斯不仅为印度这一饮食习俗的向外传播提供了二度契机，而且使这一习俗在中土“披上”了波斯风物的“美妙”外衣。因此，中、印、波三地某些饮食习俗的传递与吸纳，体现的是三地文化之间的差异、选择与互动。

关 键 词：三勒浆（三果浆）　印度—波斯—中国　外来饮食　文化交流

作者简介：陈明，文学博士，北京大学外国语学院南亚学系、北京大学东方文学研究中心教授。1996年9月—1999年7月，在王邦维教授指导下，于北京大学东方学系攻读印度语言文学专业博士学位。

* 本文原刊于《历史研究》2012年第1期，第4—23页。

现今社会上保健之风盛行，保健产品五花八门，厂家尤爱以仿古作为独门偏方，来追求利润最大化。“三勒浆”，唐代来自波斯的名品，其名也成了某药业集团的品牌。本文无意讨论今日之三勒浆具有何种功效，而是从文化交流史的角度，梳理历史上曾经流行的三勒浆的来源与演变情况。通过探讨三勒浆的演变小史丰富读者对中外物质文化交流的认知，为读者理解饮食习俗的传播及其在社会生活中的实际应用以及建构中古时期中外物质文化交流史，奠定更为坚固的实证基础。

一、唐代的“三勒浆”“三勒汤”与“三果浆”

隋唐之际，文化交流频繁，日常饮食之法亦有多种传入中土。果酒中以葡萄酒为最[①]，次则为三勒浆。

中唐李肇的《唐国史补》是目前所见最早记载“三勒浆”的文献：

> 酒则有郢州之富水，乌程之若下，荥阳之土窟春，富平之石冻春，剑南之烧春，河东之干和蒲萄，岭南之灵溪、博罗，宜城之九醖，浔阳之湓水，京城之西市腔，虾蟆陵之郎官清、阿婆清。又有三勒浆，类酒，法出波斯。三勒者谓庵摩勒、毗梨勒、诃梨勒。[②]

此段可谓唐中期的名酒谱，宋朝李昉等编著的《太平广记》卷二百三十三、窦苹的《酒谱》等亦引之。所谓“三勒浆，类酒，法出波斯”，

① 有关葡萄酒的研究有多种，比如：［日］古贺守：《葡萄酒的世界史》，汪平译，天津：百花文艺出版社，2007年；［法］童丕：《中国北方的粟特遗存——山西的葡萄种植业》，《法国汉学》第十辑《粟特人在中国——历史、考古、语言的新探索》，北京：中华书局，2005年，第205—225页；葛承雍：《“胡人岁献葡萄酒”的艺术考古与文物印证》，《故宫博物院院刊》2008年第6期，第81—98页；陈习刚：《吐鲁番文书中的“酢”、“苦酒”与葡萄酒的种类》，《西域研究》2010年第3期，第64—75页。

② 李肇：《唐国史补》卷下“叙酒名著者”，《唐五代笔记小说大观》上册，上海：上海古籍出版社，2000年，第197页。

是指三种外来的果子庵摩勒、毗梨勒、诃梨勒（合称“三勒”），经过加工，制成一种特殊的果品饮料，与酒相似，酿制方法出自波斯。不过是否为波斯进贡中土之物，史无明载。

1. 唐代酿制三勒浆的方法

唐末（或五代初）韩鄂《四时纂要》完整记载了三勒浆的酿制方法：

> 造三勒浆：诃梨勒、毗梨勒、庵摩勒，已上并和核用，各三大两。捣如麻豆大，不用细。以白蜜一斗、新汲水二斗，调熟，投干净五斗瓮中，即下三勒末，搅和匀。数重纸密封。三四日开，更搅。以干净帛拭去汗。候发定，即止。但密封。
>
> 此月一日合，满三十日即成，味至甘美，饮之醉人，消食、下气。须是八月合即成，非此月不佳矣。①

此处所记载的方法可谓详尽，“味至甘美，饮之醉人”与上文“三勒浆，类酒”正相吻合。宋代吴怿《种艺必用》引用了《四时纂要》的内容。明代高濂著《遵生八笺》云：

> 《纂要》曰：“是月宜合三勒浆，过此月则不佳矣。用诃梨勒、批（毗）梨勒、庵摩勒三味，和核捣如麻豆大，用三两，次用蜜一斗，以新汲水二斗，调匀倾瓮中，即下三勒，熟搅，密封三四日后开，又搅之，以干净布拭去汗，候发定，密封共三十日方成。味甚美，饮之消食下气。”②

清代李光地编《御定月令辑要》卷十六“三勒浆”条为转引《遵生八笺》

---

① 韩鄂编，缪启愉校释：《四时纂要校释》“秋令卷之四·八月”，北京：农业出版社，1981年，第195页。李鸿宾在《大谷文书所见镔铁鍮石诸物辨析》一文的第三节“诃黎勒”中，讨论了诃黎勒的产地、传入途径和主要用途，其用途包括制酒和汤。（《文史》第三十四辑，第143—157页。）特此感谢李鸿宾教授惠赐此文。

② 高濂著，赵立勋等校注：《遵生八笺校注》卷五“九月事宜”条，北京：人民卫生出版社，1993年，第165页。

中的内容。[1]比较可见，从《四时纂要》到《遵生八笺》再到《御定月令辑要》，有关三勒浆的“合法”，虽无大的改动，但是叙述文字有较大变化，而且酿造的具体月份也从八月改到九月。这并非简单的一字之差，而是表明《遵生八笺》中的内容是辗转抄录的，已非《四时纂要》的原文。因此，“合法”条目虽然具在，但三勒浆到明清时期未必还有实际酿造，或仅成历史记忆而已。

2. 唐代宴会所用的“三勒汤”

三勒浆“类酒”，出现在日常宴会中。白居易的《寄献北都留守裴令公并序》诗中提及一种三勒汤：“为穆先陈醴居易每十斋日在会，常蒙以三勒汤代酒也，招刘共藉糟刘梦得也。”[2]白居易与李肇均生活在中唐时期，三勒汤应即三勒浆，二名可并称。十斋日是与佛教信仰有关的日子，指每月持斋素食并禁止屠宰的十天。十斋日的活动在初唐已有，且进入唐代国家法令之中[3]，白居易时代的十斋日活动已成常态。白居易《祭中书韦相公文》记载：“长庆初，俱为中书舍人日，寻诣普济寺宗律师所，同受八戒，各持十斋，繇是香火因缘，渐相亲近。”[4]由此观之，“每十斋日在会”不仅是同僚之间的聚会，而且是有共同佛教信仰的官员们之间的“亲近”活动，是品饮清谈的雅聚。在唐代，宴会是社会成员交际的重要场合，裴令公（即裴度）的家“会”往来者必是士大夫之流。裴令公的家境当非一般人可及。此事一则可印证“三勒浆类酒”之说；二则裴令公家用此浆招待客人，说明三勒浆身价不凡，在普通的场合很少见到，因此，白居易才会在诗中特别加了注释。

唐代士大夫有机会饮用三勒浆，但饮用三勒浆是否已成社会时髦风气尚难断定。三勒浆的三种主要原料均依赖域外输入，其产量规模受制于引进原料的数量，因此，三勒浆在中唐时期应该是稀见而贵重的名品，更是身份与社会地位的象征，可能仅在宫廷或少数达官贵人之间流行，尚未普及到社会中下层。

---

① 李光地编：《御定月令辑要》，《文渊阁四库全书》，台北：台湾商务印书馆，1986年，第179册，第482页。

② 白居易著，朱金城笺校：《白居易集笺校》，上海：上海古籍出版社，1988年，第4册第2319、2320页。

③ 参见王溥：《唐会要》卷四十一，上海：上海古籍出版社，2006年，上册，第855—857页。

④ 白居易著，朱金城笺校：《白居易集笺校》第6册，第3714页。

晚唐的太学生也曾品尝到三勒浆。明彭大翼撰《山堂肆考》“三浆”条云：“唐宴进士有三勒浆，谓诃梨勒、庵摩勒、乌榄勒也。又御食有六膳、三浆。唐诗：‘仙人六膳调神鼎，玉女三浆捧帝壶。’”[①]该段所引唐诗乃初唐诗人沈佺期的《嵩山石淙侍宴应制》。“玉女三浆”应是指天宫神女捧出的仙酿，不见得实指三勒浆。清陈元龙辑《格致镜原》引杨慎《升庵外集》云：“唐代宗以三勒浆赐太学诸生，其光色灼灼，如蒲桃桂醑，味则温馨甘滑。”[②]《升庵外集》与《山堂肆考》刊行年代相近，但其中的三勒浆说法不是来自《山堂肆考》，而是来自元代王恽的《三勒浆歌》（详见本书第27—28页）。唐代的进士宴有曲江宴、樱桃宴、烧尾宴等多种，太学诸生虽不大能有机会欣赏进士宴集的风光，但在皇帝视察时能偶尔品尝到御赐的佳酿美食，一饱口福。唐代宗将宫中所享用的三勒浆，赐给太学诸生，正说明三勒浆是社会顶层的特供。

清代沈自南辑《艺林汇考》引用了一首《三勒浆》诗，即“《湘烟录》：郑畋《三勒浆》诗：‘卉醴陀花物外香，清浓标格胜椒浆。’”[③]郑畋是唐代会昌年间的进士，后官至宰相，如果他写有三勒浆的诗，倒是与他所处的时代和身份地位相吻合。然而，郑畋此诗原名《禁直和人饮酒》，诗中并未提及三勒浆。不过，在“禁直”所饮之酒，也应是皇家之物，断非凡品。明代闵元京、凌义渠辑《湘烟录》根据前两句诗的内容，自行将该诗与三勒浆联系起来，更改原诗题目虽属不妥，倒也有几分道理。

3. 唐代医书中的“三果浆”

唐初苏敬等修《新修本草》“毗梨勒”条云：“毗梨勒味苦，寒，无毒。功用与庵摩勒同。出西域及岭南交、爱等州。戎人谓之三果。”[④]“三果”应该是毗梨勒、庵摩勒、诃梨勒的合称，而不是毗梨勒的单称。诃梨勒、毗梨勒、庵摩勒在汉译佛经中，亦多合称为“三果”。唐代义净译《金光明最胜王经》卷

---

① 彭大翼：《山堂肆考》卷二百三十五，《四库类书丛刊》本，上海：上海古籍出版社，1992年，第5册，第654页。

② 陈元龙：《格致镜原》卷二十二，《四库类书丛刊》本，第1031册，第318页。

③ 沈自南：《艺林汇考》（外四种）“饮食篇”卷五，《四库笔记小说丛书》本，上海：上海古籍出版社，1992年，第226页。

④ 苏敬等撰，尚志钧辑校：《新修本草》（辑复本第2版），合肥：安徽科学技术出版社，2005年，第194页。

九《除病品》云:“又三果三辛,诸药中易得;沙糖蜜酥乳,此能疗众病。”[①]虽然现存梵本《金光明经》(*Suvarṇaprabhasāsūtra*)中无此句的对应[②],不过,在《孔雀王咒经》系列中,有“三果”一词的对译,如下表:

表1 “三果”词语对译表

梵本	僧伽婆罗译《孔雀王咒经》		义净译《大孔雀咒王经》		不空译《佛母大孔雀明王经》	备注
	音译	梁言	音译	意译		
triphālī	底梨颇里	三果	窒里发里	三果	底哩(二合)颇哩	tri-phalā

在《梵文孔雀明王经》(*Ārya-Mahā-Māyūrī Vidyā-Rājñī*)中[③],可以找到对应的词语为triphāli,该词无疑来自tri-phalā,tri是数词三,phalā意为果、果实,僧伽婆罗和义净将triphàlī准确意译为“三果”。义净译《根本说一切有部毗奈耶颂》卷二列出了佛教药物体系的分类,其中亦有三果[④]。从汉译佛经来看,三果之名的出现远早于义净时,至少在六朝的汉译律典《毗尼母经》中就出现了治病所需的三果之名——“三果:呵梨勒、毗醯勒、阿摩勒”[⑤]。三果之名在汉译佛经中有多种音写形式。

唐代礼言的《梵语杂名》列出了三果的梵汉对音,即“诃梨勒:贺唎怛系。毗醯勒:尾吠怛迦。庵摩勒:阿摩攞迦”[⑥]。三者分别是梵语harītakī、vibhīitaka、āmalaka的音译。《唐梵两语双对集》在抄录《梵语杂名》的这三个词语之后,添加了“此等名三等”[⑦]的注释,而“三等”说法不见他书,或为“三果”之误。

---

① 《大正新修大藏经》第16册,第448页中。参见高楠顺次郎、渡边海旭等编:《大正新修大藏经》,东京:大藏经刊行会,1924—1935年。以下凡引《大正新修大藏经》均用简注。

② S. Bagchi ed., *Suvarṇa-prabhāsa-sātra*, Darbhanga: The Mithila Institute of Post-Graduate and Research in Sanskrit Learning, 1967, pp. 95–96.

③ 田久保周誉校订:《梵文孔雀明王经》,东京:山喜房佛书林,1972年,第27页。

④ 《大正新修大藏经》第24册,第637页下。

⑤ 《大正新修大藏经》第24册,第817页上。

⑥ 《大正新修大藏经》第54册,第1238页上。

⑦ 《大正新修大藏经》第54册,第1243页上。

孙思邈《千金要方》中有"麋角丸方"，使用的药物主要有麋角、槟榔、通草、人参等，"其服饵之法：空腹取三果浆以下之，如无三果浆，酒下亦得。初服三十丸，日加一丸，至五十丸为度。日二服，初服一百日。"①后世不明三果浆的内涵，明代《普济方》卷二百二十三引此方时，改为"空腹取果浆以下之，如无鲜果浆，酒下亦得"。从"三果浆"到"果浆""鲜果浆"，并非一般的文字传讹，而是有意的改动。关于三果浆与三勒浆的关系，清中叶徐文靖有论述："意三勒以三果而得名。或曰：合庵摩勒、诃梨勒为之，故曰三勒。"②徐文靖独具只眼，惜未解释出两者得名的根源所在。

谢弗指出："三种印度古代的诃子都统称为triphalā，梵文的意思是'三果'。汉文也将它们称作'三果'或'三勒'，'勒'是吐火罗方言中这三种水果各自名称的最后一个音节。吐火罗语是中亚的一种重要的印欧语系语言，而'三勒'各自的汉文名称似乎也是来源于吐火罗语。"③吐火罗语至少有三种方言，即A方言焉耆语、B方言龟兹语、C方言跋禄迦语，三者有一定的区别。④谢弗没有说明三勒与吐火罗语的哪一种方言有关，他根据劳费尔《中国伊朗编》中的拟音，认为诃梨勒、毗梨勒、庵摩勒对应的吐火罗语词分别为*arirāḵ、*virirāḵ、*amalāḵ。⑤今查亚当斯（Douglas Q.Adams）编辑的《吐火罗语B方言词典》中收有amalāk(ā) 条和arirāk条。amalāk(ā)是一种药物，学名Emblica officinalis Gaertn [aka Phyllanthus embilca Linn.]，源自混合梵语āmalaka。arirāk也是一种药物，学名Terminalia chebula Retz.，源自混合梵语harītaki。该词典未收与virirāḵ相关的词。该词典有三勒的合称词，即tṛphāl, tṛppāl, (< Skt. triphala)，意为三果⑥。卡尔林（Gerd Carling）等人合编的

---

① 孙思邈著，李景荣等校注：《备急千金要方校释》卷十九"肾脏"，北京：人民卫生出版社，1997年，第693页。

② 徐文靖著，范祥雍点校：《管城硕记》卷二十五，北京：中华书局，1998年，第467页。

③ [美]爱德华·谢弗著，吴玉贵译：《唐代的外来文明》第9章"食物"，西安：陕西师范大学出版社，2005年，第197页。

④ 参见《季羡林全集》第十二卷《吐火罗文研究》，北京：外语教育与研究出版社，2009年，第192—193页。

⑤ [美]爱德华·谢弗：《唐代的外来文明》，第376页注释57。

⑥ Douglas Q. Adams, *A Dictionary of Tocharian B*, Amsterdam-Atlanta, GA: Rodopi, 1999, pp. 18, 22, 491.

《吐火罗语A方言的字典与辞典》第1册中未见与*arirāk̲、*amalāk̲相关的词语[①]。可见，三勒与吐火罗语B方言龟兹语有关，“勒”对应的音节可能是ràk、lāk、phāl，并不一致。而波斯语中，诃梨勒、毗梨勒、庵摩勒的对应词分别为halīla、balīla、amola，有相同的结尾音节la，也就是说，汉语中的“三勒”并不一定是直接来自吐火罗语B方言，而可能来自受吐火罗语影响的波斯语词，与波斯文化有密切关系。“三果”的得名显然来自印度文化，是根据三者的汉语意译合称词（对应梵语合称词triphalā，三果）而来。不论是三勒还是三果，其源头都是梵语词。因此，只有明晰三勒（意译+音译）、三果（意译）这些词的源头，才能正确理解其内在含义。

4.“陀得花”与“三勒浆”

唐代以降，本草文献对外来药物多有收录。从《新修本草》、陈藏器《本草拾遗》、郑虔《胡本草》、李珣《海药本草》，到宋代《开宝本草》《本草图经》，乃至唐慎微集大成的《证类本草》，对域外药物代有收录，未曾忽略。《证类本草》云：“陀得花：味甘温，无毒，主一切风血，浸酒服。生西国，胡人将来，胡人采此花以酿酒，呼为三勒浆。今附。”[②]按《证类本草》体例，“今附”表明陀得花此条目的内容来自《开宝本草》，后世对它的描述完全抄自《开宝本草》。明代《普济方》卷四百六十二亦云：“陀得花，胡人呼为三勒浆。”李时珍《本草纲目》卷二十一和清代《御定佩文斋广群芳谱》卷九十九对陀得花的说明也没有任何新增的文字。明代两部插图本草著作——弘治十六年（1503）刘文泰等编的《本草品汇精要》和万历十九年（1591）成书的《补遗雷公炮制便览》中，文字全同《证类本草》的引文，只是后者添加了一幅彩色插图。[③]该图并不是对域外实物的真实再现，而是描绘了两位胡人的采花情景，图中还有一只酒坛，显然是绘图者的“望文生画”。这两部明代文献的引

---

① Gerd Carling, collaboration with Georges-Jean Pinault and Werner Winter, *Dictionary and Thesaurus of Tocharian A*, vol.1: A–J, Wiesbaden: Harrassowitz Verlag, 2009.

② 唐慎微：《重修政和经史证类备用本草》（以下简称《证类本草》）卷九“陀得花”，北京：人民卫生出版社，1957年，第240页。

③ 陈明、梁永宣：《异域的形象：〈本草品汇精要〉中的胡人图》，王淑民、罗维前主编：《形象中医——中医历史图像研究》，北京：人民卫生出版社，2007年，第101—111页。

文正说明陀得花在当时仅存了一个名目，已无实际的应用。

明代顾起元撰《说略》卷二十五“食宪”云：“番僧来陀花造酒，名曰三勒浆，一名打辣酥。”此处的“来陀花”应指陀得花，而所谓“一名打辣酥”，显然有误。因为打辣酥（或打剌酥、大辣酥、答剌苏、打剌孙）乃是蒙古语darasu、darasun（酒、黄酒）的音译[①]。顾起元将各种来源不同的词语混淆在一起，未加分辨。

义净译《根本说一切有部毗奈耶药事》卷一云：“花药者：谓婆舍迦花、纴婆花、陀得鸡花、龙花、莲花。”[②]梵本《药事》中所对应的是puṣpa, bhaiṣajya：vāśika-puṣpa、nimba-、dhātukī-、saṭi-、padmakeśara-。[③]对勘可知，“陀得鸡花”就是dhātukī-puṣpa的翻译，puṣpa正是花的意思。陀得花就是陀得鸡花，陀得应是梵语dhātukī- (>dhātakī-)的音译（省略了最后的一个音节kī-）。公元7世纪中叶的印度名医日藏（Ravigupta）所著《医理精华》（*Siddhasāra*）收有一组药方（Si.7.20.1–5），就使用了陀得鸡花：

> 野葫芦、肉豆蔻、无患子、两种檀木、稠李；
>
> 心叶栝楼（带刺的红苋）、驳骨草、珠仔树、黑土、茉莉；
>
> 药用植物（kākolī和kṣīra-kākolī）的根、两种拨葜、甘草、芦笋根；
>
> 香附子、阿摩落迦果（余甘子）、陀得鸡花、止泻木树皮以及水线草；
>
> （上述）几个半颂所说的这四组药物，（其药液）加入糖和蜜同煎是最好的。饮服这些很凉的（药液），能很快地治好出血症。（Si.7.20.1–5）[④]

这组药方主治出血症，与《开宝本草》叙述陀得花的“主一切风血”功效

---

① 方龄贵：《古典戏曲外来语考释词典》，上海：汉语大词典出版社，昆明：云南大学出版社，2001年，第234—237页。

② 《大正新修大藏经》第24册，第1页中。

③ Sitansusekhar Bagchi, ed., *Mūlasarvāstivādavinavinayavastu*, vol.1, Darbhanga: The Mithila Institute of Post-graduate Studies and Research in Sanskrit Learning, 1967, p. 2.

④ 陈明：《印度梵文医典〈医理精华〉研究》，北京：中华书局，2002年，第391页。

正相吻合。所谓“胡人采此花以酿酒，呼为三勒浆”，只有一种可能，就是指在酿造三勒浆的时候加入了陀得花，作为三果的辅助成分。这一制法无疑直接来自西国的胡人。

5. 名酒谱录中的“河汉之三勒浆”

《太平广记》卷二百三十三中的“酒名”条，引《唐国史补》，有“河汉之三勒浆”之语。《天中记》卷四十四引《唐国史补》，又作“河漠又有三勒浆类酒”。《说郛》卷九十四上“异域九”云："波斯国有三勒浆类酒，谓庵摩勒、毗梨勒也。"《艺林汇考》之“饮食篇”卷五云："按《楚辞·招魂》:‘臑鳖炮羔有柘浆些。’《汉书》:‘泰尊柘浆。’唐宴进士有三勒浆，谓诃梨勒、庵摩勒、乌榄勒也。则浆不止用粟米尔。"《格致镜原》卷二十二引《唐国史补》:"三勒浆类酒，法出波斯，三勒者谓诃梨勒、庵摩勒、乌榄勒也。"《艺林汇考》和《格致镜原》中所列“三勒”中的乌榄勒乃是另一种果子，[①] 与毗梨勒没有任何关系。这是类书杂抄众多典籍而不细辨的结果。

《玉芝堂谈荟》卷二十九“千日酒”条，所列域外或边陲的名酒有：

> 至乌丸有东蔷酒。诃陵国有柳花酒、椰子酒。波斯拂菻有肉汁酒。扶南安石榴酒、甘蔗土瓜根酒。赤土国甘蔗酒。南蛮槟榔酒。北庭马湩酒。西域大宛、东师，无论粟弋各国俱有葡萄酒。真腊有朋蜜糖酒、芽酒、四酒。波斯有三勒浆酒、包棱角酒、糖鉴酒、菱浆酒。醉乡日月，华夷共之矣。

因为广东有番舶载酒贸易，故《广东通志》卷五十二引《外国名酒记》，列载出历代各地的酒名有：

> 乌丸有东墙酒。诃陵有柳花、椰子酒。波斯拂菻有肉汁酒。南蛮有槟榔酒。扶南有安石榴酒、土瓜根酒。辰溪有钓藤酒。赤土有甘蔗酒。真

---

① 《桂海虞衡志》云："乌榄，如橄榄，青黑色，肉烂而甘。"（范成大撰，北京：中华书局，2004年，第117页。）

腊有明芽酒。波斯有三勒酒。以暹罗酒为第一。[①]

虽然"三勒浆"位列名酒之谱，但在崇信神话般的甘露琼浆的人的眼里，就等而下之了。《牧斋有学集》卷二十的"小山堂诗引"就直接指明："因是流观《酒谱》，如李肇所记郢之富水、乌程之若下，以迨九酝、三勒之属，皆人间凡酒，无足道者。"然而，天之甘露又岂是凡人所能得见的！

二、唐宋时期的三果作饮与诃子汤

1. 诃梨勒"可作饮"

最早记载三果之一可以作为浆饮的是西晋嵇含《南方草木状》，其卷中云："诃梨勒，树似木梡，花白，子形如橄榄。六路，皮肉相着，可作饮，变白髭发令黑。出九真。"[②]"六路"（或陆路）是指诃梨勒的棱数，即果皮表面有纵向六条棱线。李珣《海药本草》指出："方家使陆路诃梨勒，即六棱是也。"[③]萧炳《四声本草》曰：诃梨勒"波斯舶上来者，六路，黑色，肉厚者良"[④]。即指有六棱的诃梨勒是质量最佳的。敦煌写本P.3644《类书习字》中亦有"陆路诃梨勒"语。至少到初唐之前，诃梨勒被称作了诃子，或谓避后赵时石勒名而改[⑤]。因避讳石勒而改名的外来品种还有罗勒、胡荽之类，不一而足。

诃梨勒主消痰下气，唐代用为饮品。包佶《抱疾谢李吏部赠诃梨勒叶》云："一叶生西徼，赍来上海查。岁时经水府，根本别天涯。方士真难见，商胡辄自夸。此香同异域，看色胜仙家。茗饮暂调气，梧丸喜伐邪。幸蒙祛老疾，

---

① 《文渊阁四库全书》第五百六十四册，台北：台湾商务印书馆，1986年，第414页。

② 嵇含：《南方草木状》，王根林校点，《汉魏六朝笔记小说大观》，上海：上海古籍出版社，1999年，第261页。

③ 李珣著，尚志钧辑校：《海药本草（辑校本）》，北京：人民卫生出版社，1997年，第63页。

④ 《四声本草》已佚，部分佚文见《证类本草》所引"臣禹锡等谨按萧炳"诸条目（《证类本草》卷十四，第342页）。

⑤ 高承撰，金圆、许沛藻点校：《事物纪原》卷十，北京：中华书局，1989年，第553页。

深愿驻留华。”[①]唐代官员相互赠送药物的情况不在少数，唐诗中多有吟咏。[②]这首诗描述了诃梨勒的来历与神奇的功效，是商胡主要的自夸药物之一。[③]范家伟认为，“茗饮暂调气”指的应该是将诃梨勒叶作为茶饮，诃子汤即其例证。[④]

不仅诃梨勒叶可以作为茶饮，诃梨勒果也可以与别的药物混合煎煮作为药饮。唐代王焘《外台秘要方》卷七引《近效》“烧盐通一切气尤疗风方”，主要用盐入药，“如煮诃梨勒、槟榔及茶汤，用此盐，疗一切病。韦特进用之极效验”。《近效》即《近效方》[⑤]，收录了不少与官宦之家有关的外来药方或者是使用了外来药物的药方，比如“礼部萧郎中处得，云自服大效”的诃梨勒丸。“烧盐通一切气尤疗风方”是韦特进（韦巨源）所用过的经验方。韦特进身为高官兼美食家，其家有诃梨勒，用来煮汤加盐疗病，不足为奇。昝殷《食医心镜》亦载用茶与青色诃梨末加水共煎作饮，可下气消食。

中医方书中，诃梨勒与其他药物合配药汤，主要用于治疗赤白痢、冷泻不止、咳嗽、失音不语等症候。唐刘禹锡《传信方》（818年成书）记载过一个令狐将军（令狐楚）所传的“诃梨勒治赤白下”药方，“用诃梨勒三枚上好者，两枚炮取皮，一枚生取皮，同末之，以沸浆水一两合服之”[⑥]。此外，宋代方书中记载了用诃梨勒皮、煨去核的诃子或者半生半煨的诃子煎汤，作为治疗冷泻不止、咳嗽、失音不语等症的药汤。除了诃子汤外，诃子油亦可用于饮食，如元代忽思慧《饮膳正要》中的“官桂渴忒饼儿”。

2. 唐宋时期广州法性寺的诃子汤

唐代最有特色的诃梨勒作饮，应该是广州法性寺[⑦]（今称光孝寺）的诃子

① 《全唐诗》卷二百零五，北京：中华书局，1999年，第3册，第2142页。

② 范家伟：《中古时期的医者与病者》，上海：复旦大学出版社，2010年，第288—297页。

③ 陈明：《商胡辄自夸——中古时期的药材贸易与作伪》，《历史研究》2007年第4期，第4—26页。

④ 范家伟：《中古时期的医者与病者》，第295页。

⑤ 高文铸考证“此书约在公元705至713年间成书”。见高文铸：《〈外台秘要方〉引用书目文献考略》，王焘著，高文铸校注：《外台秘要方》附录，北京：华夏出版社，1993年，第993页。

⑥ 陶敏、陶红雨校注：《刘禹锡全集编年校注》附录2《传信方》，长沙：岳麓书社，2003年，第1431页。

⑦ 该寺内有印度传来的菩提树、禅宗六祖慧能的戒坛等佛教名物。有关光孝寺的诃梨勒和菩提树的介绍，参见罗香林：《唐代广州光孝寺与中印交通之关系》，香港：中国学社，1960年，第147—161页。

汤。《图经本草》的“诃梨勒”条征引了唐元和进士孟管《岭南异物志》的文字：

> 《岭南异物志》云：广州法性寺佛殿前有四五十株，子极小而味不涩，皆是六路。每岁州贡，只以此寺者。寺有古井，木根蘸水，水味不咸。每子熟时，有佳客至，则院僧煎汤以延之。其法用新摘诃子五枚，甘草一寸，破之，汲井水同煎，色若新茶。今其寺谓乾明古寺，尚在旧木，犹有六七株。南海风俗，向贵此汤，然煎之不必尽如旧时之法也[①]。

作为法性寺的名产，诃子既是每岁州贡之物，也是待客的佳品，受到南海人士的追捧。诃子汤色若新茶，煎诃子汤延佳客，正是唐宋时期“客至则啜茶，去则啜汤”风俗的反映。寺院里能煎汤的院僧应是专门的汤头或茶头之类的僧人。[②]寺院与一地饮食风尚形成实有一定的关系。此风俗还记载于北宋钱易《南部新书》中：

> **诃子汤** 广之山村皆有诃梨勒树，就中郭下法性寺佛殿前四五十株，子小而味不涩，皆是陆路。广州每岁进贡，只采兹寺者，西廊僧院内老树下有古井，树根蘸水，水味不咸。院僧至诃子熟时，普煎此汤，以延宾客。用新诃子五颗、甘草一寸，并拍破，即汲树下水煎之，色若新茶，味如酪乳，服之消食疏气，诸汤难以比也。佛殿东有禅祖慧能受戒坛，坛畔有半生菩提树，礼祖师啜乳汤者，亦非俗客也。近李夷庚自广州来，能煎此味，士大夫争投饮之。[③]

---

① 苏颂撰，胡乃长、王致谱辑注：《图经本草（辑复本）》，福州：福建科学技术出版社，1990年，第372页。

② 参见刘淑芬：《唐、宋世俗社会生活中的茶与汤药》《唐、宋寺院中的茶与汤药》，收入氏著《中古的佛教与社会》，上海：上海古籍出版社，2008年，第331—397页。

③ 钱易撰，黄寿成点校：《南部新书》卷七，北京：中华书局，2002年，第107—108页。该书中作“味如绿乳”，今依《四库》本，作“味如酪乳”。

此处所记诃子汤的制法、用途，与《岭南异物志》基本相同，但有所增补，特别是强调了该汤的功效诸汤难比。能够有幸品尝此汤的也不是一般的“俗客”。《宋史》记载张鉴于宋真宗咸平初年（998）出知广州一事，同僚李夷庚担任通判。[①]这位通判应该就是《南部新书》中提到的李夷庚。李夷庚本是官员，属于“亦非俗客”之流，自然有机会从法性寺院僧处习得此汤煎法。后来李夷庚从广州来到京城开封，“能煎此味”，士大夫对诃子汤趋之若鹜，一方面说明此汤确实是佳品，另一方面说明即使是在繁华的开封城，有《东京梦华录》中描述的名目繁多的熟水或饮子（皆香药配制的药汤）[②]，却没有这样好的诃子汤。这也是宋代南北地域饮食文化差异的一个小例子。法性寺的诃子汤煎法流传于世俗之中，既是僧俗两界成员之间的互动，也是唐宋养生风气影响下的结果。随着时光的流逝，法性寺的诃梨勒树虽仍有种植，而汤已不再。正如清末张之洞《忆岭南草木·虞苑诃子树》诗中云：“兵火残美荫，艰难存一株；棱棱缀秋实，苦涩不可咀。”[③]

3. 毗梨勒“作浆甚热”

除与诃梨勒、庵摩勒合用之外，毗梨勒也可以单用。唐代慧琳《一切经音义》卷五十三云：“鞞醯勒：上婢迷反；下馨奚反；果名也。或云毗梨勒，即诃梨勒之类，皆从外国来。”[④]《证类本草》“毗梨勒”条引“唐本注云：树似胡桃，子形亦似胡桃。核似诃梨勒，而圆短无棱，用亦同法。唐本先附。”又“臣禹锡等谨按《药性论》云：毗梨勒，使。能温暖肠腹，兼去一切冷气。蕃中人以此作浆，甚热，能染须发变黑色。”[⑤]所谓“蕃中人”就是胡人。毗梨勒“作浆，甚热”，与孙思邈《千金要方》中的三果浆合起来考虑的话，可以认为，毗梨勒浆应该是可以饮用的，不过，它不一定是酒精类的。因为在中古时期，在养生思想的支配下，以相同的主要原料配制的、作为饮品的浆和作为药

---

① 《宋史》卷二百七十七《张鉴传》，中华书局点校本，北京：中华书局，1977年，第9417页。

② 有关宋代的香药与熟水，参见郑金生：《药林外史》，台北：东大图书公司，2005年，第146—154页。

③ 《张之洞全集》卷二百九十六，石家庄：河北人民出版社，1998年，第12册，第10536页。

④ 《大正新修大藏经》第54册，第659页上。

⑤ 唐慎微：《证类本草》卷十三，第331页。

用的浆实际上是不能截然分开的。

4. 余甘煎与余甘子“合汤”

庵摩勒，有多种音译，如阿摩勒、庵摩洛迦果等，亦名余甘子。萧齐僧伽跋陀罗译《善见律毗婆沙》卷十七云：“阿摩勒者，此是余甘子也。广州土地有，其形如蕤子大。”①对比巴利语《一切善见律》(*Samantapāsādikā*)，可知此句是译注，并非原文。义净在《根本说一切有部毗奈耶杂事》卷一中有两个译注：“余甘子，出广州，堪沐发，西方名庵摩洛迦果也。”“梵云庵摩洛迦，此云余甘子，广州大有，与上庵没罗全别，为声相滥，人皆惑之，故为注出，是掌中观者。”②庵摩洛迦与庵没罗（āmra，即芒果）是不同的两种果子。同卷中，义净对庵没罗果和庵摩洛迦的注释为：“此果大如桃，而生熟难知，有四种差别不同。庵摩洛迦大如酸枣，唯堪为药。”③庵摩洛迦果为何被称作余甘子呢？陈藏器《本草拾遗》就指出：“人食其子，先苦后甘，故曰余甘。”④

安禄山在安史之乱前，是唐玄宗和杨贵妃的宠臣，所获皇家赏赐也多是珍品。据《酉阳杂俎》记载，所赐品目有桑落酒、清酒、余甘煎、五术汤、金石凌汤等宫廷饮品，而且多属于养生之物。⑤安禄山虽是胡人，但有可能接受了汉人的养生之道，服散以求长生。⑥余甘煎还被赐给其他重臣。唐苑咸《谢赐药金盏等状》云：“右内给事袁思艺奉宣圣旨赐臣药金盏一匙，并参花蜜、余甘煎，及平脱合二，兼令中使辅朝俊亲授昨所赐金方法者。”⑦南宋周去非《岭外代答》指出：“南方余甘子风味过于橄榄，多贩入北州方。实时零落藉地，如槐子、榆荚，土人干以合汤，意味极佳。”⑧南方的土人用余甘子的干果合

① 《大正新修大藏经》第24册，第795页上。

② 《大正新修大藏经》第24册，第207页中。

③ 《大正新修大藏经》第24册，第209页下。

④ 陈藏器撰，尚志钧辑释：《〈本草拾遗〉辑释》，合肥：安徽科学技术出版社，2003年，第836页。

⑤ 段成式撰，方南生点校：《酉阳杂俎》卷一，北京：中华书局，1983年，第3页。

⑥ 沈睿文：《安禄山服散考》，罗丰主编：《丝绸之路上的考古、宗教与历史》，北京：文物出版社，2011年，第73—89页。

⑦ 李昉等：《文苑英华》卷六百三十，北京：中华书局，1966年，第4册，第3260页。

⑧ 周去非著，杨武泉校注：《岭外代答校注》卷八，北京：中华书局，1999年，第303页。

汤，在宋代的诗歌中颇有反映。王十朋《元章赠余甘子用前韵》诗中云：“端因坡句声名重，正类梅诗气韵长。回頬已输崖蜜味，返魂终共雪芽香。”后一句自注“东坡《橄榄》诗云：‘待得余甘回齿頬，已输崖蜜十分甜。’”[①]该诗描述了南方所生长的这一不凡之果，不仅甘回齿頬，而且“与茶最相宜”，无疑是可以作为饮品的。秦观于北宋元符二年（1099）被贬至雷州后，以当地的风物入诗。其《海康书事十首》有“粲粲庵摩勒，作汤美无有”之句[②]。庵摩勒作汤即是雷州的风俗之一。余甘子汤亦入药用，如《普济方》卷二百五十二记载“治服硫黄发动，以猪肉鸭羹及余甘子汤，并解之”。受地域气候与风土的影响，诃子汤、庵摩勒汤都是南方的名饮，它们声名北被，正是宋代南方文化的影响日益扩大的一个缩影。

三、元代的《三勒浆歌》与《回回药方》中的三勒方

1. 元代的三勒浆

尽管宋代有诃子汤、余甘子（庵摩勒）汤，但是三勒浆之名都销声匿迹。这是因为一方面，随着海上丝绸之路贸易的扩展，来自阿拉伯、印度等地的香药进口规模远超前代[③]；另一方面，诃梨勒、庵摩勒和毗梨勒基本上已经有了本土的栽培。可见不是原料方面出现了困难，而是时代的风俗发生了变化。由于香药的普及，宋代熟水与饮子比比皆是，不仅品种上有了更多的选择，而且其酿制可以随时随意，不须像三勒浆那样非八月不佳。因此，三勒浆逐渐光环褪尽，“不复闻于世”矣。

然而到了元代，消失了的三勒浆竟然重现于世。元代王恽《秋涧先生大全文集》卷六有一首《三勒浆歌》，记载了这一史实，其诗并序云：

---

① 《王十朋全集》卷二十一，上海：上海古籍出版社，1998年，第367页。

② 秦观撰，徐培均笺注：《淮海集笺注》上册，上海：上海古籍出版社，1994年，第241—242页。

③ 香药贸易研究著作甚多，略举一例。林蔚：《宋代香药贸易史》，台北：中国文化大学出版部，1986年。

三勒浆歌（有序）

唐代宗大历间幸太学，以三勒浆赐诸生，此后不复闻于世。今光禄许公复以庵摩、诃、毗梨三者酿而成浆，其光色晔晔，如蒲萄桂醑，味则温馨甘滑，浑涵妙理。及荐御，天颜喜甚，谓非余品可及，遂时供内府。不肖以沾沥之余，发为歌诗，于以见国朝德被四表，方物毕至之盛，诗公爱君之心，以汤液醪醴跻圣寿于无疆之休也。

金天一气何奇特，异品珍材表馨德。翠笼万里入贡来，赤佛堂西汉家邑。异哉三勒见《图经》，只解有灵能愈疾。岂知用外藏妙理，琼醴蔗浆非所敌。谁传酿法自太古，满瓮春云元化湿。就中至味真玄酒，豁达灵根三益友。许公得法神所传，一酝天成汉重酎。仪狄拊掌耆伯惊，五百年来未之有。芹香背炙固区区，推以爱君忠且厚。彤芝盖影拥红云，汤网初收在灵囿。月华冷落露盘冰，三咽芳温挹天斗。金壶潋滟久，承案不能餐，我辈何功食天禄？[①]

此诗极尽夸赞之能事，将三勒浆媲美月宫的桂花佳酿。重新推出三勒浆的是出身医学世家的许国祯，他“尤精医术”，“以医征至瀚海，留掌医药”，治愈过庄圣太后等人的疾病。他还主持编撰了《御药院方》。[②]许国祯为何能依古法而合出此“五百年来未之有”的三勒浆呢？除他博通经史和医学之外，还得益于他参与编辑过《大元本草》，对西域药物颇为熟悉。至元二十一年（1285），元世祖命色埒默（萨里蛮）、许国祯集诸路医学教授增修本草。[③]许国祯举荐了能辨认出西域异药的韩麟[④]、罗天益、窦行冲[⑤]等人。而元世祖要修

---

① 王恽：《秋涧先生大全文集》，涵芬楼《四部丛刊》影印本，第3册，第27—28页。文渊阁《四库全书》本中的文字略有出入，如末句为“我辈何功饮天卣？”

② 《元史》卷一百六十八《许国祯传》，北京：中华书局，1976年，第3962—3965页。

③ 《元史》卷十三《世祖本纪》，第271页。

④ 见苏天爵撰，陈高华、孟繁清点校：《滋溪文稿》卷二十二《资善大夫太医院使韩公行状》，北京：中华书局，1997年，第372—374页。

⑤ 苏天爵撰，陈高华、孟繁清点校：《滋溪文稿》卷十九《元故尚医窦君墓碣铭》，第309—311页。

本草，一是因为元代西域与中原联系紧密，药物往来频繁[①]；二是原有的本草书籍有阙漏，不够完备[②]。至于此事的实际结果，学界尚有不同的意见。[③]

元代宫廷对伊斯兰世界的饮食很感兴趣，忽思慧《饮膳正要》中收录了汤饮多种。朱丹溪《局方发挥》指出：“谓之舍利别者，皆取时果之液，煎熬为汤而饮之。稠之甚者，调以沸汤，南人因名之曰煎。”[④]“舍利别”（舍利八、舍里别、舍里八、舍儿别、沙里别、唦哩别、舍剌卜、摄里白）是波斯语、阿拉伯语Sherbet（Sharāb）的音译，或称渴水，是一种可以生津止渴的饮品。[⑤]虽然元大都的舍利别、马奶酒、葡萄酒和阿剌吉（波斯语araq）等饮食品种丰富[⑥]，诚如许有壬所言：“京城食物之丰，北腊西酿，东腥西鲜，凡绝域异味，求无不获。”[⑦]但是，三勒浆却不复往日的风光。只是在伊斯兰饮食之风的影响下，基于修订本草的因缘际会，由精通医术与传统典籍的许国祯将其复原，不时贡献给宫廷内府。三勒浆在元代的复活与“罕见”，实际表明了当时三勒浆并没有成为主流饮品，因此，在其他记载伊斯兰饮食的元代汉文典籍中，才会没有三勒浆的影子，而许国祯的“三勒浆”只是该果浆在中土流传史上的回光

---

① 许有壬：《大元本草序》，《全元文》卷一千一百八十六，南京：凤凰出版社，2004年，第38册，第100—102页。

② 姚燧：《南京路医学教授李君墓志铭》，《全元文》卷三百二十七，第9册，第770—771页。

③ 陈高华：《忽必烈修本草》，《元史及北方民族史研究集刊》1986年第10期（南京大学学报专辑），第35—36页。高伟：《〈大元本草〉与承天仁惠局药方》，《甘肃中医学院学报》1993年第4期，第56—57页。薄树人：《关于〈大元本草〉的史料》，《中国科技史料》1995年第1期，第68—71页；彭少辉：《元代官修〈大元本草〉确有其事》，《中国科技史杂志》2010年第3期，第326—327页。

④ 王筠默：《谈中药古老剂型之一的“糖浆”或“舍利别”》，《上海中医药杂志》1956年第11月号，第33—34页。三木荣：《朱震亨と西洋医学》，《今日の医学》5（2），1960年，第41—44页。

⑤ 参见前嶋信次：《舍利别考》，《东西物产の交流——东西文化交流の诸相》，东京都：诚文堂新光社，1982年，第9—40页；陈高华：《舍儿别与舍儿别赤的再探讨》，《陈高华文集》，上海：上海辞书出版社，2005年，第297—310页。舍儿别的传播与元代也里可温教徒的关系研究，参见殷小平：《元代马薛里吉思家族与回回医药文化》，《西域研究》2011年第3期，第39—44页。

⑥ 陈高华：《元代大都的饮食生活》，《陈高华文集》，第311—337页；《元大都的酒与社会生活探究》，《中央民族学院学报》1990年第4期，第27—31页。

⑦ 许有壬：《如舟亭燕（宴）饮诗后序》，《全元文》卷一千一百八十六，第38册，第102页。

返照罢了。

2. 宋元时期的南亚、波斯、阿拉伯饮品与《回回药方》所见“沙剌必方”等汤药

南宋周去非《岭外代答》描述了大食诸国的物产和饮品，其中麻离拔国“以蒲桃为酒，以糖煮香药为思酥酒，以蜜和香药作眉思打华酒，暖补有益”①。元代刘郁《西使记》记载白达国（布达国,Bagdad）哈里发“以橙浆和糖为饮”②。五代末传入中土的蔷薇水（蔷薇露、大食水）最有名。蔷薇露既有香衣者，也可饮用。南宋陆游《老学庵笔记》云：“寿皇时，禁中供御酒名蔷薇露，赐大臣酒，谓之流香酒。”③阿拉伯世界水果丰盛，以各种香药或水果制成的饮品繁多。

伊斯兰大医学家阿维森纳《医典》卷五第3册就有“水果饮料”（Sifat Sharābi al-Fakihati）方：

> **水果饮料** 健胃、强腹脏，止呕吐，化黄胆汁，能治愈孕妇们的呕吐。其配伍为：取木瓜（榅桲）水、苹果、梨、酸甜的石榴、盐肤子各等分，再用文火煎熟，直至混合为一，若想使它成为甜的，则可随意掺和进去白糖（蔗糖），便可服用。④

明初的《回回药方》卷三十六的“众香汤煎门”下列“汤药类”，有五条方子：“西刊古宾尼撒答方”“西刊古宾卜祖黎方”“诸剌必撒答方”“沙剌必谷里方”“砂糖梅桂花煎”。根据宋岘的研究，“西刊古宾尼撒答方”即“治忧郁症的醋蜜剂”，“西刊古宾卜祖黎方”即“诸药草籽的醋蜜剂”，“诸剌必撒答方”即“肉桂膏”，“沙剌必谷里方”即“金和欢药露”⑤。既然是属于“众香汤煎门”，那么“诸剌必撒答方”应是“肉桂浆”，而不是“肉桂膏”。《回

① 周去非著，杨武泉校注：《岭外代答校注》卷三《外国传下》，第99页。
② 刘郁：《西使记》,《全元文》卷一百三十八，第5册，第68页。
③ 陆游著，李剑雄、刘德权点校：《老学庵笔记》卷七，北京：中华书局，1979年，第95页。
④ 译文引自宋岘考释：《回回药方考释》（上），北京：中华书局，2000年，第39页。
⑤ 宋岘考释：《回回药方考释》（上），第127页。

回药方》还明确记载“温速黎造的西刊古宾：即葡萄醋加回回葱同蜜酿造的煎”[①]。此外，《回回药方》残卷中的药饮方和水果饮料名甚多，至少有煎药饮子、紫花儿煎、祖法煎药、祖法汤、黑哈亦土台思水（婆罗门人参的汁水）、马兀兀速里煎药饮子等十数种。《回回药方》中最典型的饮料应该是舍儿别。舍儿别（《回回药方》中译作“沙剌必”“舍剌必”“撒剌必”）的方剂有：沙剌必方、沙剌必不纳福沙（紫花药露）、沙剌必纳亦纳亦（绿薄荷露酒）、沙剌必庵罗的（蔷薇露酒）、沙剌必哈里剌（诃梨勒露酒）、舍剌必方、舍剌必木失其（麝香汤方）、舍剌必安古黎（无花果露酒）、“舍剌必安只而，即是无花果汤”、“舍剌必哈八速里哈的的（铁渣汤）”、“舍剌必笋卜黎（甘松汤方）”、“舍剌必葛咱而（胡萝卜饮料）”以及“亦孥卜撒剌必水：即是狗葡萄水”。

3.《回回药方》中的诃子和诃子汤

《回回药方》还记载有多种诃子方，其中有双诃子（黑诃子、黄诃子）、番诃子、嫩诃子、熟诃子、阿米剌（阿迷剌、余甘子）、八里剌（毗梨勒，波斯语Baleelaj）和平面诃子（毗梨勒）等，特别是可不里诃子（Halilah Kābulī）。这与Efraim Lev 和Zohar Amar在《中古地中海东部地区的实用本草》中的归纳基本一致。[②]雅库特《地名辞典》（1224年）记载，在印度西南海岸的故临，“尚有一些诃子，但喀布尔的诃子品种最为优良，因为喀布尔离海较远，那里产各种诃子。凡是风吹而落地的诃子，其树呈黄色，其果实性寒，其味带刺激性。诃子［果］一直长到成熟，由人们采摘下来，此乃喀布尔诃子，味甜而性热。留在树上过冬的果子颜色变黑，乃黑诃子，味苦性热”[③]。伊本·贝塔尔的《药典》也叙述了诃梨勒的种类：“巴斯里（al-Baṣrī）讲，诃梨勒有四种，即印度黄色的和印度黑色的，喀布尔黑色而硕大的，及质量不好、皮薄而被叫做

① 《回回药方》（影印本），香港：香港中国编译印务有限公司，1996年，第49页。

② Efraim Lev & Zohar Amar, *Practical Materia Medica of the Medieval Eastern Mediterranean according to the Cairo Genizah*, Leiden/Boston: E. J. Brill, 2008, pp. 83–86, pp. 218–221.

③ 汉译文引自［法］费琅编，耿昇、穆根来译：《阿拉伯波斯突厥人东方文献辑注》，北京：中华书局，1989年，上册，第247—248页。

'中国的'。"[①] 10世纪阿拉伯科学家比鲁尼（al-Bīrūnī）的本草著作《药理学》（*Al-ṣaydanah fī'l-ṭibb*）也记载了诃梨勒的好几个品种：

> 诃梨勒（*Halīlaj*）：其罗马语是*halīqūn*；叙利亚语是*halīqī*。据说，其印地语为*hawsbad*和*harayn*。Arrajānī说："（诃子的）一些品种是黄色的、少许黑色的、印度的（Hindī）和喀布尔的（*Kabulī*）。它由四个品种组成：黄色的是不熟的；黑色的是成熟的。"Abū Jurayh说："许多香料商把变黑了的黄色诃子当作黑色品种来卖，尽管这是不合适的。诃子（chebulic myrobalan）的成熟与它在树上时的成熟有关，同样是指它的果仁和颗粒。喀布尔的诃子厚实而大。还有一个品种被认为是中国的，它是干而细长的。有喙的那种是首选的。那些体大、饱满、坚实和粗厚的喀布尔品种是好的。它若浸泡在水中，应该是略带红色的。其次好的是那些较重、丰满的，既不起皱，也不缩小的黄色品种。它应该是略呈淡绿色的很黄的那种。"拉齐（Rāzī）说："有一种黑色的，它泛绿、较重而新鲜。"Ibn Māsawaih说："有刺激气味的黄色品种是很黄的、微红、较重、丰满的，是喀布尔的。当喀布尔（Kābul）被征服后，马蒙（Māmūn Al-Rashīd）在呼罗珊（Khuràsàn）时，该国的国王皈依了伊斯兰教，并臣服于哈里发。当邮政部门的官员去那里时，其国王给了（此代表）粗糙的诃子进贡给哈里发。"[②]

比鲁尼首先介绍了诃梨勒在几种语言中的名称，然后引用了四位医家Arrajānī、Abū Jurayh、拉齐和Ibn Māsawaih的说法。他比较关注的是此药物的分类及其品种特性。

Cyril Elgood在《先知的医学》中对诃梨勒（Hallilaj, Myrobalan）的注释为："有三种诃子，即黄色的、诃梨勒和印度的。其他的品种作为其中之一

---

① 转引自宋岘：《古代波斯医学与中国》，北京：经济日报出版社，2001年，第19页。

② Hakim Mohammed Said, ed., *Al-Biruni's Book on Pharmacy and Materia Medica,* Part I：*Edited with English Translation,* Karachi: Hamdard National Foundation, 1973, pp. 329–330.

的分类。诃子是冷、干的。当用作煎剂或者输入液时，黄诃子提升胆汁的流动，诃梨勒提升痰（黏液）的流动，印度诃子提升脾液的流动。其种子和药糖剂以及黄种子能冷却嘴中的热气。诃子和蜜制成浆，增进精子和加速白发的出现。它有利于老年和刺激性欲。传说，诃子树是智慧树之一。它主治七十种病。”①

《回回药方》还记载了用三勒配制的浆汤和煎剂，主要有阿米剌乳、蜜煎阿米剌、黄诃子汤、“马体卜里哈里剌方”（“马体卜黑哈里剌方”，即诃梨勒煎汤）、“沙剌必哈里剌”（诃梨勒露酒）、“煎药饮子”和使用了黄诃子的“阿福体门汤方”（带干葡萄的菟丝子水）的“又一方”等七种。可见，其品类应用较广。

4.《回回药方》中的“亦忒里肥”“亦忒列法力”和“亦特里肥里”

《回回药方》中，三勒还有三个汉译名：“亦忒里肥”“亦忒列法力”和“亦特里肥里”。宋岘正确指出这三个词对应的是阿拉伯语Iṭrīfal。不过，他根据《医学与生物学词典》，将Iñçãfal释为睡菜（学名为Menyanthes trifoliate［L.］），此解释有误。因为《回回药方》的“贴药方”中指出，“贴此药每朝可服用小忒里肥里，或服马哈你伯的儿。此膏三日一换为度。”在“小忒里肥里”后，有一个小注，即“小忒里肥里：即凡合成的药名”②，因此，“忒里肥里”（Iṭrīfal）是指合成的药物，不可能是指睡菜这一种药物。实际上，该词与梵语词tri-phala意义相同。Iṭrīfal、iṭrīfal也转写作iṭrīfīl。诗人兼医学家Abū al-Faraj ‘Alī ibn al-Ḥusayn ibn Hindū（汉名或译为宾·法拉吉·阿里·本·侯赛因·本·忻都，？—1032）在其导论性著作《学医入门》的第10章中，列举了近60种复方药名，其中有al-iṭrīfīl，释义为：“al-iṭrīfīl：这是一个阿拉伯语化的印度词语，来自tarī bahl, 其意思是三种成分的合成物，即myrobalan（ihlīlaj，诃梨勒）、berelic myrobalan（balīlaj, 毗梨勒）和emblic myrobalan（amlaj，庵摩勒）。”③或谓iṭrīfīl来自印地语词tarī abhal，其异名为ṭirāfal、

① Cyril Elgood, “Tibb-ul-Nabbi or Medicine of the Prophet”, *Osiris*, vol. 14 (1962), p. 117.

②《回回药方》（影印本）卷十二，第125页。

③ Abū al-Faraj‘Alī ibn al-Ḥusayn ibn Hindū, *Miftāḥ al-ṭibb wa-minhāj al-ṭullāb*, / *The Key to Medicine and a Guide for Students*, Translated by Dr Aida Tibi, Garnet Publishing, 2010, p. 90.

tarfal、ṭaranfal等。[①]

《回回药方》中还有几个以“亦忒里肥”命名的药方，比如：“又亦忒里肥方：黑诃子、黄诃子、嫩诃子、金樱子、平面诃子，各等分，右一同捣罗为末，用酥油炼蜜调成膏子，每服一二钱，临卧而服。”[②]这个“亦忒里肥方”就用了多种诃子，而与睡菜无关。此外，宋岘在《回回药方》的“小忒里肥里方”条下，译出了阿维森纳《医典》卷五第3册第352页收录的所谓“小的睡菜”（Iṭrīfāl al-ṣaghīr）处方，如下：

> 治胃萎缩和它的润、痔疮的诸风有效。使脸色好转。［配伍］取喀布尔诃子、毗梨勒及去核的庵摩勒（洋诃子）的汁液（Shīr Amlaj Manzū‘at al-Nawā）各等分，用黄牛油捣碎，再同去了浮沫的蜂蜜调和在一起，放置在高悬的罐子里。需要时服用。[③]

很显然，这个所谓“小的睡菜”方，所用主要药物就是三勒——喀布尔诃子、毗梨勒、庵摩勒，与睡菜毫无关系。因此，此方与《回回药方》的“小忒里肥里方”均应称作“小三勒方”。宋岘所谓《医典》卷五的“大的睡菜方”（al-Iṭrīfal al-Kabīr），则宜称“大三勒方”。

因此，《回回药方》中的几个相关的药方名就比较清楚了。“亦忒列法力阿福体木尼方”就是“三勒菟丝子方”，“亦忒列法力沙他剌只方”就是“有血根草（延胡索）的三勒方”，“亦忒列法力可失尼只方”即“三勒芫荽方”，“又亦忒列法力马杭八的而方”就是“（名叫）圆月的三勒方剂”。《回回药方》中还有“亦忒里肥里膏子”（三勒舔剂）、“小亦忒里肥里膏子”（小三勒舔剂）、“大亦忒里肥膏子”（大三勒舔剂）三个方剂。《回回药方》中涉及的这些大/小三勒方剂，都与阿维森纳的《医典》等阿拉伯医学原著有关。

---

① Nawal Nasrallah, *Annals of the Caliphs' Kitchens: Ibn Sayyār-Warrāq's Tenth-Century Baghadadi Cookbook*, Leiden, Boston: E. J. Brill, 2007, p. 752.

② 《回回药方》（影印本）卷三十，第359页。

③ 宋岘考释：《回回药方考释》（上），第207页。所谓“它的润”其意不明，疑指湿热。

5. 中古波斯阿拉伯医籍中的三勒方

伊斯兰化以后，波斯阿拉伯地区的医学文化一时为世界瞩目，各类医方书籍大量涌现。其中，三勒（Iṭrīfīl）合用或者使用其中一种的药方不在少数，略作如下梳理。

Ibn at-Timūḏ是11世纪出生于巴格达的医家。他的《医方集》（*al-Aqrābāḏīn*）中就有“小三勒方”和“大三勒方”，这两个药方的内容分别如下：

> 小三勒（smaller iṭrīfal）方，主治胃的松弛和湿热、痔疮绞痛，它能强化思维，改善肤色。［取］无核的庵摩勒、黄诃子、黑诃子、毗梨勒，以及余甘子各等分。［药物］捣烂、研磨，与甜的杏仁油混合，用纯净的蜂蜜捏揉，存放在一个容器里。一剂可以使用三dirham的总药量。
>
> 大三勒（larger iṭrīfal）方，对那些有湿冷合度的人能提高其性能力。［取］无核的庵摩勒、黑诃子、毗梨勒、余甘子的“汁”、黑胡椒、长胡椒，每种三dirham；姜、绿翼的兰花、肉豆蔻、印度花园水芹、欧洲防风根、红色和白色的桂竹香、岑树、野生的石榴籽（即qilqil的籽）、去皮的芝麻、白糖、淡色的罂粟，以及两种海熏衣草，每种一dirham。（这些药物）捣烂、研磨后，放在一起，同与牛酥混合之后的纯净蜂蜜捏揉。此药储存在一个容器中，然后使用。①

这两个药方表明，使用三勒的药方有不同的组成和功能。这些三勒类的药方还流传到了地中海地区以及犹太人所在的中东地区。Iṭrīful在《中古地中海东部地区的实用本草》中，有两种含义，一是指复合药物类的泻药，这与《广异记》所记唐代将军高仙芝因贴身接触诃梨勒而下泻的故事正相吻合，应该是指三勒药方；二是指一种名为Bitumen trefoil的多年生草本植物，叶子类似三叶草，开花较多。三勒药方应用于中古地中海东部地区，其原料主要依赖于外贸，诃梨勒主要是从亚洲和非洲的原产地（印度、缅甸、马达加斯加岛）进

---

① Oliver Kahl, *The Dispensatory of Ibn at-Timūḏ, Arabic Texts, English Translation, Study and Glossaries*, Leiden/ Boston: E. J. Brill, 2007, p. 211.

口，喀布尔的诃子来自阿富汗。[①]

摩西·迈蒙尼德（Moses Maimonides）是12世纪著名的犹太哲学家和医学家。他的著作中使用了多种类型的诃子，他指出，喀布尔诃子、印度诃子和毗梨勒是“大三勒”（great aṭrīfal/ itrīfal）药方的组成成分。这些药物也可用于一种有泻药作用的果浆[②]。Maimonides的《论养生》（*Fi Tadbīr al-Ṣiḥḥah*）中就有一个“大三勒”方：

> 此仆人已提及的这一药糖剂，就是“大三勒”方，仆人为了需要的人提前配制混合。它将改善三种消化力，对身体的各部分功能均能加强，特别是心脏和胃。它将推迟衰老，去痰，预防上达大脑的水汽，强化诸感官，消除其疲乏，壮阳以及增强精神。其配方是：取诸般诃子、诃梨勒、印度诃子以及毗梨勒，每种一盎司；余甘子两盎司；香橼皮、牛舌草、stoechos花、姜黄和莪朮，每种一盎司；红玫瑰花瓣，一盎司；岑树的翼果、野生胡萝卜、芦笋籽、胡萝卜籽、芝麻菜（紫花南芥）籽、两种behens，茴芹、乳香和拔尔撒摩（balsam）皮，每种半盎司；荜澄茄、小豆蔻、丁香、肉桂、一种姜科植物的根（galingale）、长胡椒、姜、甘松、一种多榔菊属植物（doronicum）和芦荟，每种八分之一盎司；pinion nuts，三盎司。这些干药将被研磨成散和筛选，其籽和松果将精研细磨，而且诸诃子放在半磅的杏仁油或者阿月浑子油中，应该擦摩。所有的药物应该合在一起，并与三磅的糖浆药水和两磅的撇去了泡沫的蜂蜜混揉，放在一个大容器中。所取的配制药量是四打兰到半盎司，在冬天，该药剂要放在煮了茴芹的热水中。在温暖的季节，它应该当做干药糖剂服用。在非常炎热的时候，该药不能服用。不管什么时候服用，它都不能频繁服用，而且一周仅能一次。[③]

---

① Efraim Lev & Zohar Amar, *Practical Materia Medica of the Medieval Eastern Mediterranean According to the Cairo Genizah*, pp. 559, 362, 383.

② Efraim Lev & Zohar Amar, *Practical Materia Medica of the Medieval Eastern Mediterranean According to the Cairo Genizah*, p. 220.

③ Ariel Bar-Sela, Hebbel E. Hoff, Elias Faris,tr., “Moses Maimonides’ Two Treatises on the Regimen of Health: *Fī Tadbīr al-Ṣiḥḥa* and *Maqālah fi Bayàn Ba’ḍ al-A’raḍ wa-al-Jawāb ’anhā*”, *Transactions of the American Philosophical Society*, New Series, vol. 54, no. 4 (1964), pp. 24–25.

这剂大三勒药方也可作为药浆，与唐代的三勒浆应该是类似的。其源头应该是来自伊斯兰医学，而其药方名称的命名方式与印度生命吠陀典籍《八支心要方本集》中的大三果酥是一脉相承的。

四、古代印度的三果入浆与"苏毗罗浆"

1. 古代印度的酒与浆（pānaka）

印度是热带地区，多产水果，用水果配制的酒与果浆亦有多种。其酒类主要分为三大类型：窣罗酒（surā）、迷丽耶酒（maireya）、末陀酒（葡萄酒，madhu）①；或谓谷酒、果酒、药草酒。除了三大类型的分法，还有六种、十数种。《政事论》（*Arthaśāstra*）将酒分成六种，即medaka、prasanna、āsava、ariṣṭa、迷丽耶酒和葡萄酒②。内科名著《遮罗迦本集》（*Caraka-saṃhitā*）中，"发酵的酒类"则包括窣罗酒、迷丽耶酒、甘蔗酒、葡萄酒、糖蜜酒、sauvīraka（苏毗罗浆）等十数种。③

古代印度不同的种姓使用的饮品也不相同。婆罗门教的法典《摩奴法论》规定婆罗门不准饮酒。《大唐西域记》指出："蒲萄、甘蔗，刹帝利饮也；曲蘖醇醪，吠奢等饮也。沙门、婆罗门，饮蒲萄甘蔗浆，非酒醴之谓也。杂姓卑族，无所流别。"④佛经中有许多关于酒的史料。《十诵律》卷十七分为谷酒、木酒二种。《四分律》卷十六指出酒者有木酒、粳米酒、余米酒、大麦酒四种。《摩诃僧祇律》卷二十则按照制酒的过程，将酒分为"和""甜""成""动""酢""渍""黄""屑""淀""清"十种。这些律典中对

---

① 《阿毗达磨法蕴足论》卷一，《大正新修大藏经》第26册，第458页上。

② N.P.Unni, *The Arthaśāstra of Kauṭalya*, Part 1-& 2 Adhikaraṇas, Delhi: New Bharatiya Book Corporation, 2006, pp. 322–323.

③ Caraka, *Caraka-Saṃhitā (Text and English Translation)*, Edited and Translated by Priya Vrat Sharma ect., vol.1, Varanasi: Chaukhambha Orientalia a House of Oriental and Antiquarian Books,2003, pp. 209–210.

④ 玄奘、辩机原著，季羡林等校注：《大唐西域记校注》卷二，北京：中华书局，1985年，第215页。

酒的分类并不完全相同，反映了各个部派对酒的认知有所差别。

印度古代的果浆（pānaka）品种繁多。佛经中将果浆归属于时分药（非时药、夜分药、更药）一类，可以在中午之后饮用。《根本说一切有部毗奈耶药事》卷一列有八种果浆：招者浆（coca- pāna）、毛者浆（moca-）、孤洛迦浆（kola-）、阿说他果（aśvattha-）、乌昙跋罗（udumbara-）、渴树罗浆（kharjūra-）、钵鲁洒（paruṣika-）、篾栗坠浆（mṛdvīka-）。[①]《十诵律》卷二十六等律文有译名不同的八种浆[②]，《摩诃僧祇律》卷三则列出了十四种浆名[③]。古代印度的酒和浆有时不太容易区别，《鼻奈耶》卷九中对此也有规定：其浆不论色味，饮而醉者皆不得饮，饮而不醉者则得饮[④]。敦煌写本P.2100、S.2050《四部律并论要用抄》卷一也抄录了《四分律》《五分律》《摩诃僧祇律》和《十诵律》中的果浆名目。除了上列的八种浆之外，其他的果浆也可以饮用。僧一行《大毗卢遮那成佛经疏》卷七用“杂以香药，美而愈疾”八个字对印度浆饮的特点进行了归纳，他指出印度的饮食“多依药术，有养性防身之功”[⑤]。

2. 古代印度的三果入药与入酒

佛经中的三果并不属于非时浆系列，而是属于尽形寿药的果药类。对诃梨勒一药，佛经中特别强调其神奇的药效。义净译《金光明最胜王经》卷九《除病品》云:“诃梨勒一种，具足有六味；能除一切病，无忌药中王。”[⑥]义净《南海寄归内法传》卷三云:“又诃利勒若能每日嚼一颗咽汁，亦终身无病。”[⑦]这一观念甚至影响到藏医名著《四部医典》（*rGyud-bzhi*），该书描述香茅山上的诃子林，“树根能治骨病，树干能治肌肉之病，树枝能治经络之病，树皮能治皮肤病，树叶能治腑器之病，花朵能治五官之病，果实能治脏器之病，顶端有五

---

① 《大正新修大藏经》第24册，第1页中。
② 《大正新修大藏经》第23册，第193页上。
③ 《大正新修大藏经》第22册，第244页下。
④ 《大正新修大藏经》第24册，第892页上。
⑤ 《大正新修大藏经》第39册，第659页上。
⑥ 《大正新修大藏经》第16册，第448页中至下。
⑦ 义净著，王邦维校注:《南海寄归内法传校注》，北京：中华书局，2009年，第160页。

种诃子成熟，具备六味、八功、三消，良效十七种，可治万病”①。

佛经对三果所在的五种果药（另加胡椒、荜茇）有比较宽松的规定，“若病无病”，可随意食。②与三辛（胡椒、荜茇、干姜）一样，三果是印度的常用药，其药方甚多。《大佛顶广聚陀罗尼经》卷二中用三果配制延年方。③《千手千眼观世音菩萨广大圆满无碍大悲心陀罗尼经》卷一用三果来配制眼药。④《遮罗迦本集》中不仅有三果长年方，还有三果煎、三果酥、三果散、三果油、三果酒、三果糖浆等多种三果方。⑤《妙闻本集》（*Suśruta-saṃhitā*）中也有三果酥。《八支心要方本集》（*Aṣṭāṅga-hṛdaya-saṃhitā*）中则有三果长年方、三果酥和大三果酥（Mahā Triphalādi ghṛta）。

三果粉作为添加剂，可以酿酒。《政事论》指出：“迷丽耶酒是用植物Meṣaśriṅgi的皮榨出的汁，与粗糖、胡椒、长胡椒粉或者三果的粉酿制而成。对各种酒来说，初糖和三果的粉是经常添加的。”⑥迷丽耶酒一般是用植物的根茎叶花果酿成的，不用曲蘖。酿酒时用的是三果粉，而不是用三者的鲜果来泡制。《遮罗迦本集》中的三果酒方也用三果粉：“三果、独活草、白花丹、长胡椒、lauhabhasma、白花酸藤子果（这些药）的粉末，每种160克，蜜320克、陈粗糖4公斤，将其混合，倒进一个装了酥油的容器，（密封），放在一堆麦粒中一个月。它能治疗上述疾病（指心脏病、贫血症、风病等）。这种酒（ariṣṭa）对痔疮和贫血症有益，也对那些由肿胀导致的病痛有益。此即三果酒。”⑦

在密教文献中，三果浆可以作为仪轨所用之物。不空译《文殊师利菩萨根本大教王经金翅鸟王品》卷一云：“又法，以安悉香酥，和三果浆，烧念诵，

---

① 宇妥·元丹贡布主编，李永年译，谢佐校：《四部医典》，北京：人民卫生出版社，1983年，第3页。

② 义净译：《根本说一切有部百一羯磨》卷八，《大正新修大藏经》第24册，第491页上。

③ 《大正新修大藏经》第19册，第165页上。

④ 《大正新修大藏经》第20册，第110页中。

⑤ Caraka, *Caraka-Saṃhitā(Text and English Translation)*, vol.ii, pp. 24–25.

⑥ N.P.Unni, *The Arthaśāstra of Kauṭalya*, Part 1–& 2 Adhikaraṇas, pp. 323–324.

⑦ *Caraka-Saṃhitā(Text and English Translation)*, vol.ii, p. 193.

一切人皆敬爱。”①此外，三果浆还可以作为染料，用来给僧衣染色。

3. 以三果为原料的“苏毗罗浆”

除上述三果入酒之外，佛经中也记载了使用三果的浆法。《摩诃僧祇律》卷二十九中，有一种苏毗罗浆：

> 作苏毗罗浆法者，取𪎊麦轻捣，却芒尘土，勿令头破。以水七遍净淘，置净器中。……以呵梨勒、鞞醯勒、阿摩勒、胡椒、荜茇如是比尽寿药等置中，以净㲲覆之，以绳鸡足系，以木盖上。……是名苏毗罗浆法。②

此处交代了佛为舍利弗治疗风患而介绍苏毗罗浆的配制与服用方法。它应是北传佛教寺院中配制的一种药浆，以作为粮食的𪎊麦为主要原料，并添加了三果以及胡椒、荜茇等药物。《善见律毗婆沙》卷十一中还提及另一种使用了三果的药浆：

> “何谓为稣毗罗浆？”答曰：“先取阿摩罗、诃罗勒、鞞醯勒，谷者，七谷，取粳米为初作，余甘蔗子、一切木果、一切笋、鱼肉、蜜、沙糖、石盐、三蒜，如此之物悉合和为一，或内缸或内小器皿，头盖泥，置三四年中待其熟，熟时色如蜜色，以此治病。……一切诸药无过此药，最为第一。”③

这一稣毗罗浆除三果外，还有其他多种成分，远远超过了《摩诃僧祇律》中的苏毗罗浆。稣毗罗浆应该是5世纪或以前的南传佛教寺院所配制的常用药浆，而且其疗效甚好，在诸药中排第一。苏毗罗或稣毗罗是梵语Sauvīraka/Sauvīra（巴利语sovīraka）的对译。此两种浆名称相同，均使用了三果，但在

---

① 《大正新修大藏经》第21册，第328页上。
② 《大正新修大藏经》第22册，第464页中至下。
③ 《大正新修大藏经》第24册，第754页中至下。

不同的地区配制方法不同，用于治风病、冷病[①]等。《遮罗迦本集》将苏毗罗浆列入发酵的酒类。“苏毗罗浆（sauvīraka）和tuṣodaka是开胃之物，助消化，减轻心脏的不适、［治疗］贫血、肠虫病；有益于治疗慢性腹泻和痔疮。”[②]生命吠陀医籍中，苏毗罗浆虽时有记载，但未明言是否加入了三果。无论是三果浆还是加入了三果的苏毗罗浆，均不是发酵或蒸馏的较高浓度的酒，亦“非酒醴之谓也”。在喝了也不会醉人的情况下，苏毗罗浆与葡萄甘蔗浆一样，是印度的沙门（含佛教徒）与婆罗门可以饮用的。

五、余　论

丝绸之路是中古时期中外文化交流的主要通道。中古丝路最流行的饮品无疑是葡萄酒、葡萄浆等。玄奘法师赴西天取经的途中，在屈支国受国王款待，行“蒲桃浆”（葡萄浆）。[③]在突厥可汗的金华帐内，可汗迎接，“命陈酒设乐，可汗共诸臣使人饮，别索蒲萄浆奉法师”[④]。此外，丝路也有若干甜浆。于阗佛寺僧人就从俗家购买过甜浆：“出钱壹仟文，付孔家，充还先沽甜浆一瓮价。”[⑤]就当时的饮食传播而言，出土文书为我们提供了重要的史料来源。其中涉及外来饮品主要有以下几种：

（1）天竺的甘蔗造酒。敦煌写本P.3303《印度甘蔗制糖及甘蔗育苗法》（或谓《西天五印度出三般甘蔗制糖法》）：“西天五印度出三般甘蔗……其下来水，造酒也。”[⑥]甘蔗酒是印度常见酒之一，类似的还有石蜜酒、石蜜浆、甘蔗

---

① 《十诵律》卷五十六：“苏毗罗浆法者，佛听饮苏毗罗浆，为冷病比丘故。”（《大正新修大藏经》第23册，第417页上）

② *Caraka-Saṃhitā(Text and English Translation)*, vol.1, p. 210.

③ 慧立、彦悰著，孙毓棠、谢方点校：《大慈恩寺三藏法师传》，北京：中华书局，2000年，第25页。

④ 慧立、彦悰著，孙毓棠、谢方点校：《大慈恩寺三藏法师传》，第28页。

⑤ 陈国灿：《斯坦因所获吐鲁番文书研究》（修订本），武汉：武汉大学出版社，1997年，第492页。

⑥ 李正宇亦指出，其意为“甑内煞割令滤出来的水，可以造酒。王灼《霜糖谱》载，甘蔗榨汁之后，‘别人生水重榨，作醋极酸。’以之作醋，是又一法。或即唐之酸酒”。煞割令即石蜜。参见李正宇：《敦煌学导论》，兰州：甘肃人民出版社，2008年，第326页。

浆等。季羡林先生早就指出:"关于用甘蔗酿酒的技术，印度大概很早就发展起来了。"①

（2）《鲍威尔写本》中的酒与浆。库车出土梵文《鲍威尔写本》第1个残卷（约抄写于公元6世纪）列举了病人可以服用的种种酒浆:"他也可以饮服葡萄酒，或者蒸馏的液体与等量的葡萄酒，或者纴婆酒，或者甘蔗酒，或者浓烈的米酒（jagala），或者一种提神的汁液（agaja），或者迷丽耶酒，或者其他可能有的烈性液体。当他服用时要兑水，一次只能喝一种，以免混合。如果他不习惯于喝这些东西，他也可以喝温开水或者（未去壳的稻米熬的）酸稀粥（kāñcika）；或者他也可以喝（未去壳的豆子熬的）酸稀粥（tuṣodaka）或者未去壳的大麦所熬的酸稀粥（suvīraja，苏毗罗浆的一种），或者鲜乳清。"②《鲍威尔写本》中还有几种药酒，如"一种配药酒的散""另一种配药酒的散""加蜜的药酒方"等。与此相近的蜜酒方（Madhvāsava）见于敦煌出土的日藏《医理精华》于阗语译本（9世纪中译自藏文本，源头为梵文本）第11章（Si.11.17）。敦煌出土的粟特语医书残片Pelliot Sogdien 19中，也有用莳萝等药物混合蜂蜜酒饮服的疗法。

（3）三果入药作浆。除《鲍威尔写本》外，于阗语本《医理精华》和梵语于阗语双语本《耆婆书》（*Jīvaka-pustaka*）中有多个使用了三果的药方。连敦煌出土的梵语粟特语双语医书残片Mz639中，也用了三果（粟特语tṛphāl，梵语phalatraya）来治疗眼疾。③这些医方中,《鲍威尔写本》有用三果药配成止咳糖浆的两个方子（Bo.2. 476+477；Bo.2.590–592）；还有"石墨根散"一方中，使用了诃梨勒，并"可以加入清米酒，或者加一些别的醉人的酒"。《鲍威尔写本》另有一个药方值得特别注意：

取每份1 akṣa的三果药、靛青、青莲花，安缮那、长胡椒根、假杜鹃

---

① 《季羡林全集》第十九卷《一张有关印度制糖法传入中国的敦煌残卷》,《糖史》(二)，2010年，第511页。

② 陈明:《殊方异药——出土文书与西域医学》，北京：北京大学出版社，2005年，第244页。

③ Dieter Maue and Nicholas Sims-Williams, "Eine Sanskrit-Sogdische Bilingue in Brāhmī," *Bulletin of the School of Oriental and African Studies,* vol. 54, no. 3, 199, pp. 486–495.

的叶子、阿周那榄仁树的皮和piṇḍāraka（Vangueria spinosa）的果子；以及瞻部树根熬的汁液、瞻部树根的泥土、白醴肠和铁粉。将诸药在毗醯勒的汁液中用文火慢慢地煮。在已经服用泻剂之后，此药可用作催嚏药。患者一个月内应只吃加芝麻油的菜肴，当他渴了，就可喝三果药泡的水，而且不管该药在任何情况下使用，水都是必需的。（Bo.2.768b–773a）①

此方不仅使用了三果药，而且明确指出，患者可以喝三果药泡的水。从医学文本的记载来看，三果入药作浆在丝绸之路上是不稀罕的。

（4）龟兹寺院中的甜品饮料。勒柯克（Von Le Coq）于克孜尔发掘的梵文残卷（约写于公元6、7世纪之交）中，有龟兹寺院的斋僧通告，叙述了布施甜品（madhurapradāna），包括糖蜜、甘蔗、葡萄、冰糖等甜品，还有三辛药物。②

（5）阿魏酒。敦煌医方残卷P.3596中有一个方子，用阿魏酒来治心痛。阿魏是外来药物。这种阿魏酒应该也是外来的。

此外，敦煌研究院藏卷及P.2629《归义军衙内酒破历》记载：“廿一日支纳诃梨勒胡酒一瓮。”或据此认为敦煌有一种胡酒——“诃梨勒胡酒”。若细分析这句话的结构，全句的意思应该是支给交纳诃梨勒的胡人一瓮酒，而不是支纳一瓮诃梨勒胡酒。施萍婷早就指出：“酒帐作‘纳诃梨勒胡’，正好说明交纳者为‘胡人’，而这一胡人可能就是波斯商人。”③虽然尚不能确定敦煌有用诃梨勒酿制的胡酒，但可以想象既然敦煌的波斯商人贩卖三勒浆的原料之一的诃梨勒，那么，三勒浆（或者制法）在丝绸之路的传播也不是不可能的。

诃梨勒、毗醯勒、庵摩勒是中古时期印度最常用的三种果药，称作三果，既能入药，又能做浆。三果合用入药方，不仅在印度本土，而且在丝绸之路的

① 陈明：《殊方异药——出土文书与西域医学》，第287页。

② 《季羡林全集》第十六卷《西域佛教史》第8节，2010年，第249—250页。又，季羡林：《对于新疆生产甘蔗和沙糖的一点补充》，《文史知识》1999年第11期。

③ 施萍婷：《本所藏〈酒帐〉研究》，原刊《敦煌研究》1983年创刊号，此据氏著《敦煌习学集》，兰州：甘肃民族出版社，2004年，第25页。

胡方（吐火罗语、于阗语、粟特语、回鹘语等）与吐蕃的医籍（《月王药诊》《四部医典》）中常见，而中原内地的医籍中却罕见三物合用的记载。诃梨勒在印度归属于神效之药系列，还有相应的神话，非寻常药可比。比丘道略集《杂譬喻经》“草木皆可为药喻”指出，诃梨勒“众病皆能治”，服者“病皆当差”。[①]诃梨勒有七种，无害吉祥，有益健康，难怪对印度文化有精深理解的唐代求法高僧义净指出该药“无忌药中王”。《鲍威尔写卷》第2卷《精髓集》中，婆罗门教三大主神之一的梵天向医神双马童解释了诃梨勒的来历：“当大神因陀罗饮用甘露的时候，有一滴滴到了地上，从此，最好的药物——诃梨勒就生长出来了。”[②]可见佛经中推崇的诃梨勒，实际上是受婆罗门教的信仰加持的。

传入中土之后，诃梨勒在中医本草著作中，被置于“木部下品”，较之在印度，地位一落千丈。丹波康赖《医心方》卷三引《录验方》云：“帝释六时服呵梨勒丸方……是名最上仙药。”此方还多少保留了几分诃梨勒原有的神奇风采。诃梨勒也成为唐宋中医药谱中的常用药物，只是其药效从具足六味、能治众病缩小到主“理气治痢”等。敦煌医学卷子中有几种诃梨勒组方[③]，诃梨勒还作汤饮入药，如医方残卷P.2662-2有“槟榔汤方：诃梨勒三颗　槟榔二枚　末　空腹服之”。诃子饮也见于唐宋中医方书中。属于三果之一的诃梨勒（诃子）能在中医药中获得一席之地，既能入药，又能作汤，是因为中医对该药的使用进行了适应性的改造。这样的改变涉及各个医学体系所关注的重点，由于关注点各不相同，造成对药物的使用范围与效果认知有很大的差异。因此，在文化交流背景下去考察中外对诃梨勒使用的演变，就会发现同样的一味药物在不同的医学文化背景下，会有不同的使用方法和效果，而不同的医学体系对该药药性的认识也不相同。

印度的诃梨勒向西方输送，传入波斯、阿拉伯地区，与毗醯勒、庵摩勒一起，合称三勒，成为常用药物。这三种药物主要用于印度、波斯和阿拉伯

① 《大正新修大藏经》第4册，第529页下。

② 陈明：《殊方异药——出土文书与西域医学》，第297页。

③ 李应存：《浅谈敦煌医学卷子中的诃梨勒组方》，《中医药通报》2005年第3期，第29—31页。

地区，与古希腊、罗马医学的关系不大。从《政事论》(成书年代或谓公元前4世纪，现存本编订时间不早于公元3世纪）的记载来看，印度用三果粉酿酒应该早于波斯，至少早于接受波斯三勒浆的唐代。三果（三勒）制酒浆的方法不会只有一种，在不同时代，其流传途径应该是：(1）印度—波斯—中土；(2）印度—西域—中土；(3）印度—波斯—阿拉伯—中土。值得注意的是，三果分别传播于中土与波斯，但被接受的情形大不相同，这与接收者当地的医药文化形态有着重大关联。从上古起，波斯与印度文化的交流就比较密切，其语言（阿维斯塔语与梵语）与典籍（如《阿维斯塔》和吠陀本集）有一些相通之处，波斯医学（以及稍后的阿拉伯医学）比较容易接受和吸收印度医学的方药与观念，8世纪中期的大食长老就知道诃梨勒“此物人带，一切病消”。而基于阴阳五行理论的中医发展到汉魏六朝时期已经基本成熟，要吸收以婆罗门教为基础理念的印度医学有一定的困难，免不了有较多的扬弃。在中土流传的是高仙芝贴身接触诃梨勒而下痢的故事，而不是有关诃梨勒的印度神话。因此，三勒的用法与观念在波斯医学就要比在中土医学更容易被吸纳。唐代宫廷酿制三勒浆的方法，确实与波斯有密切的关系。就中、印、波三方而言，波斯具有印度文化的接受者和传播者的双重身份。波斯在接受印度的三果浆之后，又以三勒浆的形式，将这一变化了的印度饮食习俗传播到中土。从唐代到元代，这种饮品在三地的传播过程，与印度的婆罗门教、佛教以及伊斯兰化以前的波斯宗教，乃至后来的伊斯兰教均有千丝万缕的、不可分割的联系，在不同宗教的护持下进入民众的食谱。不过，波斯三勒浆传入唐朝以后，并未能普及于社会大众，也就不可能扎根于中土而世代传承，可以说，唐代三勒浆这类高端饮品之所以昙花一现，并不仅仅是受原料的限制，还有文化差异方面的原因。而如何理解文化传播中的差异与适应，对当今推动中国文化的外传也不无意义。

《泰帝利耶奥义书》"五藏说"义解*

党素萍

内容提要："五藏说"是奥义书中探讨自我的两个重要学说之一。其中第三重和第四重自我存在多种指称，内涵不清，不易辨识。本文依据梵文注释，对关键概念进行辨析和厘定。二者可理解为"心意构成的自我"和"智识构成的自我"。在祭火坛堆垛仪式背景下，每一重自我仿照鸟形祭坛，各包含五部分，其中ātman指"躯干"。"五藏说"中的瑜伽意指冥想定境，即维持"智识所成我"的主要状态。

关 键 词：五藏说　manas　vijñāna　ātman　瑜伽

作者简介：党素萍，文学博士，中国社会科学院外国文学研究所东方研究室助理研究员。2005年9月—2011年7月，在王邦维教授指导下，于北京大学南亚系攻读印度语言文学方向博士学位。

奥义书中最重要的概念是梵与自我。对于自我的探讨，其一是《歌者奥义书》（*Chāndogya Upaniṣad*）和《蛙氏奥义书》（*Māṇḍūkya Upaniṣad*）中发展出来的"四位说"（Catur-Sthāna?），即自我的觉醒状态（Jāgarita-sthāna）、睡梦状态（Svapna-sthāna）、熟眠状态（Suṣupta-sthāna）、"第四"（Caturtha）

---

* 本文原刊于《世界宗教文化》2019年第6期，系国家社科基金重大委托项目"梵文研究及人才队伍建设"（项目编号：09@zh019）子课题"马鸣《美难陀传》研究及翻译"的阶段性成果。

（状态），其中“第四”（Caturtha）（状态）或死亡状态，是至高自我，与梵同一。另一则是比《歌者奥义书》稍晚的《泰帝利耶奥义书》中的“五藏说”（Pañca-Kośa?），或称“五重自我说”。《泰帝利耶奥义书》（*Taittirīya Upaniṣad*，又称《鹧鸪氏奥义书》，以下简称《泰》）产生于公元前6世纪至公元前5世纪，是最古老的奥义书之一。时至今日，它仍在印度广为流传与诵读。“五藏说”的五重自我由外而内，层层递进，从有形到无形，从粗大到精微。其最内核的构成成分“乐”（Ānanda）被后世认为是梵的本质。然而，对于“五藏说”中的第三重和第四重自我，现当代中外翻译者及研究者的翻译与理解多种多样，同时，对第四重自我中提及的瑜伽也语焉未详。为此，笔者依据梵文原文及注释，结合汉译和英译，尝试对“五藏说”中的疑难之处进行辨析，并对瑜伽的含义进行解读。

一、“五藏说”中的两重自我

印度本土有多种对《泰》的注释及复注。最早出现的是公元8世纪商羯罗（Śaṃkara）的注释，后世涌现不少对它的复注。例如，神主（Sureśvara）、喜山（Ānandagiri）和迪尔塔（Acyuta Kriṣṇānanda Tīrtha）的复注。此外，还有罗摩奴阇（Rāmānuja）和萨耶纳（Sāyaṇa）的注释。为尽量贴近奥义书原义，本文主要选用最早、最经典的商羯罗注释做为参考。

五重自我分别由五种成分构成：annarasa或anna、prāṇa、manas、vijñāna和ānanda。对于第一种、第二种和第五种成分，各译本及著作的理解大致相合，表达基本符合梵文原义，仅贴切程度稍有差异。食物（anna）、气息（prāṇa）、乐（ānanda）三者完全不同，极易区分。分歧主要在manas和vijñāna这两方面。二者涉及无形的精神或心灵层面，不易分辨，因此称谓多变，译法纷纭，难以把握。兹将有代表性的几家[①]观点表列如下：

---

① 所涉各家观点出处分别为黄忏华：《印度哲学史纲》，长沙：岳麓书社，2013年，第33页。《印度三大圣典》，糜文开译，台北：中国文化大学出版部，1980年，第69页。（转下页）

表1　对manas、vijñāna有代表性的翻译

译　　者	称谓和译法	
	manas	vijñāna
黄忏华	意识	认识
糜文开	现识	认识
巫白慧	意识	理解
徐梵澄	末那，心思	智
	意	
黄宝生	思想	知识
拉达克里希南（S. Radhakrishnan）	mind	understanding
	instinctive and perceptual consciousness	intelligence
奥利维勒（P. Olivelle）	mind	perception

前三个代表性的称谓出自中文著作，按出现年代排列先后。由上表可见，后起者借鉴、沿袭了前人的用法。由于对二者的内涵理解不透彻，或表达不清晰，致使对二者的指称在含义上有交叠。后四种译法源于直接译自梵文的译本。各译法对二者的表达，可清晰区分。这一点比中文著作中的称谓更进一步。但是，不同译法，含义仍有明显差异。manas和vijñāna及其构成的自我究竟该如何理解和区分？下面，笔者依据梵文注释，对此提出自己的看法。

（一）anna、prāṇa、ānanda及其构成的自我

第一重自我为Annarasamaya-puruṣa或Annamaya-ātman，即“食物精华构成的人”或“食物构成的自我”，简称“食所成我”，指肉体。

（接上页）乔荼波陀著，巫白慧译释：《圣教论》，北京：商务印书馆，1999年，第122页。徐梵澄译：《五十奥义书》，北京：中国社会科学出版社，1984年，第197—198页。黄宝生译：《奥义书》，北京：商务印书馆，2010年，第239—240页。S. Radhakrishnan ed. tr., *The Principal Upaniṣads*, London: George Allen & Unwin, 1953, p.542, pp.544-545. P. Olivelle ed. tr., *The Early Upaniṣads: Annotated Text and Translation*, New Delhi: Munshiram Manoharlal, 1998, p.303.

第二重自我为Prāṇamaya-ātman，即“气息构成的自我”，简称“气所成我”。相比仰赖食物的有形肉体，它更为精细，为无形之命。《歌者奥义书》第五章第一部分讲到，语言、眼睛、耳朵、思想和气息分别离开身体，以此测试谁最优秀、最重要，结果气息一旦离开，其他四者也一起离开。[1]这揭示出，气息对生命的存在与维持至关重要，是生命之基。

第五重自我为Ānandamaya-ātman，即“喜乐所成自我”，简称“乐所成我”。它包含五部分：“tasya priyam eva śiraḥ | modo dakṣiṇaḥ pakṣaḥ | pramoda uttaraḥ pakṣaḥ | ānanda ātmā | brahma puccham pratiṣṭhā.”（爱为它的头，欣喜为右侧，喜悦为左侧，喜乐为躯干，梵为下体，根基。）[2]《泰》从“乐所成我”引出对梵之乐的叙述。2.8—2.9讲到，一个人要穿越重重自我，最终回归“乐所成我”，在语言和心意不可及之处品尝梵之乐，获得无畏。《梵经》（*Brahma-Sūtra*）认为梵的本质之一就是“乐”，“乐所成我”就是梵。由此引起后世的探讨，商羯罗认为“乐所成我”不是梵，而罗摩奴阇观点与《梵经》一致。[3]

（二）manas及其构成的自我

第三重自我为Manomaya-ātman，可译为“心意构成的自我”，简称“心意所成我”。笔者认为将manas译为“心意”，更为妥当、全面。

在阿伯代（V. S. Apte）主编的《实用梵英词典》（*The Practical Sanskrit-English Dictionary*）中，词根√man第一义项指认为、猜想、想像，第六义项为思量、考虑。前者是本义，为具有揣度意味的“想”，后者为引申义，偏重理性思维，二者相距较远。manas源于词根√man，第一义项为两个英译一致采用的mind，mind指人能觉知、思维和感受的部分。

再来看商羯罗对“五藏说”中manas的注释：“manaḥ iti saṃkalpa-vikalpa-

---

① 黄宝生译：《奥义书》，第177—178页。

② R. S. Śāstri ed., *Vanamālā*, a Commentary on the Taittirīyopanishad Bhāshya by Śri Achyuta Krishnānanda Tīrtha, Srirangam: Sri Vani Vilas Press, 1913, p.147, pp.153–154.

③ George Thibaut tr., *The Vetānta-Sūtras*, with the Commentary by Śaṅkarācārya, part 1, Oxford: the Clarendon Press, 1890, Introduction, p.33.

ātmakam antaḥ-karaṇam."（manas是以意愿、想象为特性的内在器官。）[①]商羯罗的解释符合词根本义，更符合manas的另外三个义项，即想法、想象，意图，心愿。想象可分图像和念头两种，念头的浮想联翩也包含其中。因此，按照商羯罗的看法，manas的特征既包括富有情感色彩的意愿，又包含念头形成的联想。

笔者主张用“心意”对译manas。佛经中经常使用manas，既可指感知情感的心，也可指注重思维的意识。例如，《本生鬘》（*Jātakamālā*）的《兔子本生》（*Śaśajātakam*）中，“tad-upalabhya pramodita-vismita-manobhir devatābhiḥ samantataḥ parikīrtyamānaṃ tasya vitarka-adbhūtaṃ śakro deva-indraḥ samāpūryamāṇa-vismaya-kautūhalena manasā tasya mahāsattvasya bhāva-jijñāsayā”（四周的天神们心中喜悦又惊奇，称赞他的奇迹般的想法。天王帝释天知道后，心中满怀惊诧与好奇，想要了解这位大士的情况）[②]，其中，多财释复合词pramudita-vismita-manas为心中喜悦、惊奇，samāpūryamāṇa-vismaya-kautūhalena manasā指心中充满惊诧与好奇。

《十地自在大乘经》（*Daśabhūmīśvaro nāma Mahāyānasūtram*）中，“tat-cintayā citta-pathaiśca varjitaṃ jñāna-abhinirhāra muni-iṃdra-veditaṃ | na skaṃdha-dhātu-āyatana-prabhāvitaṃ na citta-gamyaṃ na manoviciṃtitaṃ||”（这是牟尼王所证知，由智慧引发，摒弃了思维和思路，它无法用蕴、界和处显示，无法靠思想理解，无法以意识思考）[③]，其中，依主释复合词mano-vicintita指用意识思考。

《药师琉璃光王经》（*Bhaiṣajyaguruvaidūryaprabharājasūtram*）中，“na-asti tathāgatānām a-pariśuddha-kāya-vāc-manaḥ-samudācāratā”（诸如来身、语、意的行为无不清净）[④]，其中，依主释复合词a-pariśuddha-kāya-vāc-manaḥ-

① D. V. Gokhale ed., *Shrī Shankarāchārya's Taittirīyopanishad-Bhāshya*, with the Gloss of Ānandagiri, Dīpikā of Shankarānanda, and Taittirīyaka-Vidyāprakāsha of Vidyāraṇya, Bombay: the Gujarati Printing Press, 1914, p.71.

② H. Kern ed.,*The Jātaka-Mālā*, Stories of Buddha's Former Incarnations, Cambridge: the Harvard University Press, 1943, p.30.

③ Ryūkō Kondō ed., *Daśabhūmīśvaro nāma Mahāyānasūtram*, Kyoto: Rinsen Book Co., 1936, p.14.

④ P. L. Vaidya ed., *Mahāyāna-Sūtra-Saṃgraha*, Part I, Darbhanga: the Mithila Institute, 1961, p.170.

samudācāratā指不清净的身、语和意的行为。

在这些语境下，通常用"心"来表达人的情感中心，多用"意"表示思维或意识。将"心"与"意"结合，对译"五藏说"中的manas，既可涵括富有情感色彩的意愿，又可包含任意联想的念头。

第三重自我包含五部分：夜柔、梨俱、娑摩、教导、阿达婆和安吉罗。商羯罗指出"ādeśo'tra brāhmaṇam"（这里的教导指梵书）[①]。梵书主要包含祭祀仪式的繁琐规定。阿达婆和安吉罗分别指祝福咒语和驱邪咒语，二者合称指《阿达婆吠陀》（*Atharvaveda*）。四吠陀和梵书无不与祭祀息息相关。这些祭祀所用的祈祷词、颂神诗、曲调、咒语和仪式规定，无不是为了确保祭祀如仪举行，实现祭祀者的心愿和目的。从这个角度讲，它们都是帮助人们实现意欲和想法的工具。这一点与Manomaya-ātman的内涵"心意构成的自我"不谋而合。

（三）vijñāna及其构成的自我

vijñāna源于vi√jñā。在《实用梵英词典》中，前缀vi表示"分开，区别"，词根√jñā表示"知"。vijñāna指knowledge, wisdom, intelligence, understanding；discrimination, discernment。第一义项侧重于能认知的智，第二义项指识别、洞察。knowledge本义为了知、理解，然后才指个人的见闻、学问与广义的知识。understanding与intelligence互注，二者相通，可指理解力、智力。概括词根和第一义项的含义，可知vijñāna本义是指能清晰认知的智。第一义项的例句采用了"五藏说"的第四重自我"vijñānamayaḥ kośaḥ"[②]，阿伯代解释为"the sheath of intelligence"[③]。此处直接以intelligenc对译vijñāna。上述两者都说明，"五藏说"中的vijñāna应当理解为具有认知功能的"智"。

---

① *Shrī Shankarāchārya's Taittirīyopanishad-Bhāshya*, p.74.

② 迪尔塔的注释《野花花环》（*Vanamālā*）第148页提到了vijñānamaya-kośa，可能为例句的原始出处。

③ V. S. Apte, *The Practical Sanskrit-English Dictionary*, revised ed., Poona: Prasad Prakashan, 1957, p.1434.

再来看商羯罗的注释："veda-artha-viṣayā buddhir niścaya-ātmikā vijñānam, tat ca adhyavasāya-lakṣaṇam antaḥ-karaṇasya dharmaḥ"（vijñāna是对吠陀内涵的领域确定性的判断，它以断定为特征，是内在器官的特性）①。商羯罗以buddhi解释vijñāna。沙瓦难陀（S. Sharvananda）认为，vijñāna通常指识别或判断功能，在这个意义上，与buddhi相通。②在威廉姆斯（Monier Williams）主编的《梵英词典》（*A Sanskrit-English Dictionary*）中，vi√jñā第一义项为识别、查明，vijñāna本义为识别、洞察、智力。buddhi本义是智力、识别、判断，与前二者相一致。buddhi和vijñāna共同凸显的是能识别的智。以"智"来对译vijñāna，恰如其分。从词源vi√jñā的角度来讲，首先是对事物的清晰认知，在此基础上，形成对事物的区分。在有效识别差异的基础上，自然形成确定性的判断。以清晰认知为基，形成识别之智。这就是"五藏说"中的vijñāna。

在比《泰》年代更晚的《伽陀奥义书》（*Kaṭha Upaniṣad*）第一章第三部分中，有五个偈颂，揭示了manas、vijñāna和buddhi的关系，可以印证、支持笔者对"五藏说"中manas和vijñāna的理解和表达。

> "'要知道自我是车主，身体是车辆，
> 要知道智慧（buddhi）是车夫，思想（manas）是缰绳。（3）
> '缺乏智慧的人（avijñānavat），思想（manas）经常不受约束，
> 他的感官犹如车夫难以驾驭的野马。（5）
> '富有智慧的人（vijñānavat），思想（manas）始终受到约束，
> 他的感官犹如车夫易于驾驭的驯马。（6）
> '人以智慧（vijñāna）为车夫，以思想（manas）为缰绳，
> 他到达目的地，毗湿奴的最高之步。（9）
> '感官对象高于感官，思想（manas）高于感官对象，
> 智慧（buddhi）高于思想（manas），而伟大的自我高于智慧

① *Shrī Shankarāchārya's Taittirīyopanishad-Bhāshya*, pp.75–76.

② Swami Sharvananda tr., *Taittirīyopaniṣad*, Mylapore: Sri Ramakrishna Matha, 1977, p.103.

（buddhi）。（10）’” ①

内容上，第3颂和第9颂同样采用了车夫与缰绳的比喻，分别以buddhi和vijñāna为车夫，同以manas为缰绳。在相同的语境中，vijñāna和buddhi所指必定相同。这也证明了商羯罗以buddhi注解vijñāna的合理性。从翻译来看，黄宝生所译vijñāna与buddhi相通，都表“智慧”。徐梵澄以“智”或“知”译vijñāna，以“智”或“理智”译buddhi，②二者也基本相通。

内容上，第5颂“缺乏智慧的人（avijñānavat），思想（manas）经常不受约束”，第6颂“富有智慧的人（vijñānavat），思想（manas）始终受到约束”，二者相反的描述表明，manas本性随意游荡，只有在vijñāna约束下，才会调伏。这与古代成语“心猿意马”的表达，异曲同工。以“心意”对译manas，恰是良配。

第10颂提出，buddhi高于manas。第5—6颂从正反两面来说明第3颂和第9颂，即智慧（buddhi或vijñāna）之车夫通过心意（manas）之缰绳，来控制感官之马。《伽陀奥义书》中这五颂一起展现出，vijñāna或buddhi是主导者，控制manas。这里的层级关系与“五藏说”一致：第四重自我比第三重自我更高、更精微。区别在于，“五藏说”并未明说后者控制并利用前者。

佛教论典以“识”对译vijñāna，符合其在词典中的本义，因此也适用于“五藏说”。说一切有部论典《阿毗达磨俱舍论》（*Abhidharmakośa & Bhāṣya of Ācarya Vasubandhu*）为公元5世纪的世亲所作，论中有对citta、manas和vijñāna三者的辨析。

“cittaṃ mano’tha vijñānam eka-arthaṃ
cinotīti cittam | manuta iti manaḥ | vijānātīti vijñānam|” ③

---

① 汉译引文参见黄宝生译：《奥义书》，第270—271页。为清楚起见，笔者注上必要的梵文词。梵文参见拉达克里希南：《主要奥义书》，第623—625页。

② 徐梵澄译：《五十奥义书》，第243—244页。

③ S. D. Śastri ed., *Abhidharmakośa & Bhāṣya of Ācarya Vasubandhu*, with Sphutārthā Commentary of Ācārya Yaśomitra, Varanasi: Bauddha Bharati, 1987, p.208.

"(颂曰:)心、意、识体一。……(论曰:)集起故名心。思量故名意。了别故名识。"①

梵文和汉译清楚说明,《阿毗达磨俱舍论》以"识"对译vijñāna,正是源于vi√jñā"识别"之义。从这个角度讲,"识"也适用于"五藏说"。前文已论证过,vijñāna指具有清晰认知和识别功能的智。综合"智"与"识"这两者,笔者主张采用"智识"对译vijñāna,以代表能认知与识别之智。这样,与"心意"对译"manas"形成明确区分,内涵也一目了然。因此,第四重自我Vijñānamaya-ātman可译为"智识构成的自我",简称"智识所成我"。

二、瑜　伽

在《泰》中,瑜伽是构成"智识所成我"的五部分之一,原文为"yoga ātmā"②。奥义书中,ātman有时表示个体自我,有时等同于梵,相当于宇宙本原。在《实用梵英词典》中,它也可指身体。在这里,它是五部分"śiraḥ、dakṣiṇaḥ pakṣaḥ、uttaraḥ pakṣaḥ、ātmā、puccham"③之一。这一描写程式在《泰》2.1—2.5中次第出现,具体说明每一重自我的五个构成部分。śiras为头,dakṣiṇa pakṣa为右侧,uttara pakṣa为左侧,puccha为下体,都是身体各部。《实用梵英词典》中,pakṣa本义为翅、翼,puccha本义为尾巴。据此,这四部分原指头、右翼、左翼、尾巴。

商羯罗在2.1的注释中指出:"pūrva-abhimukhasya……ayaṃ madhyamo dehabhāga ātmā'ṅgānām— 'madhyamaṃ hy eṣānām aṅgānām ātmā' iti śruteḥ |"(对面朝东方者来说,这是诸肢体的ātman,即人的中间。圣典有言:"这诸

① 世亲著,玄奘译:《阿毗达磨俱舍论》,《大正藏》第29册,第21页。

② *The Principal Upaniṣads*, p.545.

③ *The Principal Upaniṣads*, p.541.

肢体的ātman是指它们的中间。”)[①]按照商羯罗的看法，ātman在此不指自我，不指身体，而是指面朝东方者的各肢体的中间（部分），即躯干。奥利维勒所译“torso”[②]（指躯干）恰如其分。印度人自古就有面朝东方礼拜太阳的习俗。鸟形祭坛也是头朝东方。神主讲到，祭火仿照鸟形安放，具备头、两翼、躯干和尾巴。因此，每一重自我都包含五部分的描述。[③]徐梵澄在2.1注释中明确指出原文有鸟形之喻[④]。维茨（Klaus G. Witz）讲述“食所成我”时指出，将人与鸟混合起来的描绘源于祭火坛堆垛仪式（Agnicayana），祭坛象征火神和祭主的自我，正是按鸟形摆放。[⑤]由此可知，正是在祭火坛堆垛仪式的背景下，按照祭坛的鸟形，五部分为头、右翼、左翼、躯干和尾。仿照鸟形祭坛来构建人的各重自我，五部分则为头、右侧、左侧、躯干和下体。在“五藏说”中，从有形的身体来说，ātman指躯干，从无形的层面而言，ātman代表主干。因此，“yoga ātmā”字面义是瑜伽是躯干，实质指瑜伽是主干。

商羯罗将“瑜伽”注释为“yogo yuktiḥ samādhānam”（瑜伽是冥想，是禅定）[⑥]。然后，又进一步解释“yoga ātmā”道：“samādhānaṃ yoga ātmā vijñāna-mayasya.”（瑜伽即禅定，是智识构成者的躯干。）[⑦]也就是说，实质上，禅定是智识所成我的主干。换言之，“智识所成我”是在禅定状态支撑下的展现。第四重自我由五部分构成：深信、规律、真理、瑜伽和摩诃。在摩诃的基础上，处于禅定状态中，掌握事物的规律，洞悉客观真相，心中笃定、确信，这就是“智识所成我”。维持“智识所成我”的主要状态是冥想定境，这就是《泰》中瑜伽的完整含义。

---

① *Shrī Shankarāchārya's Taittirīyopanishad-Bhāshya*, p.64.

② *The Early Upaniṣads*, p.301.

③ *The Principal Upaniṣads*, p.543.

④ 徐梵澄译：《五十奥义书》，第195页。

⑤ Klaus G. Witz, *The Supreme Wisdom of the Upaniṣads*, Delhi: Motilal Banarsidass, 1998, pp.331-332.

⑥ *Shrī Shankarāchārya's Taittirīyopanishad-Bhāshya*, p.77.

⑦ *Shrī Shankarāchārya's Taittirīyopanishad-Bhāshya*, p.77.

三、结 语

综上所述，依笔者所见，“五藏说”可理解为：食物精华构成的人或食物构成的自我、气息构成的自我、心意构成的自我、智识构成的自我和喜乐构成的自我。经过分析，第三重和第四重自我的内涵清晰可辨。“心意构成的自我”的特征是富有情感色彩的意愿和任意联想的念头，“智识构成的自我”的特征是建立在清晰认知基础上的识别之智。

“五藏说”与吠陀和祭祀关系密切，具有鲜明的时代烙印。以祭坛为参照物，以鸟形喻人形，五部分的构成呈现在每一重自我当中。“心意构成的自我”由四吠陀和梵书的规定构成。“智识”能够“指导祭祀”[①]。这些都证明了这一点。鸟形祭坛成为“五藏说”的叙述背景，这与《泰》所属的吠陀主题与学派密切相关。《泰》本是《泰帝利耶森林书》（*Taittirīya Āraṇyaka*）的第七、八、九章，而后者又是《泰帝利耶梵书》（*Taittirīya Brāhmaṇa*）的附录。再加上《泰帝利耶本集》（*Taittirīya Saṃhitā*），它们共同构成古老的《黑夜柔吠陀》（*Kṛṣṇa-Yajurveda*）的泰帝利耶派。《夜柔吠陀》的主题大都与祭祀仪式相关，其文本也主要用于祭祀仪式当中。[②]祭火坛堆垛仪式是《梨俱吠陀》（*Ṛgveda*）以后吠陀文献的重要组成部分，对《夜柔吠陀》而言尤其如此。[③]在南印度喀拉拉邦，至今还有自古相传的泰帝利耶派的祭火坛堆垛仪式传承。仪式持续十二天，祭坛按照展翅大鸟的形状堆成。文本内容与实践相关，实践经久不衰，文本也广泛长久流传。这是泰帝利耶派的现状。可以说，产生时代使得吠陀和祭祀与“五藏说”密切相连，而《泰》所属吠陀派别的关注重心，令鸟形祭坛成为“五藏说”表述中至关重要的底色。

“五藏说”反映了从梵书到森林书的转折：从外在的仪式转向内在的探

① 黄宝生译：《奥义书》，第240页。

② Frits Staal, *Agni*, the Vedic Ritual of the Fire Altar, vol.1, Delhi: Motilal Banarsidass, 1983, p.32.

③ *Agni*, p.1.

索。在宗教祭祀的氛围中，萌生出意味深远的哲学探索——探索自我与梵的关系。《泰》的第二章以“五藏说”引出梵之乐，第三章将五种成分与梵一一对应。层层剖析之后，将最内核的自我与梵联系起来，指示人们生命的归宿，即回归“乐所成我”，体味梵之乐。“乐”在后世成为梵的特质，“五藏说”正是这场探讨的发端之一。

而第四重自我“智识所成我”的设立表明，在日积月累的宗教祭祀活动中，古人已逐渐明了并把握智慧的状态及培育途径，对此作了清晰的总结。瑜伽作为“智识所成我”的主干，表明在《泰》形成时期，古人已认识到定能生慧的重要作用。因此，在此之前，修习冥想以入定，必已形成行之有效的实践传统。

“缘”：从印度到中国*

——一类文体的变迁

范晶晶

内容摘要：在印度佛教中，随着典籍数量的增加，根据经典在形式与内容上的不同，逐渐产生了“九分教”与“十二分教”的文献分类方法。“十二分教”中所包括的“因缘”与“譬喻”类文献，不仅对中国佛教，也对中国文学产生了深远的影响。在形式上，这类文体为后世的变文、话本、宝卷、弹词，甚至小说，提供了整体结构框架上的借鉴；在内容上，其三世因果的思想被许多通俗文学作品全盘接受，甚至成了作品的主旨所在。本文便致力于梳理“缘”这样一条从印度到中国的文体、思想流变之路。

关 键 词：因缘　譬喻　变文　话本　弹词　宝卷

作者简介：范晶晶，文学博士，北京大学东方文学研究中心研究员、南亚学系助理教授。2013年7月—2015年9月，在王邦维教授指导下，于北京大学外国语学院从事梵语佛教文学方向的博士后研究。

* 本文原刊于《中国比较文学》2017年第2期。

引言 《汉语大词典》中的“缘起”

《汉语大词典》的“缘”字下收有“缘起”词条，其义项主要有：

“一、佛教语。谓一切有为法，皆待缘而起。《维摩经·佛国品》：‘深入缘起，断诸邪见。’”（罗竹风9：958）

在《维摩经》梵语原文里，“缘起”对应的是pratītya（大正大学综合佛教研究所梵语佛典研究会6）：词根为动词i，意为行走；加动词前缀prati，表方向相对（Heimann 7，50）；变成名词形式后即pratītya，意指一切事物的相互联系，一般被译为“缘”。其实，严格说来，这里的“缘起”所对应的，应该是梵语中的pratītya-samutpāda（巴利语为paṭicca-samuppāda），samutpāda才含有“生起”之意。该术语即佛教的基本教义之一“十二缘起”，常见的译法是：“无明缘行，行缘识，识缘名色，名色缘六入，六入缘触，触缘受，受缘爱，爱缘取，取缘有，有缘生，生缘老病死忧悲苦恼”（《大正藏》第4册201号第258页下栏第24—27列）。意即由无知才生起了后面的一系列现象。

“二、一种叙述故事始末缘由的俗文体。《敦煌变文集》收有《丑女缘起》、《目连缘起》。”（罗竹风9：958）该义项牵涉到文体，下文便要详细讨论“缘”这一文体从印度到中国的来龙去脉，其影响遍及后世的话本、弹词、宝卷，甚至小说文。①

一、十二分教中的“因缘”与“譬喻”

在佛教的发展过程中，典籍的数量逐渐增加、内容日益繁复，于是产生了

① 对于敦煌变文中因缘、缘起类文献的考察，关于中国古代小说与佛教关系的分析，前辈学者们已有许多精当的论述。笔者的研究深受前贤启发，一些结论也是建立在其研究成果的基础上。限于篇幅，无法展开对研究史的勾勒。本文则试图将关注的时段拉长：上溯“因缘”“缘起”在佛典中的前身，即“譬喻”“因缘”类经典的产生与发展，往下则讨论弹词、小说题目中“缘”这一字眼的体裁标示作用，努力理清这一文体从印度到中国的传播演变的大致脉络。

分类的需要。根据内容与形式的差异，先后有“九分教”与“十二分教”的分类法。大众部与传入今斯里兰卡的上座部，采取初期的“九分教”的说法，即将佛经分为九类。[①]之后，化地部、说一切有部与大众部的末派分支，在九分教之外，另加“因缘”“譬喻”与“论议”三类，便形成了“十二分教”的分类法（释印顺399—404）。其中的“因缘”与“譬喻”，被广泛运用于针对一般大众的说法，在民间极为流行。

“因缘”，梵语与巴利语均为nidāna，其基本含义是绳索、原因。首先要说明的是，佛教的专业术语“十二缘起”有时也称“十二因缘”，“因缘”对应的便是nidāna。巴利语《长部》第十五部经题为“Mahānidānasutta”（《大缘经》），阐释的就是十二因缘的内容。但这里的“因缘”与作为文献分类的“因缘”截然不同。起初，“因缘”这一类别主要见于律部的典籍，讲述佛陀定下各种戒律的原因。例如，善财子最初犯戒，由此才开始为僧团订立各种规矩戒律。后来，“因缘”也发展到经部文献，指出“说经的特有事缘。尤其是流传中来源不明的部分，叙说其宣说的事缘，以证明为佛说”（释印顺482）。

但其实在佛典文献中，nidāna一般表示佛经的开头部分。在巴利语佛典《本生》的开篇，便有“nidānakathā”（因缘故事），相当于序言的性质，叙述燃灯佛时代释迦牟尼被授记将来成佛，及至给孤独长者敬献竹林精舍。另外，在《佛说无垢称经》《妙法莲华经》与《方广大庄严经》的梵语源本中，开头第一品都题为“序品”（nidāna-parivarta），交代佛陀讲述此部经典的情由，在这里，“序”翻译的就是nidāna。

“譬喻”，梵语为avadāna，巴利语为apadāna。关于其本义有不同的说法，比较可靠的一种是说来自动词词根do，“收割”，引申为行为的果报。后来指贤圣的光辉事迹，逐渐泛化为表示一般人的普通事迹。最后成了佛教经典中的一个类名。

现存最早的譬喻经典，大概要数20世纪末在犍陀罗地区发现的、抄写于公元前后1世纪的一批犍陀罗语写本。这些故事的题目一般都很标准：人物

① 九分教包括修多罗（经）、祇夜（重颂）、授记、伽陀（偈颂）、优陀那（自说）、如是语、本生、方广与未曾有。

+avadana或provayoge（相当于梵语pūrvayoga、巴利语pubbayoga）。即“某人的譬喻”或“某人的宿业”。一般被抄录在写卷的正面下方或反面，表明其次等文献的地位。其中，avadana主要讲述现世的业绩，而provayoge则讲前生的故事（Lenz& Glass 157–165）。此外，在这批犍陀罗语文献中，还有一种题为“阿耨达池颂”（anavataptagāthā），内容是佛陀与弟子在喜马拉雅山的阿耨达池边讲述各自的经历。虽然经题中未出现avadāna一词，但在根本说一切有部律的对应文本里，有的故事就题为“业缘”（karmaploti）[①]。故事的典型结构如下：前生故事，相应的业报，现世故事。其中，还有一些故事可在巴利语的譬喻经典*Apadāna*（《譬喻》）中找到对应的平行文本。

巴利语中归属于上座部的譬喻类文献《譬喻》，形式为偈颂体，是佛陀与弟子、杰出的比丘、比丘尼讲述自己前生故事的传记作品。结构一般如下：第一人称自述前生故事、介绍其果报与今世的现状；第三人称交代故事已经讲述完毕。具体说来，主体部分由主人公采用第一人称的口吻展开叙事，叙述自己前生所作的供养，以及由这种供养在接下来的轮回转世中所得的果报，故而又可称为自传。其中，重点在于过去世的修行及其果报，现世状况所起的作用只是一个辅助证明，点缀而已。

关于巴利语佛典《譬喻》所反映的佛教思想的发展，尤其是三世因果的思想，沃特斯（Walters）指出：《行藏》（*Cariyāpiṭaka*）是最早的在三世层面叙述佛陀事迹的一部完整佛传，包括了释迦牟尼在成佛前无数世的修行。这一广阔的视野只有在后阿育王时代才能得以实现。此前，佛传与圣徒行传只叙述现世这一个时间维度，其典型模式是：弃世出家、宗教修行、证得涅槃。在阿育王时代，疆域的扩大也开阔了佛教徒的视野，而在家俗众数量的激增，则提出了这样一个问题：由于种种原因，他们不愿或不能出家，那么要从何得救呢？为了将这一部分人也纳入信徒的行列，僧人们就创造出了释迦牟尼前世的各种事迹。那时，他或者是婆罗门、国王、商人，甚至是动物，但世世发心修行，最终得以成佛。这就为普通人树立了信心与榜样。到了《佛陀世系》（*Buddhavaṃsa*），则进一步将为成佛而作的修行具体化到对佛教徒的供养与对

① ploti，意为丝线、联系，译为业缘牵缠可以说是形义兼备。

佛陀的礼拜致敬。发展到《譬喻》，内容更是包罗万象，各种职业、种姓、年龄、性别的人，包括动物、天神、魔鬼等，都可以通过各式各样的修行得到救赎；其核心思想则是：即使只贡献了些微的供养，即使经过了无数劫，供养人依然会收获好的果报（Walters 160–192）。

现存的梵本譬喻（avadāna）类佛典大多已经残缺不全，保存最完整、时代又相对较早的大概要数*Avadānaśataka*，汉译为《撰集百缘经》。这是譬喻发展到成熟形态后的代表性作品，[①]体现了譬喻类经典的典型特征。费（Feer）将*Avadānaśataka*从梵语译为法语，在其法译本的绪论部分对譬喻经典进行了全面的考察介绍。他对譬喻文体的定义是：将现世命运与前世所做的事件（“业”）生动地联系在一起的训示；现世被认为是前世的结果。因此，所有的譬喻基本上都由两个故事构成：现世的事件、造成现世事件的前世因缘。此外，譬喻与十二分教中的本生与授记也有联系：本生（jātaka），主人公为佛陀的譬喻故事便成了本生；授记（vyākaraṇa），将前世因缘替换为来世果报，亦即指出今世造业与来世果报之间的联系，这类譬喻故事即成为授记。因此，广义的“譬喻”定义如下：譬喻就是使用事例证明因果联系的教法（instruction）（Feer Ⅳ-XXXⅧ）。直到今天，这些结论依然是有效的。

二、汉译佛典中的“因缘”与“譬喻”

在汉译佛典中，年代较早的、以“譬喻”命名的故事汇编主要有以下几部：[②]

---

① Demoto Hahn将梵文*Avadānaśataka*的形成时间断在公元4世纪左右，在此后的几百年中，一直到7世纪，才经由根本说一切有部的僧人之手，文本最终得以定型。她给出的这一文本发展的时间段应该说是比较客观可靠的（Demoto 207–244）。

② 根据丁敏的研究，有几部譬喻经典的译者与译出年代都值得进一步的推究。她结合经录的记载和经文本身的内容，作出如下的判断：题支谶译《杂譬喻经》与题康僧会译《旧杂譬喻经》均为与支谦同时或稍后的作品，题后汉失译《杂譬喻经》则应该是西晋时代的作品。题道略集《杂譬喻经》与题鸠摩罗什译《众经撰杂譬喻》都不能确定是否为罗什的译作，但译出年代应与罗什相近。既然《出三藏记集》中有罗什曾译譬喻经的记录，那么这两种可能是罗什译本在传抄过程中形成的两个不同的本子（丁敏 275—388）。

安世高译《五阴譬喻经》，将“色”比作沫聚、“痛”比作水泡、“想”比作热时炎、“行”比作芭蕉、“识”比作幻。（《大正藏》第2册105号第501页中栏第18—20列）这是在修辞学的打比方的意义上运用“譬喻”这一名目，对应的是梵语中的upamā、aupamya、sadṛśa等词汇。

题支谶译《杂譬喻经》比较杂乱无章，有的故事仅有情节，有的在开头或结尾点题。其中有些是为了说明佛经经文而创作的。如第9个故事：“故言：‘大道，三界之良田也。’何以明之？昔……”（《大正藏》第4册204号第501页上栏第5—6列）这是“例证”意义上的“譬喻”，对应的梵语是dṛṣṭānta。值得注意的是，在所有12个故事中，只有阿育王故事提到了布施的福报，勉强可算与三世因果业报有关。

题康僧会译《旧杂譬喻经》已有相当一部分故事与三世因缘果报有关。此外还掺入了一些本生故事。如萨薄故事的结尾交代：“时萨薄者，我身是。菩萨行尸波罗蜜，所度如是。”（《大正藏》第4册206号第511页上栏第2—3列）这是本生故事的典型格式。

题后汉失译《杂譬喻经》中的故事也比较混杂，其中的譬喻主要可分两类：一是取修辞学意义上的比喻，二是以因缘果报思想为中心的譬喻故事。

法炬与法立共译的《法句譬喻经》，实际上是交代《法句经》中偈颂的宣说背景，即佛陀在何种场合、为何人说这首偈颂。严格说来，这部经典更像是“因缘”，而非“譬喻”。

题道略集《杂譬喻经》也呈现混杂多样的形式。其中既有讲前世因缘果报的故事，也有菩萨的本生、制戒因缘等内容，还有一批类似于寓言，即借用民间故事的形式来说明道理。

题鸠摩罗什译《众经撰杂譬喻》中的故事有些与题道略集《杂譬喻经》重合。从形式和内容上看，后者都更像是指导口头宣讲的本子，由故事得出的教诫也有很大的灵活性，有些内容甚至带有相当的本土色彩。讲述因缘果报的内容并不多，而劝人持戒布施、宣说无常之理的内容却占了很大一部分。

鸠摩罗什译《大智度论》中有言：“譬喻有二种：一者假以为喻，一者实事为喻。”（《大正藏》第25册1509号第320页中栏第9—10列）“假以为喻”很可能是指以寓言的形式来说明道理，如蛇头尾共诤喻、捕鸟师喻等。“实事为喻”则指以前世因缘果报的事迹来说明教义：在佛教徒看来，这些事情都是真实发生过的。

永明十年（492），求那毗地译出《百喻经》。所谓“百喻”，更像是一百个寓言故事。关于这部经典，《高僧传》中有简要的介绍：“初，僧伽斯于天竺国抄修多罗藏中要切譬喻，撰为一部。凡有百事，教授新学。”（《大正藏》第50册2059号第345页上栏第29列—中栏第2列）。

综上所述，直到公元5世纪，汉译譬喻类佛典中依然尚未出现如后世的《撰集百缘经》那样标准、典型的譬喻故事集，其内容与形式都呈现出混杂的样态，说明这时的譬喻文体尚处在摸索尝试阶段。译作的样貌在一定程度上也可以反映原作的发展状态。由于譬喻类经典的早期梵本存留较少，目前只在中亚地区发现过一些写本残片，故而大量的汉译反而有助于补充说明公元3至5世纪时譬喻经典发展的情况。

汉译《撰集百缘经》是对后世中国文化影响颇大的譬喻类经典之一。[①]虽然题为支谦译，但学者们已从经录、语言等各方面对其进行了证伪。基本上可以断定：《百缘经》的译出时间应该在公元518年至559年之间。[②]该经对应的梵本是*Avadānaśataka*。这里便出现了矛盾：avadāna所对应的一般是汉语中的“譬喻”，此处却译成了“因缘”（nidāna）之“缘”。是否只为了避免与稍早译出的《百喻经》重名，还是有其他缘由？

对于汉译佛典中“譬喻”与“因缘”的混用，印顺法师有如下论述：本来，在律部中，凡述及佛陀或弟子的事迹，基本上都是说明制戒因缘，但后来这些事迹被泛化、一般化之后，传说的意义增强，“因缘”便转化成“譬喻”；而在经部的譬喻（贤圣事迹）之中，随着宿生业报成为宣说的主旨，“譬喻”

① 此外，《贤愚经》与《杂宝藏经》两种，尽管经题中未出现“譬喻”字样，但也是六朝时期非常流行的譬喻故事集。

② 《撰集百缘经》最早著录于隋代法经等人编撰的《众经目录》，系于支谦名下，题为七卷。直到唐代静泰的《众经目录》，卷数才变更为十卷，与现在《大正藏》中的卷数相同。然而，此经不见于僧祐的《出三藏记集》，而且从语言风格来看也不太可能出自三国时代支谦之手。若以这两种经录的成书时间来进行断代，则《撰集百缘经》的翻译约略在公元518年至593年之间。而北齐天保年间（550—559）编撰的佛教类书《金藏论》征引了《撰集百缘经》中的故事，故而其成书下限可以进一步精确至559年。

就成了"因缘"，不过这里的因缘是指业报因缘，而非制戒因缘。于是，譬喻与因缘就夹杂难分了（释印顺 496—497）。这一发展脉络，单从梵语佛典原文来看，是不甚清晰的，主要原因在于其文献资料的残缺不全；而一旦将汉译佛典同时纳入考察的视野，二者互为补充，就能对"因缘"与"譬喻"这两类体裁的发展有更全面深入的认识。

三、"因缘""譬喻"的发展与业报思想

在佛典中，因缘、譬喻从讲述制戒因缘、贤圣事迹的次等文献，发展到容纳各种民间故事、蔚为大观的文学王国，关键性的发展便是引进三世因果的思想。在这一核心思想的框架之下，可将许多流行的民间故事串联编排起来。

业，karman，动词词根为kṛ，本义是"做"，在吠陀文献中主要指祭祀。发展到《广林奥义书》后，业才与因果律、道德伦理，与轮回观念联系在一起，① 从吠陀中追求祭祀升天、强调现世至上的观念，发展到关注轮回业报。这一思想的转变过程非常复杂，但根据有些学者的研究，大概与非雅利安的土著文化传统有关（Zimmer 252–262）。此后，轮回业报的思想在六派哲学、佛教、耆那教，以及一些通俗文学、法律或医学的典籍中都有所体现。②

---

① 《广林奥义书》4，4.5—4，4.6："随人所作，随人所行，他便成为这般。作善事，为善人。作恶事，为恶人。以功德业为功德人，以罪业为罪人。因此，人们说：'人就是由意志所构成。'他那样想，就会那样做。他那样做，就会有那样的业。有了那样的业，就会产生结果。有诗为证：'心意之所向，业行即随之。此处所作业，将得其结果。离开此世业，又将去彼世。'此即有欲者。至于无欲者，'无欲者、离欲者、知足者、自足者，其气不绝。他即梵，他到达了梵。'"徐梵澄将《广林奥义书》译作《大林间奥义书》，上述译文见于氏译《五十奥义书》（修订本，612—613）。

② 耆那教认为人体内充溢着生命单子，本身像透明的钻石。当它受到带有6种颜色的业的感染，便会相应地产生各种颜色。业的6种颜色，从浅到深依次是：白、黄、红、灰、青、黑。耆那教的12部文献总集中，第11部《果报天启》（*Vipākaśruta*）即专门以业报为主题，其中10个故事说明恶行得苦报，10个故事说明善行得乐报。在印度民间故事集《益世嘉言》（*Hitopadeśa*）中也反复出现"业"这一关键词，例如经常被引用的一颂1.40.3："无论为何种原因、何人、以何种方式、何时、到何种程度、在何处做的何种净业或不净业，都会因此种原因、此人、以此种方式、此时、到此种程度、在此地接受命运的制裁。"

在佛教思想的发展史上，业报观念也经历了逐渐完善的过程。最初，佛教认为造成轮回的原因是无明等十二因缘。到了后来，俗家信徒的数量激增，大乘思想开始萌芽，才产生了突出因果报应主题的一类教法，主要是为了适应当时俗众对于解脱得救的要求。发展到部派佛教之后，有关“业”的论述开始多了起来。[①]这时，譬喻（avadāna）讲述的内容已经由贤圣事迹泛化为一般人的事迹，其核心思想也变成了三世因果报应。值得注意的是，在*Avadānaśataka*的早期形态中，也就是体现为汉译《撰集百缘经》的那一部分内容，对业报思想的强调似乎还不是那么突出。例如，在流传至今的尼泊尔系梵本《百缘经》中，100个故事有55个包含如下偈颂：“即使经过百亿劫，所作之业不消亡；时机到达和合时，自身便会受果报。”而这首偈颂在更早的汉译《百缘经》中只出现了3次。[②]可见，随着时间的推移，即使是在同一部经文中，越到晚期的版本，业报思想就越得到突出和强调。

宣扬三世因果，从而达到劝人行善、戒人行恶的教化目的，显然是针对普通大众的说法。王邦维先生曾指出：公元前后，佛教的一大趋势是“一些佛教学者，为了使佛教被更多的民众接受，在传教的方法和形式上，越来越多地运用所谓的譬喻来制作经典”，即“譬喻师”。（王邦维6）早期的譬喻师，梵语为dārṣṭāntika，意为以例证（包括因缘、譬喻故事）行教化者。发展到后期，便专门从avadāna衍生出了avadānika或avadānārthokavida这样的专名。前者的构词方式是avadāna加上词缀ika，直译为譬喻者；后者的构词方式是avadāna加上artha。artha有三个基本义项：目标、事物与意义。kovida也是一个常见的词缀，意为精通。《如意树譬喻鬘》（*Kalpadrumāvadānamālā*）对“譬喻师”有如下描述：“‘遵循正法，就会得到幸福；犯下罪愆，就会遭受不幸。杂行二

① 在说一切有部毗婆沙师法吉祥（Dharmaśrī）所作的《阿毗昙心》（*Abhidharmahṛdaya*）里，第三品就专门论述“业”这一主题。在《大毗婆沙》中，在世亲的《阿毗达磨俱舍论》中，都花费了很大的篇幅来讨论“业”。经量部更是首先提出了业的“种子”（bīja）这一概念，认为所有的业行都会留下痕迹（vāsanā，古译“熏习”），在条件合适时便会结出果实。这种思想后来在瑜伽行派中得到进一步的发扬与扩充。瑜伽行派指出：种子被贮存在阿赖耶识（ālayavijñāna）之中，整个外部世界都是业力的增上果（adhipatiphala）。

② 尼泊尔系梵本约定型于公元7世纪，现存写本抄写于14—19世纪。这一偈颂的古代汉译为：“宿造善恶业（或作‘诸善业’），百劫而不朽。善业因缘故，今获如是报。”

者，就会苦乐参半。'譬喻师们这样说道。"[①]这与*Avadānaśataka*中反复出现的劝诫人们要修纯白之业，摒弃黑业与杂业的说法如出一辙："纯黑业获得纯黑果报，纯白业获得纯白果报，杂业获得杂果报"。从譬喻师的名称发展，也可窥见譬喻（avadāna）文体逐渐独立、业报思想日益突出的过程。

正因为是针对一般大众的说法，故而譬喻、因缘从一开始便带有口头宣讲的性质。在犍陀罗语写本的譬喻故事里，其中有一行注解的大意即是：这些故事是在山上准备的。而"山"又可以与另一个词汇"集会"构成复合词，即山顶集会，这一复合词（giriagra-samayi）出现在不列颠图书馆藏佉卢文写卷的第4片残片中。故而邵瑞祺认为：这些譬喻故事的抄写可能与山顶集会有关（Lenz 63，99）。关于山顶集会的盛况，《大事》（*Mahāvastu*）中有详细的描述。[②]此外，还有许多材料可以佐证说明因缘、譬喻故事的口头性质。[③]

四、变文、话本、宝卷、弹词、小说中的"因缘"

如上文所述，因缘、譬喻故事所针对的受众很早就由僧徒泛化为一般俗家居士，采用的传教模式也是以口头宣讲为主。因而，甫一传到汉地，便受到僧

① 原文是dharmataḥ sukhino bhūtāḥ pāpato duḥkhabhāginaḥ/ miśrato miśrabhuktāra ity uktam avadānikaiḥ//。参见Vaidya, ed., *Avadāna-Śataka*. Darbhanga: Mithila Institute, 1958. 272.

② 根据Jones翻译的*Mahāvastu*英译本，在山顶集会上，有500宗教景观，有500园林，每座园林中都有几千人。这里有数百场表演，数百个歌队，数百名舞者、演员、竞技者、游吟诗人、鼓手，等等。据说，正是在这场盛会上，佛陀的两大弟子舍利弗与目犍连，由现时拥挤的人群悟到百年后的空虚与无常，更加坚定了出家修行的决心（Jones 58–59）。

③ 例如《出三藏记集》中所记载的《贤愚经》的成书过程。这部故事集据说是汇集了几位僧人在于阗参加般遮于瑟大会时的听讲笔记所得。但文献记载是说山顶集会每年举行一次，而般遮于瑟大会则是每五年举行一次。尽管时间间隔不同，其集会兼具娱乐性与宗教性的性质应该是类似的。此外，《贤愚经》的编撰历史也说明了在宣讲这些故事时，不仅有俗众参加，僧徒也会前来听讲。其中的一些故事与律典有着千丝万缕的联系，与僧人的修行也密切相关。关于犍陀罗地区出土的譬喻经典的口传性质，另请参见拙作《早期佛教译经与经典的书面化确立》（陈跃红、张辉主编：《比较文学与世界文学》，第八期，北京大学出版社，2015年）。

俗两众的极大欢迎。《高僧传》僧瑾本传记载宋明帝末年脾气乖戾、动辄杀人，周颙“乃习读《法句》、《贤愚》二经。每见谈说，辄为言先。帝往往惊曰：‘报应真当如此，亦宁可不畏！’因此犯忤之徒屡被全宥”。另有《唱导篇》末尾处叙述斋讲的情况：

> 至中宵疲极，事资启悟，乃别请宿德升座说法。或杂序因缘，或傍引譬喻。其后庐山释慧远道业贞华，风才秀发。每至斋集，辄自升高座、躬为导首。先明三世因果，却辩一斋大意。后代传受，遂成永则。(《大正藏》第50册2059号第417页下栏第9—13列)

宣讲三世因果业报、赞颂斋僧奉佛的功德，正可谓是因缘、譬喻故事最重要的功能。

不仅唱导师偏好引用因缘、譬喻故事来宣讲佛法，六朝时期的佛教类书也多喜收录譬喻类经典中的故事，如《经律异相》。特别值得一提的是：北齐天保年间，邺都僧人道纪感慨当时的佛教徒以论辩义理为尚，不崇实行，于是采择佛经中的修行故事，编成《金藏论》七卷。其内容主要是提倡修建寺塔、供养幡灯、制作经像、遵守戒律等功德之行，是针对普通大众的劝善文本。根据荒见泰史的研究，北图所藏敦煌卷子8407号即为《金藏论》的残本，其中所收《撰集百缘经》中的故事有“功德意扫塔缘”等7个。(荒见泰史607—624)

与此同时，文人学士也对譬喻故事进行改编加工，或自行创作奇人异事来宣扬因果不失的学说。鲁迅先生在《中国小说史略》中称六朝的部分志怪小说为“释氏辅教之书”，其特征在于“引经史以证报应”“记经像之显效，明应验之实有”。(鲁迅32)与譬喻故事的主旨相仿。当时，随着佛教的流行，因果报应的思想也逐渐深入人心，解释力很强。在《幽明录》的刘晨、阮肇故事中，二人不明所以地来到仙女居处，被说成是“宿福所牵”；后二人思家，坚决求去，仙女感慨是“罪牵君”，不得已而放他们回到人间(刘义庆1—2)。此处的“牵”字，与上文所述梵语的ploti有异曲同工之妙。在这种思想氛围之下，甚至连史书在解释皇位更替与朝代更迭时，也采用佛教的因果报应之说来进行叙事。[①]

在已经整理出版的敦煌变文中，题名中带有“缘”字的主要有以下几种：《金刚丑女因缘》（又题《丑女缘起》《丑女金刚缘》）、《功德意因缘变》、《悉达太子修道因缘》、《欢喜国王缘》、《目连缘起》、《四兽因缘》等。其中，《丑女缘》《功德意缘》都出自《撰集百缘经》，《欢喜国王缘》出自《杂宝藏经》。《悉达太子修道因缘》与《四兽因缘》则取材自本生经，也可算广义上的譬喻。只有《目连缘起》是敷演《佛说盂兰盆经》而成，但其中对地狱的描写可能也借鉴了《撰集百缘经》的饿鬼因缘。由此可以推知：敦煌变文中的“因缘”主要来源于佛经中的譬喻故事。

《悉达太子修道因缘》末尾有释迦牟尼向父王解释前世业缘：“来日世尊亲自降临，说其宿世因缘。”（周绍良 126）在《欢喜国王缘》中，有相夫人生天之后念及：“我昔何缘，来此宝界？”入定知晓宿命后，到人间度化欢喜国王。韵文部分也有“因缘已感生天上，果报还招福自随”之语。欢喜国王见到有相夫人便询问：“何缘生瑞相，愿说此（比）来因。”“以何因缘，而来下界？”（项楚 1625—1629）从文中所使用的这几处“因”“缘”来看，一方面是使用其基本义，即事件的原因，另一方面也与“果报”连用，即生平所行之业。《四兽因缘》的结尾也是佛陀讲述前世业缘：“彼时鸟者，即我身是；兔是舍利；猕猴即是大目乾连；白象即今阿难陁是。”末尾还附有僧统和尚的《四兽恩义颂》，起首序为：“为先修行孝因果，今感得成佛之缘，其由如是。”（项楚 2005—2008）可见也是强调善缘因果之作。

伏俊琏先生认为“因缘”主要表示内容的属别（即宣传因果报应），本身却不标示体裁（伏俊琏 107—142）。这种说法似乎可以进一步商榷，上文已大致勾勒了因缘、譬喻体裁的发展、融合过程，自始至终，无论因缘还是譬喻，都有固定的开头、主体与结尾的格式；尤其是二者合一之后，结构更是固化为今生故事、前世故事与前世今生的业缘联系，甚至其用语都相当模式化，最典型的例证便是尼泊尔系的梵本《撰集百缘经》。当然，发展到变文后，这一体裁的形式特征确实有所削弱。很大程度上，这些故事被汉化、本土化，于是

---

① 如《北齐书》的《孝昭帝论》,《梁书》的《萧景传》等。

其印度外衣换成了汉地的韵散结合、讲唱并行的形式，倒是内容和核心主旨被更好地继承了下来。

在保存了部分宋元明初话本的《清平山堂话本》中，《五戒禅师私红莲记》与《花灯轿莲女成佛记》比较接近佛典中的譬喻因缘故事。《莲女成佛记》入话便点明题旨："自家今日说个女娘子而诵《莲经》得成正果"。结尾再次强调"善有善报，莲女即是无眼婆婆后身，子母一门，俱得成其正果。作善的俱以成佛，奉劝世人：看经念佛不亏人"。（洪楩101—108）这显然是一篇称颂《妙法莲华经》的劝世文本，与六朝时期的应验记、冥报记相似。故事的内容已经相当本土化了，还加入了禅宗的机锋公案，但两世因缘的框架依然与佛典中的譬喻故事无异。《五戒禅师私红莲记》的故事更为流行。这篇话本讲述的是苏轼的前世今生因缘：苏轼的前世是五戒禅师，本是得道高僧，因与女子红莲破戒，被师弟明悟禅师窥破后惊羞交加坐化而去，转世为苏轼；而明悟禅师为了点化师兄，也即刻追随他坐化，转世为佛印。二人以佛理相交，苏轼成为大罗天仙，而佛印修成至尊古佛。（洪楩76—81）这则话本乃是糅合了禅师与苏轼的两种故事传统而成。明代冯梦龙又在《喻世明言》中将此话本扩充为《明悟禅师赶五戒》。入话处增加了三生石的故事，讲述的是处士李源与僧人圆泽的三世相交，更是带有浓厚的因缘文学的色彩。（冯梦龙357—369）类似的故事还有《月明和尚度柳翠》，都涉及前尘因缘。（冯梦龙346—356）元代的讲史话本《三国志平话》，也是全书借用前世今生的业缘果报框架来展开叙述：刘邦转世为汉献帝，吕后为伏后，韩信为曹操，彭越为刘备，英布为孙权，酬其前世恩怨。

另一通俗文学形式——宝卷，可谓是因缘文学的嫡系后裔。车锡伦先生全面地介绍了宝卷的一般形式：

> 故事中的贤人或因前世造下某种冤孽，再来人间；或是天上的星宿、仙人，因违背天条或某种因缘，谪降人间。贤人们在人间有种种不如意处，……但他们发心向善，……或立志修道拜神佛，逆来顺受……最后，贤人苦尽甘来，得到善果……作恶之人，有的在贤人感召之下改恶向善，也可善终；有的怙恶不悛，则受严厉惩罚，且殃及来世，变为畜生。（车

锡伦36—37）

这种前世因缘、今生故事、所获果报的三分框架，显然与佛典中的譬喻故事若合符契。仅是将结尾部分解释业缘报应的部分，换成了现世报或来世报的大团圆式的结局。这与中国文化的审美趣味与民间信仰的价值倾向是分不开的。

在弹词中，以“缘”为题的作品极为常见。谭正璧先生在《弹词叙录》里介绍了两百多种弹词，约有十分之一的篇目以“某某缘”为题。（谭正璧1—8）根据“缘”字的不同含义，大体可分为以下几种。一、“缘”字直指佛教的因缘轮回果报之意。例如：《西湖缘》讲白蛇修成仙身后下凡报答许仙的前世救命之恩；《五女缘》讲五位女子姐妹情深，一同赴死，投水合葬后，河中长出五瓣青莲，并有五翠色鸟；《拱璧缘》讲笙香与花韵的两世姻缘；《梦影缘》讲罗浮仙君与十二花神一起下凡经历轮回。二、“缘”字表示缔结情缘之意，往往是以信物为证，如《一箭缘》《灯月缘》《花鸟缘》《金鱼缘》《锦笺缘》《珠塔缘》等。三、“缘”字特指男女姻缘，如《双美缘》《四香缘》《七美缘》《十美缘》均是讲数女共事一夫，而《巧姻缘》《三笑姻缘》更是直接以“姻缘”为题。四、广义的“缘”字还可表示人生的各种遭际，如《英雄奇缘》《八仙缘》，不过这种用例相对较少。粤剧中的《玉钏缘》又名《华丽前因》，显然是以“因”与“缘”相对互补。

弹词《珠玉圆》一名《侠女舍身缘》，谭正璧先生引用《小说闲评》的点评：“是书以弹词体演成四十八回，大旨以劝戒溺女为主。起首先叙河南城隍上奏玉帝，呈明善恶。玉帝立遣金童、玉女、牛郎、织女、破败、扫帚等星，下凡投生，演出种种善恶果报”；不过，点评者对这种文体表示鄙夷：“不脱从前乡愚迷信恶习。不意20世纪新理渐明时代，尚有此种迷信小说发现，殊堪怪异。”（谭正璧248）点评者认为这曲弹词是乡愚迷信，也算得是把握了作品的主旨精神。弹词讲述因果报应的内容本就脱胎于佛教的俗讲因缘故事，带有很强的宗教性。而在“科学”昌明的20世纪，它自然显得有些“迷信”迂腐。然而，科学并不是救治一切社会问题的灵丹妙药，如弹词中所提到的溺死女婴的问题。在科学之光照射不到的社会阴暗角落，只能诉诸人的宗教信仰与伦理追求。

在这里，尤值一提的是清代非常流行的弹词之一《再生缘》。《再生缘》第一卷便明确点出这部弹词乃是接续《玉钏缘》而成。《玉钏缘》讲述宋代谢玉辉一生的事功与情缘，通篇充斥着佛教的因缘果报思想，倒数第二卷陈芳素发愿："持斋修个再生缘。"（林玉1696）这也是弹词《再生缘》得名的缘由。各人未了的情缘，都在《再生缘》中一一得到抵偿，最后才各归仙班。李汝珍所撰长篇小说《镜花缘》，也涉及仙子下凡、尘世历劫之后再归仙班，主体结构依然是三世叙事的框架。

结语　因缘、譬喻文学的思想潜流

陈寅恪先生在《忏悔灭罪金光明经冥报传跋》中曾说：

> 至《灭罪冥报传》之作，意在显扬感应，劝奖流通。远托《法句譬喻经》之体裁，近启《太上感应篇》之注释。本为佛教经典之附庸，渐成小说文学之大国。盖中国小说虽号称富于长篇巨制，然一察其内容结构，往往为数种感应冥报传记杂糅而成。若能取此类果报文学详稽而广证之，或亦可为治中国小说史者之一助欤！（陈寅恪291—292）

其见解可谓卓识。小说中的"讲因缘""说因果"等元素，由于篇幅所限，这里无法一一展开。然而，因缘、譬喻文学对中国的影响又不仅限于通俗文学的内容结构方面。进一步来说，文本的内容结构其实反映了人们在内心深处如何看待外部世界、所处社会的结构。尤侗为岳端《扬州梦传奇》作序："盖聚人世酒色财气之业，造成生死轮回，亦举吾身喜怒哀乐之缘，变出悲欢离合。"（岳端92—93）从这句话来看，"业""缘"显然成了解释人生际遇的一种方式。《喻世明言》中《闹阴司司马貌断狱》开篇便点明题旨："世间屈事万千千，欲觅长梯问老天。休怪老天公道少，生生世世宿因缘。"（冯梦龙370）面对社会的不公、人世的苦难，因缘说为"乐天知命"提供了形象生动、非常具体的诠释与说明。

引用作品

车锡伦：《信仰、教化、娱乐——中国宝卷研究及其他》，台北：学生书局，2002年。

陈寅恪：《金明馆丛稿二编》，北京：生活·读书·新知三联书店，2001年。

大正大学综合佛教研究所梵语佛典研究会：《梵藏漢対照『維摩經』『智光明莊嚴經』》，东京：大正大学出版会，2004年。

Demoto Hahn, Mitsuyo. “Fragments of the *Avadānaśataka*”. *Buddhist Manuscripts in the Schøyen collection*. Vol. Ⅲ. Ed. Braarvig, Jens. Oslo: Hermes Publishing, 2006. 207-244.

丁敏：《佛教譬喻文学研究》，台北：东初出版社，1996年。

Feer, Leon. tr. *Avadāna-śataka, cent légendes*. Paris: Ernest Leroux Éditeur, 1891.

冯梦龙：《喻世明言》，上海：上海古籍出版社，2012年。

伏俊琏：《关于变文体裁的一点探索》，项楚编：《敦煌文学论集》，成都：四川人民出版社，1997年，第107—142页。

高楠顺次郎等：《大正新修大藏经》，东京：大正一切经刊行会，1924—1934年。

Heimann, Betty. *The Significance of Prefixes in Sanskrit Philosophical Terminology*. London: Royal Asiatic Society, 1951.

洪楩：《清平山堂话本》，上海：上海古籍出版社，1992年。

荒见泰史：《敦煌文学与日本说话文学——新发现北京本〈众经要集金藏论〉的价值》，陈允吉主编：《佛经文学研究论集》，上海：复旦大学出版社，2004年，第607—624页。

Jones, J. J. tr. *The Mahāvastu*. Vol. 3. 1956. Reprint. London: Forgotten Books, 2013.

Lenz, Timothy. *Gandhāran Avadānas: British Library Karoṣṭhī Fragments 1-3 and 21 and Supplementary Fragments A-C*. Seattle: University of Washington Press,

2010.

Lenz, Timothy, and Andrew Glass. *A new version of the Gāndhārī Dharmapada and a collection of previous-birth stories: British Library Kharoṣṭhī fragments 16+ 25*. Seattle: University of Washington Press, 2003.

林玉、宋璧整理：《玉钏缘》，哈尔滨：黑龙江人民出版社，1987年。

刘义庆：《幽明录》，北京：文化艺术出版社，1988年。

鲁迅：《中国小说史略》，上海：上海古籍出版社，1998年。

罗竹风等编：《汉语大词典》，上海：汉语大词典出版社，1992年。

释印顺：《原始佛教圣典之集成》，北京：中华书局，2011年。

Speyer, J. S. ed., *Avadānaśataka: A century of edifying tales belonging to the hīnayāna*. Vol. Ⅰ & Vol. Ⅱ. St. Petersbourg: Imprimerie de l'Academie Imperiale des Sciences, 1906–1909.

谭正璧：《弹词叙录》，上海：上海古籍出版社，1981年。

Walters, Jonathan. "Stūpa, story, and empire: Constructions of the Buddha biography in early post-Aśokan India", Ed. Schober, Juliane. *Sacred biography in the Buddhist traditions of south and southeast Asia*. Honolulu: University of Hawaii Press, 1997. 160–192.

王邦维：《譬喻师与佛典中譬喻的运用》，王邦维等编：《佛教神话研究：文本、图像、传说与历史》，上海：中西书局，2013年，第1—12页。

项楚：《敦煌变文选注》（增订本），北京：中华书局，2006年。

徐梵澄译：《五十奥义书》（修订本），北京：中国社会科学出版社，1995年。

岳端：《扬州梦传奇》，收入《中华再造善本》系列，北京：国家图书馆出版社，2005年。

周绍良等：《敦煌文学作品选》，北京：中华书局，1987年。

Zimmer, Heinrich. *Philosophies of India*. New Jersey: Princeton UP., 1989.

身严逾五指　意语许期颐*

——药师成就《如意宝论》所引《时轮略续》第五章第171至173偈前半颂的文献学考察

罗　鸿

内容提要： 时轮派和胜生派之间关于佛身量度的不同观点是西藏唐卡绘画史上一个重要且持久的话题。时轮派主张佛身应为125指，胜生派主张120指。本文以西藏唐卡绘画史上占有重要地位的画师及绘画理论家药师成就所引《时轮略续》中的两首半偈颂为出发点进行考察，基本结论如下：药师成就在《如来如意宝》（氏著《善逝如意宝》的修订本）一书中引用了《时轮略续》第五章第171至173偈前半颂；《如来如意宝》中所引第172偈第一音步可能来自觉囊新译，新译中该音步的读法缺乏文本支持，从诠释学的角度来看也值得商榷；《时轮略续》和《胜乐出生续》中关于佛身量度的不同观点在印土注释文献中已经得以调和，该话题在藏地的重现或与觉囊新译的出现有关，类似他空自空之辩因他空这一新"法语"的出现而出现。

关 键 词： 佛教绘画　药师成就　时轮派　胜生派　《时轮略续》《无垢光疏》《胜乐出生续》

作者简介： 罗鸿，文学博士，四川大学历史文化学院教授。2002年9月—2007年7月，在王邦维教授指导下攻读佛教文献学方向的博士学位。

---

* 有幸于2002至2007年间跟随先生研读佛学文献，言教言育，饮水自知，谨以本文为先生七十寿。本文原发表于*Acta Orientalia*第79卷（2018），第73—110页。

Whence the Five Fingers?

A philological investigation of *Laghukālacakratantra* 5.171–173ab as quoted in sMan bla don grub's *Yid bzhin nor bu*

Hong Luo①

Sichuan University

Abstract: The disagreement regarding the correct size of a Buddha image between the Kālacakra tradition (Dus 'khor lugs) and the Saṃvarodaya tradition (sDom 'byung lugs) is a significant and recurring theme in the history of Tibetan Thangka painting. While the latter specifies 120 fingers as the correct height of a Buddha image, the former claims that it should be 5 fingers more. Taking as a departure point two and a half verses from the *Laghukālacakratantra* that are quoted by sMan bla don grub (15th

---

① I dedicate this article to my tutor Prof. Bangwei Wang on the occasion of his seventieth birthday. The first draft of this article was a paper presented in 2012 at the Fifth International Conference on Tibetan Archaeology & Arts held in Beijing. It was revised and presented a second time at the Asien-Afrika-Institut, Hamburg, in 2014. First of all, I would like to thank all the *kalyāṇamitras* met in Phun tshogs gling in August 2012; my communication with them sparked my interests in this topic. To all my colleagues who supported my research on this subject and commented on my earlier drafts, I also own many thanks. Special thanks go to Prof. John Newman, who read my earlier drafts and offered very valuable comments. I would also like to thank Prof. George Cardona and Prof. Leonard W. J. van der Kuijp for reading and commenting on my most recent drafts. Moreover, my appreciation goes to Ms. Cynthia Peck-Kubaczek, who corrected my English and made valuable suggestions. Needless to say, any imperfections and errors that remain are entirely my own. The final phase of my study on this topic was funded by Sichuan University (project number 2018hhs–61) and Sichuan University Research Cluster for Regional History and Frontier Studies (project number xkqzd2018–06).

century), arguably one of the most prominent trailblazers of Tibetan styles of Thangka painting, we observe: firstly, that in his *De gshegs yid nor* (a revised and more developed version of *bDe gshegs yid nor*) sMan bla don grub quotes verses 5.171–173ab of the *Laghukālacakratantra*; secondly, *Laghukālacakratantra* 5.172a as attested in *De gshegs yid nor* may have been quoted from the new Jo nang translation of the *Laghukālacakratantra*, although this particular *pāda* offers the philologically insupportable and hermeneutically inconsistent reading of 125 fingers; thirdly, in India, the divergent iconometric systems found in the *Laghukālacakratantra* and the *Saṃvarodayatantra* had already reached a compromise, so the discrepancy between the Kālacakra tradition and the Saṃvarodaya tradition as reflected in the Tibetan materials may in fact have been introduced by the new Jo nang translation of LKCT 5.172a, presumably, in much the same way as the *gzhan stong* versus *rang stong* controversy was motivated by the new religious term (*chos skad*) *gzhan stong*.

Keywords: Buddhist Iconometry, sMan bla don grub, Dus ’khor lugs, sDom ’byung lugs, The *Laghukālacakratantra*, The *Vimalaprabhā*, The *Saṃvarodayatantra*

The figure of sMan bla don grub (15th century, henceforth, sMan bla)① marks the emergence of the Tibetan style of Thangka painting. The treatise *Yid bzhin nor bu*② attributed to him, with its well-balanced treatment of both theoretical and practical issues, is arguably the first systematic work on iconometry in Tibetan. Among many other things, the work examines a significant and recurring theme in the history of Tibetan Thangka painting, namely, the divergent views of the Kālacakra tradition (Dus ’khor lugs) and the Saṃvarodaya tradition (sDom ’byung

① Jackson 1996: 43, 82–83. Cf. ’Dar dbon nyi shar 2012, which reexamines the date and epithet of sMan bla, his later namesake, and the place where the *Yid bzhin nor bu* was finalized.

② The common part shared by the two texts, i.e., the *bDe gshegs yid nor* and the *De gshegs yid nor* mentioned below.

lugs) regarding the correct size of Buddha image.[①] While the latter asserts that the height of a Buddha image should be 120 fingers, the former claims that it should be 5 fingers more. The fourth chapter of the *Yid bzhin nor bu* deals exclusively with this topic. Given sMan bla's dates and his significance, we may safely say that this particular chapter represents an early phase of Tibetan scholars' reflecting on the divergent iconometric systems as given in the *Laghukālacakratantra* (henceforth, LKCT) and the *Saṃvarodayatantra* (henceforth, SUT). It seems that the sources of this disagreement can be traced back to Indian scriptures, but it is not yet fully clear — or rather, it has not yet been fully investigated — what caused this disagreement and how it moved from India to Tibet. As a first attempt to deal with this issue, taking as our departure point two and a half verses from the LKCT quoted by sMan bla, we shall demonstrate that finding a compromise for this disagreement was probably long a concern of the exegetes north of the Himalayas. The arguments and the unspecified yet apparent counter-arguments attested in the treatises of sMan bla as well as those of later Tibetan scholars feature indigenous peculiarities that are well worth a first investigation, one that can be deepened in the future. The following three questions will be examined:

1. Was sMan bla quoting LKCT 5.171–173ab in his *Yid bzhin nor bu*?

2. What is the source of LKCT 5.172a as quoted in *Yid bzhin nor bu*?

3. How and where did the divergence and conflict between the Kālacakra and Saṃvarodaya traditions arise?

1. Was sMan bla quoting LKCT 5.171–173ab in his *Yid bzhin nor bu*?

In the *De bzhin gshegs pa'i sku gzugs kyi tshad kyi rim pa'i don gsal bar*

① There seems to be no Sanskrit equivalent of Dus 'khor lugs, nor of sDom 'byung lugs. It remains to be investigated when and where these terms first came into use.

byed pa'i gzhung lugs yid bzhin gyi nor bu (henceforth, *De gshegs yid nor*)[1] based upon the Zhol blocks carved in 1927,[2] verses 171–173ab from the fifth chapter (Jñānapaṭala) of the LKCT[3] are quoted by sMan bla as a witness of the Kālacakra tradition. However, in the *bDe bar gshegs pa'i sku gzugs kyi tshad kyi rab tu byed pa yid bzhin nor bu* (henceforth *bDe gshegs yid nor*), which is also attributed to sMan bla, published in 1983 by Bla ma Zlaba and Shesrab gyaltsen in Gangtok, Sikkim,[4] these verses are not cited, nor are the Kālacakra and Saṃvarodaya traditions mentioned.

The wild discrepancies between these two texts,[5] including their different titles and other substantial differences regarding contents and structure,[6] would

---

① The title appears towards the end of the statement which clarifies the aim of the treatise is *De bzhin gshegs pa'i sku gzugs kyi tshad kyi rim pa'i don gsal bar byed pa'i gzhung lugs yid bzhin gyi nor bu* (*De gshegs yid nor*: 3r5–6), which differs from the title on the cover page: *bDe bar gshegs pa'i sku gzugs kyi tshad kyi rab tu byed pa yid bzhin nor bu*. We have chosen to follow the former for two reasons: first, to differentiate it from *bDe gshegs yid nor*, which differs substantially; secondly, the title on the cover page is more likely to have been modified, and consequently less reliable.

② TBRC W19727–I1KG10541–1–62–any. The description on the information page identifies it wrongly with the Zhol edition engraved in 1944. TBRC W29575–5519–1–88–any is an impression of the blocks cut in 1944. For a brief account of the pros and cons of Zhol edition, see Jackson 1996: 135, n. 272. There are other modern editions, to list a few: Blo bzang phun tshogs 1993, Luo 2005, Karma bde legs 2010, all of them seem to have been based upon the 1927 Zhol edition. We shall for the time being stay with W19727–I1KG10541–1–62–any when quoting *De gshegs yid nor*. A critical edition of the text is still a desideratum.

③ Zhol 7v6–8r4.

④ TBRC W24041–3652–1–126. According to Jackson (1996: 423), this was reproduced from a manuscript in the collection of Bla-ma Senge of Yol-mo. There is yet another manuscript bearing the same title in Tucci's collection; see Filibeck 2003: 415. Tucci's collection has been transferred from the library of IsMEO to the Italian National Library and is currently inaccessible.

⑤ The discrepancies, it seems, have largely escaped the notice of scholars. Tucci (1949: 293–294) was not aware of the Gangtok edition, which was published only in 1983. David Jackson's (1996: 423) identification of the Gangtok edition is inaccurate. When referring to sMan bla's *Yid bzhin nor bu*, Cüppers et al. (2012: 5, n. 37) list only *bDe gshegs yid nor*.

⑥ For instance, most of the text up to 15v3 in *bDe gshegs yid nor* does not exist in *De gshegs yid nor*, and the outline at the beginning of *De gshegs yid nor* (3r5–3v2) is not found in *bDe gshegs yid nor*.

at first glance lead us to believe that they are two different works, works that may not be created by the same author. It has also been recorded that sMan bla wrote "a brief manual intended for novice painters" entitled *bsTan bcos legs bshad nor bu'i 'phreng ba* (henceforth, *Nor 'phreng*).① Is it possible that one of these two texts is a misidentified version of *Nor 'phreng*? Probably not: the structure of *Nor 'phreng*② does not match either of the two *Yid bzhin nor bu*s. And a comparison of the beginning of *Nor 'phreng* with those of *bDe gshegs yid nor* and *De gshegs yid nor* also shows that it is a different treatise.③

On the other hand, despite the textual discrepancies between *bDe gshegs yid nor* and *De gshegs yid nor*, their almost identical colophons suggest that there is a close textual relationship between them.④ Both are believed to have been composed by sMan bla. One might imagine that sMan bla composed the two texts over the course of time and thus, that the many divergences bear witness to the development of his thoughts on the same topics. Another possibility is that one or the other is a later redaction of the original text, be it *bDe gshegs yid nor* or *De gshegs yid nor*.

Tucci was probably the first one who noticed the problems in the text corpus attributed to sMan bla and his successors. When listing the texts cited by Klong rdol bla ma (1719–1805), Tucci remarked on the discrepancies between the *rDzogs pa'i sangs rgyas mchog gi sprul pa'i sku'i phyag tshad*, which he considered a fragment of the *Legs bshad 'od zer brgya phrag* written by sMan bla,⑤ and a book entitled *bDe bar gshegs pa'i sku gzugs kyi tshad kyi rab tu byed pa yid bzhin gyi nor bu*,

① Jackson 1996: 104, 113, 423.

② Jackson 1996: 113.

③ The published edition mentioned by Jackson (1996: 423) is not available to me. The comparison is based upon the quotation of *Nor 'phreng* in Jackson 1996: 134, n. 255.

④ Jackson (1996: 135, n. 273) reproduced the colophon published in Blo bzang phun tshogs (1993: 32). Moreover, the colophon of *Nor 'phreng* is nearly identical; see Jackson 1996: 133–134, n. 253.

⑤ Tucci 1949: 293. A lingering doubt remains about Tucci's identification of the title, which is taken literally from the colophon of the fragment. This phrase sounds more likely to be a tacit reference to the *Legs bshad nor bu'i 'phreng ba* attributed to sMan bla.

which, though ascribed to dPal blo bzang po, he took it to be a later revised version of sMan bla's *Yid bzhin nor bu*. As Tucci writes:①

> The book was printed in dGa's ldan p'un ts'ogs gliṅ; the author is dPal blo bzaṅ po, who re-edited the works of sMan t'aṅ pa, whose incarnation he considered himself to be. He is quoted by the Fifth Dalai Lama (ibid., p. 8); when we compare this treatise with the fragment of his predecessor, a verbal correspondence is noticeable, but as I do not possess sMan t'aṅ pa's complete work, I cannot tell what is Blo gros bzaṅ po's original contribution, if any, amounts to.

While there may be other ways to explain the textual correspondence, what is important here is that Tucci named a redactor: dPal blo bzang po, who may be identified with 'Phreng kha ba/Ri mkhar ba dPal ldan blo gros bzang po (16th century), a celebrated figure in the later sMan ris tradition.②

But the fact that the first xylographic edition of *Yid bzhin nor bu* was carved in dGa' ldan phun tshogs gling in 1675, almost two centuries after its composition, further suggests that 'Phreng kha ba may not have been the last person who did some work on the *Yid bzhin nor bu*. The Fifth Dalai Lama Ngag dbang Blo bzang rgya mtsho (1617–1682) wrote the colophon for the 1675 edition of *De gshegs yid nor*.③ Two records of this event are also found in the *Za hor gyi bande ngag dbang blo bzang rgya mtsho'i 'di snang 'khrul pa'i rol rtsed rtogs brjod kyi tshul du bkod pa dukūla'i gos bzang* (henceforth, *Gos bzang*), the autobiography of the Fifth Dalai

① Tucci 1949: 294.

② Jackson 1996: 181.

③ Zhol 29v3–6. Appendix I of Jackson 1996 (399–400) provides a transcription of three colophons attached to the 1927 Zhol edition of *De gshegs yid nor* and 'Phreng kha ba's *Cha tshad kyi yi ge*. His transcription of the first colophon, that by the Fifth Dalai Lama, is incomplete; it leaves out a large portion of versified text covering a little more than one folio (Zhol 28v2–29v3).

Lama.[①]

It is unlikely that the Fifth Dalai Lama was personally involved in the process of reproducing and redacting the text, but as the chief patron de nom, his opinion or penchant may in all likelihood have been the reason for the new edition of *Yid bzhin nor bu*.[②] This may be particularly true in the case of the variant reading of the LKCT 172a we shall discuss in the next section.

As for the direction of the revising, since in *De gshegs yid nor*[③] the materials appear better arranged and the discussion on theoretical matters of iconometry is more in-depth, it would seem more reasonable to assume that *De gshegs yid nor* is the result of a later revision of *bDe gshegs yid nor*.

Thus, there are unresolved problems with regard to the authorship and identification of these two texts. Nonetheless, we accept tentatively as a working hypothesis that both *bDe gshegs yid nor* and *De gshegs yid nor* were written by sMan bla, and the latter is a more developed version of the former, that is, *bDe gshegs yid nor* underwent quite heavy revisions during its transmission and became what we now see as *De gshegs yid nor*. If asking whether sMan bla quoted LKCT 5.171–173ab in *Yid bzhin nor bu* or not, we would say: sMan bla, to whom the two texts are attributed, quoted the verses in *De gshegs yid nor*, which is a more developed version of his *bDe gshegs yid nor*.

2. What is the source of LKCT 5.172a as quoted in Yid bzhin nor bu?

2.1 Textual divergence regarding LKCT 5.172a

The quote of LKCT 5.172a (henceforth, 172a) in *De gshegs yid nor* differs

---

① *Gos bzang*: 379, 433–434. Only the second account is mentioned by Jackson (1996: 135, n. 272).

② Cüppers et al. (2012: 5) suggest that sDe srid Sangs rgyas rgya mtsho might have also been involved in this project.

③ In the Gangtok edition of *bDe gshegs yid nor*, the sentences that serve as structure indicators are incomplete. 'Dar dbon nyi shar (in a personal communication) considers the Gangtok edition a misarranged edition of two iconometric texts, but he did not specify which ones.

from the published Sanskrit editions, indeed, it is a major divergence that has not received the attention it deserves.① There is no variant of 172a in the Sanskrit editions. The Tibetan translations as attested by a few Kanjur editions from the two transmission groups, i.e., the eastern group represented by the *Tshad pa* manuscript and the western group represented by the *Thems spangs ma* manuscript, however, show differences:

*viṃśatyekādhikaṃ yac chatam ṛtunavabhir[1] lokamānaṃ narāṇām*②

1. ṛtunavabhir BD-B: ṛtunavatir V-C

*nyi shu 'ga' zhig lhag pa'i[1] brgya phrag gang zhig dus dang dgu yis mi rnams kyi ni 'jig rten tshad ||*③

1. nyi shu 'ga' zhig lhag pa'i DFHLNT: nyi shu rtsa lnga lhag pa'i U, om. P

A hundred plus twenty, [i.e., a hundred and twenty fingers,] [is the size of the body of Bodhisattvas,] the mundane measurement of human beings [is] the [six] seasons and nine, [i.e., of ninety-six fingers.]④

① Peterson 1980 (248, n. 5) located the Tibetan text, but did not compare it to the Sanskrit edition in Vira; Chandra 1966. In the same article Peterson points out the ambiguity of the Tibetan translation of 172a, but does not mention the quotation in sMan bla's work. Peterson's discussion of the Tibetan translation of 172a, though insufficient, is intriguing, and we shall reexamine her remarks below.

② [B242][D-B121][V-C374] B represents the edition in Banerjee 1985, V-C, that in Vira; Chandra 1966, and D-B, the *pratīkas* of LKCT in the *Vimalaprabhā* edition in Dwivedi; Bahulkar 1994.

③ [D119r1][F53r3][H172v2][L131v3][N171v5][Pom.][T207v4][U131v1] D represents sDe dge, F, Phug brag, H, Lha sa, L, Shel dkar, N, Narthang, P, Peking, T, sTog palace, U, Ulaanbaatar.

④ The words in brackets are supplied from the VP.

What is puzzling is that while there is no variant reading in Sanskrit, the Ulaanbaatar edition (henceforth, U) contains the peculiar reading of 125, differing from other witnesses except for the Peking edition (henceforth, P), where it is omitted, as will be separately addressed below in sections 2.2 and 3. What is still more puzzling is that this peculiar reading is also found in *De gshegs yid nor*:

> *nyi shu rtsa lnga lhag pa'i brgya phrag gang zhig dus dang dgu yi mi rnams kyi ni 'jig rten tshad* ||①
>
> A hundred plus twenty-five, [is the size of the body of the Buddha,] the mundane measurement of human beings [is] the [six] seasons and nine.

We shall ignore the variant reading *dus dang dgu yi*, which is clearly a transmission corruption of *dus dang dgu yis*/*ṛtunavabhiḥ*. Here the focus will be on *nyi shu rtsa lnga lhag pa'i brgya phrag*. There is a technical and quite reliable way to determine whether this phrase, which is attested both in U and *De gshegs yid nor*, might be based upon another yet unknown Sanskrit variant of the root text. The LKCT is composed exclusively in Sragdharā metre. It is a versified text with a fixed rhythm scheme, twenty-one syllables per *pāda*, with a cæsura after every seventh syllable: - - - - ᴗ - - * ᴗ ᴗ ᴗ ᴗ ᴗ ᴗ - * - ᴗ - - ᴗ - -.② It would hardly be possible to fit *pañcaviṃśatyadhika*, as attested in the *Vimalaprabhā* (henceforth, VP), or any other ways of expressing the number 125 in related literature, as for instance, in 1b of the *Pratimālakṣaṇa* (henceforth, PL): *pañcaviṃśati-uttaram*,③ into the metrical template required at this particular juncture. The rhythm here, as suggested by *viṃśatyekādhikaṃ yac chatam*, is: - - - - ᴗ - - ᴗ ᴗ. If adopted,

① Zhol 8r2.

② The accented syllables are represented by "-", the unaccented ones with "ᴗ"; "*" represents cæsura (*yati*).

③ Sakaki 1918: 256. Willemen (2006: 63) reads *pañcaviṃśatyuttaram*, which is equally impossible.

however, *pañcaviṃśatyadhikaśatam*, would yield - ᴗ - - ᴗ ᴗ ᴗ ᴗ ᴗ. We can also rule out the possibility of alternative epithets (*abhidhāna*, *mngon brjod*) having been used, since the extremely literal Tibetan translation reflects all the alternative epithets in the rest of this verse, and it shows no trace of such a usage in the first half of this *pāda*.①

Peterson (1980: 241) has questioned the accuracy of the reading *nyi shu 'ga zhig lhag pa'i brgya phrag*:

> Similarly, while the tantra itself does not define an exact total for the combined *sor* measures, saying only that the buddha figure measures a few more than 120 *sor* (*nyi shu 'ga zhig lhag pa'i brgya phrag gang zhig*), the commentaries consistently interpret the buddha figure of the *kālacakra* system as measuring 125 *sor*.

Obviously, and understandably, Peterson read *'ga' zhig* in the sense of "a few". But in light of the Sanskrit, a more relevant question would be: Why is *eka* not translated as *'ba' zhig*, a well-attested equivalent of *eka* and *kevala*?② And one might further wonder whether there was a textual corruption from *'ba' zhig* to *'ga' zhig* due to the scribal similarity between these two words in certain scripts, or whether this was simply due to a poor engraving of the xylographic edition. But the fact is, *'ga' zhig* can indeed be an equivalent of *eka*,③ though, it seems, this translation

---

① But, given the linguistic irregularity of LKCT as described in Newman 1988, *viṃśatpañcādhikaṃ yac chatam*, a literal retranslation of *nyi shu rtsa lnga lhag pa'i brgya phrag*, may not be totally impossible. Indeed, a less wild yet still linguistically unusual expression is found in LKCT 4.129b: *pañcaviṃśātmakādye*, which later finds its way into Abhayākaragupta's *Niṣpannayogāvālī*.

② Negi 4032.

③ Negi 685. There is yet another faint possibility that the translators read *eke*, which could naturally be translated as *'ga' zhig*. But this would presuppose that the translators either blundered when deciphering the manuscript or the reading before them was entirely different from what has been transmitted to us. We are not aware of any variant reading at this point.

is used only extremely rarely. From this perspective, the possibility of a textual corruption from *'ba' zhig* to *'ga' zhig* remains. But, even if this is the case, why, in the western group, does only U give *nyi shu rtsa lnga lhag pa'i brgya phrag*, when other textual witnesses belonging to the same faction read *nyi shu 'ga' zhig lhag pa'i brgya phrag*? Transmission corruption cannot convincingly account for such an exceptional difference.

Moreover, it is striking to observe that in P, the verso of folio 131, where one would expect the verses 5.171d–173ab, has been entirely replaced by mantras, the first being *sambaraṃ hūṃ hūṃ phaṭ svāhā*,① that of the deity Cakrasaṃvara. Apparently, the problem confronting us goes beyond the purview of textual criticism. It is a dramatic event that bespeaks certain sectarian hostility, with the intention of an appeal to magic for subduing the opposite camp being more than obvious. For the most part, we shall postpone the task of contextualization and further discussion of this unusual event to section 3, below. Here, we shall first trace the source of the 172a quotation in *De gshegs yid nor* and then explain the exceptional reading that occurs in U, since these two matters are related to each other.

2.2 Possible source of LKCT 172a quoted in De gshegs yid nor

There is one passage in *De gshegs yid* nor that is indicative of the possible source of the peculiar quotation of 172a it transmits:

> *'di la 'thad pa dang bral zhing mi mdzes pa'i cha du ma zhig snang ste | dus 'khor lugs kyi cha tshad rags rim tsam mthong ba'i bod snying phod can rang bzo la mngon par dga' ba zhig gis mdo yin pa'i lugs su brdzus pa zhig go |*②

① P131v1.

② Zhol 5r1–2.

> Here, many an incorrect and aesthetically inacceptable proliferation appears; they have been made up by those "audacious Tibetans" who have only poor knowledge of the iconometry taught in the *Kālacakratantra* yet are fond of fabrication and pretend that it is the teaching of the scriptures

Some of the proliferations of those "audacious Tibetans" seem unbelievable exaggerations, and both the source and the reliability of this description remain problems to be investigated. But what is not ambiguous is that sMan bla holds the LKCT to be the most authoritative scripture for Buddhist iconometry. He also seems to bear sympathy with (a) certain sect or personage(s), who, according to him, understand(s) correctly and thoroughly the relevant teachings in the LKCT.

Who may this authority of sMan bla have been?[①]

It is known that in 1334 Dol po pa Shes rab rgyal mtshan (1292–1361) asked his disciples Sa bzang ma ti pan chen 'Jam dbyangs blo 'gros rgyal mtshan (1294–1376) and Blo gros dpal (1300–1355) to revise Shong ston rDo rje rgyal mtshan's (13th century) Tibetan translation of the LKCT and VP. The new Jo nang translation (Jo nang gsar 'gyur) of the LKCT is available in P.[②] As mentioned above, in P, 172a has been removed and replaced by *mantra*s. It is now clear that the reading destroyed in P is the new Jo nang translation. But was the destroyed reading of 172a exactly the same as that quoted by sMan bla in *De gshegs yin nor*?

Though no longer in P, the new Jo nang translation of 172a survives in at least two texts: Jo nang Phyogs las rnam rgyal's (1306–1386) *Jo nang Phyogs las rnam rgyal gyis mchan gyis gsal bar mdzad pa'i bsDus pa'i rgyud kyi rgyal po dpal dus kyi 'khor lo* (henceforth, *Jo rGyud mchan*) and *bsDus pa'i rgyud kyi*

① The Fifth Dalai Lama believed that sMan bla transmitted the system of iconometry formulated by Bu ston; see Jackson 1996: 114. In our case, however, it is unlikely that sMan bla was quoting 172a from Bu ston's work, because Bu ston did not change the text of 172a, though he did reinterpret it; see below section 2.3.

② Stearns 2010: 326, n. 92.

rgyal po dus kyi 'khor lo'i rgyas 'grel rtsa ba'i rgyud kyi rjes su 'jug pa stong phrag bcu gnyis pa dri ma med pa'i 'od (henceforth, *Jo Dri med mchan*). Dol po pa also wrote a topical outline (*sa bcad*) of the new translation of the VP as well as annotations (*mchan bu*) on it. The former has been published twice;① the annotations, unfortunately, remain elusive and probably have become conflated with Phyogs las rnam rgyal's annotations.② *Jo rGyud mchan* is a witness for the text with 125 fingers:

> *(de ltar thams cad du) nyi shu rtsa lnga lhag pa'i brgya phrag gang zhig (ni sangs rgyas kyi sku la'o) dus (drug) dang dgu yis mi rnams kyi ni (rgyar) 'jig rten tshad (dang mthun pa khru bzhi ste dpangs su ni brgyad cu rtsa bzhi'o)* ||③
>
> (Thus, in every case) that which is 125 fingers ([applies to] the Buddha's image). (Horizontally,) the (six) seasons and nine, [i.e., ninety-six fingers,] are (in consonance with) the worldly size of human beings, (i.e., four *khrus*; vertically, [the worldly size of human beings is] 84 fingers).

Thus, in all likelihood, the removed version of 172a in P also read 125, the same as that quoted by sMan bla in *De gshegs yid nor*.

The new Jo nang translation of the LKCT was prepared in the Jo nang hermitage of bDe ba can;④ sMan bla wrote his *Yid bzhin nor bu* in gTsang rong 'bras yul rdzong dkar. Given the geographical proximity of these two places and the

---

① *Dus 'khor rgyud mchan*, Jo nang Phyogs las rnam rgyal, Jo nang dpe tshogs, sPyi'i deb bcu bdun pa, Pe cin, Mi rigs dpe skrun khang, 2008, pp. 227–283.
Jo nang kun mkhyen Dol po pa Shes rab rgyal mtshan gyi gsung 'bum dpe bsdur ma bzhugs so, Mes po'i shul bzhag dpe tshogs (208, 13/13), dPal brtsegs bod yig dpe rnying zhib 'jug khang nas bsgrigs, Pe cin, Krung go'i bod rig pa dpe skrun khang, 2011, pp. 189–264.

② Stearns 2010: 25, 324–325, n. 91.

③ *Jo rGyud mchan*: 204.

④ Stearns 2010: 24.

popularity of the new translation,[①] it is presumable that sMan bla knew it and made a well-informed decision to quote the new Jo nang version of 172a.[②] Nonetheless, it is also interesting to note that in *bDe gshegs yid nor*, which is supposedly earlier than *De gshegs yid nor*, sMan bla, while referring very often to the SUT and its commentary, does not quote the LKCT. Still more interesting is that he quotes the VP's interpretation of 172a, but not the root text.[③] Did he perhaps initially feel insecure to argue on the basis of the new Jo nang translation of this particular pāda, but later had a change of mind?

As discussed above, it might also be possible that this was done by the redactor(s) of *Yid bzhin nor bu*, perhaps influenced by the Fifth Dalai Lama's preference for the new Jo nang translation.[④] In other words, his penchant for 125 possibly led to the textual change, although strictly speaking, it was a change that had no basis.

2.3 Why the baseless revision?

As has been shown above, in Sanskrit the original reading of 172a can only be 120. The ambiguity at first glance of *nyi shu 'ga' zhig* — arguably, either a rare usage of *'ga' zhig* in the sense of one or a result of textual corruption from *'ba' zhig*— actually supports 120. The purge of 125 from P also points obliquely to the same number. So where did the reviser get the extra five fingers? The expressions in *Jo rGyud mchan* gives us the impression that it might have been influenced by the

---

① The new translation was very popular, but it also created quite a bit of controversy; see Stearns 2010: 326: n. 94; 329, n. 108.

② It is not totally impossible that sMan bla had heard of or even accepted the Jo nang teaching of other-emptiness. Jackson (1996: 121) informs us that sMan bla "painted at gSer-mdog-can in the year 1491 on a large cloth an image of the Buddha surrounded by the Sixteen Elders." We may wonder what sMan bla discussed with his patron Śākya mchog ldan (1428–1507), who then acknowledged the Jo nang doctrine as the ultimate teaching. Śākya mchog ldan became a gZhan stong pa in his late 50s; see Burchardi 2007: 12.

③ Gangtok 57b4–58a2.

④ Stearns 2010: 326, n. 94.

VP, where the phrase *pañcaviṃśatyadhikam* is attested twice.[①]

But, why did the revisers change the root text at this point despite there being no variant readings in the Sanskrit? Wouldn't the interpretation in the VP, which gives, in sequence and respectively, 125, 120 and 84, as the height of a Buddha, a Bodhisattva, and an ordinary beings, make them have a few second thoughts? Unfortunately, the very short explanation in the VP, which does not follow the verses it expounds very closely, does create an opportunity for letting in 125:[②]

> *evaṃ sārdhadvāṣaṣṭyaṅgulayaḥ | yathā vāme tathā dakṣiṇe 'pi | sarvatra pañcaviṃśatyadhikaśataṃ kāyamānaṃ caturasram | tad eva sattvānāṃ caturhastam | narāṇāṃ ṣaṇṇavatyaṅguly ūrdhvādho caturaśītiḥ | tathā narā na lakṣaṇayuktā iti siddham ||*[③]

> In such a way, the measurement [of the horizontal half of the Buddha's body] is 62.5 fingers. The right half is just as the left half. In every case (*sarvatra*), [i.e., vertically and horizontally,] the measurement of [the Buddha's] body is 125 [fingers] and symmetrical (*caturasram*). For the [Bodhi]sattvas (*sattvānām*), [the body is] exactly so, [i.e., symmetrical,] [and it is of] four *hasta*s. For human beings, [horizontally, the measurement of the body is] 96 fingers, vertically, [it is] 84 fingers. It is well established that men are, in such a way, not endowed with the characteristics [of the great beings].

It is noteworthy that instead of 120 attested in 172a, 125, which is understood yet unspecified in the root text,[④] is clarified in the VP. This may have become the main

① VP: 122.

② The text is quoted from Dwivedi; Bahulkar 1994; the punctuation has been adjusted according to my understanding.

③ VP: 122.

④ See below section 3.1.

reason for the mishandling of 125 in 172a.[①] There is yet another text which may have been responsible for the divergence. In his *mChog gi dang po'i sangs rgyas las phyungs pa rgyud kyi rgyal po chen po dpal dus kyi 'khor lo'i bsdus pa'i rgyud kyi go sla'i mchan* (henceforth, *Bu rgyud mchan*) Bu ston glossed this as follows:

> *nyi shu 'ga' zhig lhag pa'i brgya phrag gang zhig (ste rtsa lnga) dus dang dgu (ste sor dgu bcu go drug gi) yis mi rnams kyi ni 'jig rten tshad* ||[②]
>
> A hundred and a few more than twenty, (i.e., twenty-five fingers,) and the size of ordinary beings is of the [six] seasons and nine, (i.e., ninety-six fingers.)

Bu ston did not change the root text, nor did he take *'ga' zhig* in the sense of *eka*. He understood *'ga' zhig* in its most oft-used sense, but further supplied a concrete number: – twenty-five – most likely on the basis of the VP.[③] The new Jo nang translation was influenced by Bu ston's criticism of Shong ston lo tsā ba's translation.[④] In this case, his interlinear gloss probably also had an impact.

Briefly, the seemingly vague phrase *nyi shu 'ga' zhig lhag pa'i brgya phrag* in Shong ston's earlier translation of 172a, the concise explanation in the VP, the interlinear gloss in Bu ston's *rGyud mchan*, and finally, the need for an unambiguous support of the superiority of the Kālacakra tradition[⑤] may have contributed collectively to the revision, a revision that strictly speaking is baseless.

The benefit of this revision, from the point of view of the revisers, is only

---

① Even Dwivedi and Bahulkal (1994: 122) take *paṃcaviṃśatyadhikaśatam* as a *pratīka* and set it in boldface.

② *Bu rgyud mchan*: 136v4–5.

③ Bu ston repeats the VP in his *Ye shes le'u'i 'grel bshad dri ma med pa'i 'od kyi mchan* (*Bu Ye le'u mchan*: 124v5–124v7).

④ Stearns 2010: 26; 327, n. 100.

⑤ For a brief discussion of the sociopolitical background of the discrepancy and conflicts between the Kālacakra and Saṃvarodaya traditions, see below, section 3.6 and Conclusion 3.

one: to challenge the number 120 proclaimed in the SUT with a clear-cut 125. The detriments, as we have seen, are quite a few. First, it is philologically unsound as it is not supported by the reading of the root text. Secondly, it is hermeneutically problematic. By substituting 125 for 120, the size of the body of Bodhisattvas, a significant category within the iconometric hierarchy, gets lost. Thirdly, the revision becomes itself a target and fuels further conflicts, as we can see in P. Thus we have gradually moved to the next topic: the divergence and conflict between the Kālacakra tradition and the Saṃvarodaya tradition.

3. How and where did the divergence and conflict between the Kālacakra and Saṃvarodaya traditions arise?

At this point it becomes necessary to clarify our use of the word tradition. On the Indian side, so far we have no textual evidence of any socio-religious conflicts regarding the iconometric disagreement in question; the discrepancy seems to have been purely intellectual. On the Tibetan side, as shown below, the disagreement occurs on both an intellectual and a material level, or rather, it becomes more a matter of sectarian competition than academic exchange. The word tradition is broad enough to cover both cases, but at the same time, it also shows a link between the disagreements on the Indian side as well as the Tibetan. Nevertheless, it should be emphasized that what the Tibetans inherited from the Indian disagreement and the Indian manner of reconciliation was selective.

3.1 Textual evidence for the Kālacakra tradition

The divergence between the Kālacakra and Saṃvarodaya traditions has solely to do with the size of the Buddha's body: 125 fingers according to the Kālacakra tradition, and 120 fingers in the Saṃvarodaya tradition. Since we have demonstrated that 172a actually reads 120 fingers, the conclusion as drawn so far seems to suggest that the two traditions agree with each other; the divergence and conflict regarding the size of the Buddha have simply to do with a misplaced and misleading misunderstanding. But 172a is only a small part, albeit a crucial one, of the full picture of the Kālacakra tradition. To assure a correct understanding of this complicated issue, we need to put 172a back into its original context, LKCT 5.171–173ab. These verses are quoted, as textual evidence for the Kālacakra tradition, in *De gshegs yid nor*:

uṣṇīṣād ūrṇamadhyaṃ bhavati jinapateḥ sārdhasūryāṅgulaṃ tu
tasmāt kaṇṭhābjam evaṃ hṛdayam api tato nābhiguhyābjam evam |
pādādho jānur ūruḥ sphikam api manubhis tattvatattvaiś ca vedair
ardhoraḥ sārdhasūryaiḥ svabhujabhujakarāḥ khākṣirājārkamātraiḥ || 5.171

Lord of Conquerors! From the diadem to the middle of the Ūrṇā hair is of the sun and a half, [i.e., twelve and a half fingers.] Downwards to the neck lotus, exactly the same, [further] to the chest, also [the same,] further to the navel lotus, to the secret lotus, exactly the same. The soles of the feet are of Manu, [i.e., fourteen fingers.] The shanks are of the principles, [i.e., twenty-five fingers,] the thighs are also of the principles, the hips are of the Vedas, [i.e., four fingers.] Half of the breast is of the sun and a half, [i.e., twelve and a half fingers.] The upper arms, the forearms, and the hands, are [respectively] of the sky-eye, the king, and the sun, [i.e., twenty fingers, sixteen fingers, and twelve fingers].

viṃśatyekādhikaṃ yac chatam ṛtunavabhir lokamānaṃ narāṇāṃ
vedaiḥ sārdhaiś caturbhir jaladhijaladhibhiḥ sārdhavedaiś ca vedaiḥ |
uṣṇīṣaṃ mastakādho bhavati jinapateḥ śrīlalāṭaṃ ca nāsā
cibvantaṃ nāsikādho galakam api tataḥ kaṇṭhamūlābjamadhyāt || 5.172

A hundred plus twenty [fingers] [is the size of the body of Bodhisattvas.] For ordinary beings, [the size of the body is,] [horizontally,] of the [six] seasons and nine, [i.e., ninety-six fingers]. [Vertically,] Lord of Conquerors! The measurement of the diadem is of the Vedas, [i.e., four fingers,] the height of the head is of four and a half [fingers,] the auspicious forehead is of the oceans, [i.e., four fingers,] and the nose is of the oceans, from the end of the nose till the lower jaw is of the Vedas and a half, [i.e., four and a half fingers,] the neck, till the middle of the root-lotus of the neck, is of the Vedas, [i.e., four fingers.]

tasmād dhṛnnābhiguhyaṃ bhavati narapate sārdhasūryaiḥ krameṇa
guhyābjaṃ nābhimūle kuliśam api muner ūrdhva uṣṇīṣa eva | 5.173ab

The lord of human beings! From the [neck downward,] in sequence, to the chest, to the navel, to the privates, is of the sun and a half [i.e., twelve and a half fingers]. The secret lotus [lies] in the root of the navel, also, the vajra of the sage is exactly the diadem on the top of [his] head.

Verse 171 provides a sketch of the size of the Buddha's body; the first three *pādas* illustrate the vertical measurements, from the diadem to the soles of the feet, *pāda* d concerns the horizontal measurements, which consist of two symmetrical halves. Thus the main information of the Buddha's image is already complete in this verse, in other words, verse 171 is a semantically self-sufficient unit. The end of 171 is the end of the sketch of the Buddha's image, which is, both vertically and horizontally, 125 fingers, an absolutely perfect model of beauty. The first half of 172a, as discussed above, refers to a different number: 120 fingers, which is the size of the body of a Bodhisattva, the second half of 172a deals with the size of ordinary human beings, which is horizontally 96 fingers, vertically, 84 fingers. The remaining three *pādas* of 172 supplement the iconometric details of the facial portion of a Buddha's image. The first *pāda* of 5.173 repeats the measurements of the upper part of the Buddha's body, but the concern has shifted from the pure iconometric domain to the mystical sphere.①

① We will not elaborate on 5.173bcd, which are more concerned with the mystical cultivation of *yogins* and *yoginīs*. Further explanation is also avoided by Tāranātha, who even leaves out 173b in his *bDe skyid 'byung gnas*.

The synoptic structure of these verses, as shown above, is transparent: three kinds of measurements for three kinds of beings on different spiritual levels, in descending sequence – the Buddha, Bodhisattvas, and ordinary beings.

We have shown that the number 125 is a baseless revision that entered the new Jo nang translation of 172a. This could have only happened if the synoptic structure of 5.171−173ab was understood differently than above. Tāranātha's *rGyal ba'i sku gzugs kyi cha tshad bstan pa bde skyid 'byung gnas* (henceforth, *bDe skyid 'byung gnas*) quotes and expounds on 5.171−173a; he follows, unsurprisingly, the new Jo nang translation of 172a, and also follows, presumably, the revisers' interpretation of the synoptic structure.[1] For Tāranātha, the description of the size of the Buddha's body continues from the beginning of 5.171 to the first half of 172a. The number 125 that appears in the new Jo nang translation is taken as the total sum of all the figures given one by one in 5.171, of the length and breadth of the limbs and trunk of the Buddha. Tāranātha's detailed interpretation, uncritical though it is, is helpful for getting a better insight into the revisers' intention when introducing the extra five fingers in 172a.

3.2 Textual evidence for the Saṃvarodaya tradition

In iconometric treatises, the thirtieth chapter, *Citrādirūpalakṣaṇanirdeśapaṭala* of the SUT is taken as the source of the Saṃvarodaya tradition. Three *pāda*s from this chapter are most relevant to our investigation.

mukha<ṃ> dvādaśabhāgaṃ tu 30.3a[2]

As for "face (*mukha*)," [which is one-tenth of an image,] it consists of twelve portions.

---

① *bDe skyid 'byung gnas*: 477–478.

② Cicuzza 2001: 217.

This is a definition of the unit face, an image has ten faces, and further, 120 portions, i.e., 120 fingers.

> *dvādaśatālakrāntasya devatārūpacitritam* || 30.8cd[①]
>
> To draw the image of a deity, the size is of ten faces [each of which contains] twelve [fingers].

This is a description of the size of a deity's image. A *tāla* is synonymous with face as defined in 30.3a. The discrepancy between the Kālacakra and Saṃvarodaya traditions is clear: in the SUT, 120 fingers seem to be a universally applicable criterion for images of the deities, the Buddha included.

So far it has been verified that a divergence, at least a literal one, does exist between these two traditions. Our observation is corroborated by Tāranātha.[②] This, however, leaves us with two unresolved puzzles: Why are 120 fingers universally defined in the Saṃvarodaya tradition as the size of any deity? And why are 125 fingers preferred to 120 fingers for Buddha images in the Kālacakra tradition?

3.3 Why are 120 fingers universally defined in the Saṃvarodaya tradition as the size of any deity?

Ratnarakṣita's (ca. 1150–1250) explanation of the second half of verse 10 of the thirtieth chapter of the SUT supplies an answer to our question:

> *gambhīro vajradevasya dvādaśa tālalakṣaṇam* || 30.10cd[③]
>
> The twelve [fingers], the characteristic of *tāla*, of the Vajra deity, are profound.

① Cicuzza 2001: 219.

② *bDe skyid 'byung gnas*: 472.

③ Cicuzza 2001: 219.

The profundity of "twelve *tāla*s" is explained by Ratnarakṣita in his *Padminī*:[①]

> *dvādaśa tālalakṣaṇam iti*[②] *dvādaśa bhāgās tālasya lakṣaṇam iti pūrvakam evārtham upasaṃharati yad vāsanāntāj jaṭāntaṃ dvādaśatālaṃ bhagavallakṣaṇam gambhīraṃ*[③] *dvādaśabhūmiviśuddhyā* |[④]
>
> "Twelve [fingers], the characteristic of *tāla*" is to summarize the content presented above: the twelve portions are the characteristic of *tāla*. Alternatively, the twelve *tālas* form the basis of the seat to the diadem; the characteristic of the Reverend One, is profound, [this is] due to the purification of the twelve *bhūmis*.

As this shows, there is an alternative way to read the couplet: *gambhīro vajradevasya dvādaśatālalakṣaṇam*, namely: "The characteristic of the Vajra deity, i.e., twelve *tālas*, is profound." In the latter case, the number twelve is significant in that it symbolizes the accomplishment of the purification in the twelve *bhūmis*. This, probably, is also applicable in the former case. Furthermore, though neither mentioned nor indicated in the *Padminī*, ten faces, each consisting of twelve fingers, could also suggest a fine blend of the twelve *bhūmis* proclaimed in esoteric scriptures with its alternative in exoteric teachings, the ten *bhūmis*.

---

① So far we are aware of two commentaries on the SUT: Ratnarakṣita's *Padminī* and the *Sadāmnāyānusāriṇī* by an anonymous exegete. The latter is an "abridgement" of the *Padminī*; see Kuranishi 2012: 149. Until now there is no critical edition of chapter 30 of the *Padminī*. I have tentatively edited the related passages on the basis of two manuscripts: Baroda No. 78 and Takaoka CA17. There are altogether five manuscripts of the *Padminī*, see Tanemura; Kano; Kuranishi 2014: 167–168. The quotations from the *Padminī* are from my own unpublished draft.

② *dvādaśa tālalakṣaṇam iti* Takaoka: missing in Baroda.

③ *gambhīraṃ* Takaoka: *gambhiraṃ* Baroda.

④ Baroda 81r7, Takaoka 44r3.

3.4 Why are 125 fingers preferred to 120 fingers for Buddha images in the Kālacakra tradition?

There seem to be two reasons: first, doctrinally, the extra five fingers are a sign of the Buddha's spiritual superiority over all other beings; secondly, the number 125 seems to be metaphysically significant for the Kālacakra cosmology.①

A passage in sMan bla's *Yid bzhin nor bu* is relevant for the first aspect:

> *de gnyis kyi bar byang sems gzhan la yod par gsungs pa cung zad zhib tu sbyar na | so skye tha mal pa'i las rlung stong brgyad brgya ba phrag gcig 'gags pa na las rlung 'gags rim gyi ye shes kyi rlung rgyas pas | sor kyi cha shas 'phel bar gsungs pas | sa dang po thob nas sor brgya dang brgyad | de nas brgyad po re re la sor gnyis gnyis 'phel te | brgya nyi shu rtsa bzhi | bcu gcig pa dang bcu gnyis pa sor gcig 'phel pas brgya nyer lngar gsal lo ||*②

> It is well known that there are other Bodhisattvas between these two; to elaborate: it is taught that with the stoppage of the 8,100 karmic winds of an ordinary being, the wisdom-winds gradually increase, thus, when reaching the first *bhūmi*, the height of the Bodhisattva becomes 108 fingers, on each of the following eight *bhūmis*, two fingers are to be added, till 124 fingers, on the last two *bhūmis*, only one finger is added, and the height [of the Bodhisattva] becomes 125 fingers.

Similar to the description in the *Padminī*, the size of the Buddha's body is associated with spiritual cultivation.③ But the *Padminī* does not assign the twelve *bhūmis* to the

① This probably also has to do with the liturgical practices in the Kālacakra system. We refrain from further discussion here however due to the prematurity of our investigations in this direction.

② Zhol 6b2–6b3.

③ On this matter, see Wallace 2001: 80.

ten *tālas*; it simply says that the twelve parts of the *tāla* represent the purification of the twelve *bhūmis*; while a connection is established, it is rather loose. The above explanation is much more advanced: the last seventeen fingers[①] are allotted to the twelve *bhūmis*, with an uneven progress mapped out in detail. The correspondence is quite clear and it is convincing.

This passage finds a literal parallel in sTag tshang Lo tsā ba Shes rab rin chen's (1405–1477, henceforth, sTag Lo) *rTen gsum bzhugs gnas dang bcas pa'i sgrub tshul dpal 'byor rgya mtsho* (henceforth, *dPal 'byor rgya mtsho*) and his *rTen gsum bzhengs tshul dpal 'byor rgya mtsho las sku'i phyag tshad kyi skabs zur du phyung ba* (henceforth, *Phyag tshad zur phyung*), the second containing extracts of the first.[②] Most likely, sMan bla borrowed the above passage from sTag Lo and further corrected the original text.[③]

The second reason why 125 fingers are set as both the height and the width of the Buddha's body may be related to the cosmology laid out in the Kālacakra system, as suggested by Phyogs las rnam rgyal's interlinear annotations (*mchan bu*) of LKCT 5.172:

> *(de ltar dpangs dang rgya) thams cad du nyi shu rtsa lnga lhag pa'i brgya phrag gcig (sangs rgyas nyid kyi khru lnga lnga) ni (sku'i kho lag yangs shing bzang zhes pa) sku'i tshad de (shing nya*[④] *gro dha ltar chu zheng*[⑤] *gab pas) gru bzhi'o ('dir sangs rgyas kyi khru ni gru mo'i tshigs nas sor mo'i gung mo'i rtse mo'i bar la mi bya ste | de la sangs rgyas kyi sor sum cu yod la sangs rgyas kyi khru la ni sor nyer lnga las med pas so || de'ang gang las shes na sangs rgyas kyi khru bzhi dang 'jig rten khams kyi dpag tshad 'bum phrag bzhi dag*

① It is noteworthy that the *Yogācārabhūmi* teaches seventeen *bhūmi*s.

② dPal 'byor rgya mtsho: 354, Phyag tshad zur phyung: 304.

③ Further analysis, though needed, is beyond the scope of this article. A similar case is mentioned by Tāranātha; see *bDe skyid 'byung gnas*: 475.

④ The edition reads *ne*.

⑤ The edition reads *zhing*.

*par sbyar zhing sangs rgyas kyi sor phyed dang 'jig rten gyi khams kyi dpag tshad stong phrag gnyis dag pa sbyar ba 'og nas 'byung zhing de sangs rgyas kyi khru la sor nyer lngar byas pa dang 'grig pa'i phyir ro) || (rgya'i tshad) de nyid sems can rnams kyis ni khru bzhi ste mi rnams kyi sor dgu bcu rtsa drug go | steng dang 'og du ni (sor mo) brgyad cu rtsa bzhi ste de ltar mi rnams ni (chu zheng*① *gab pa med cing) mtshan nyid dang mi ldan pa'o zhes grub bo* ||②

(Thus the height and the width) in every case, twenty-five above a hundred [fingers,] (i.e., the Buddha as precisely five *khrus* both vertically and horizontally,) (a grand and well-built body size,) are the measurements of the body, (resembling the well-proportioned Nyagrodha tree,) and it is symmetrical (*gru bzhi*, *caturasra*). (Here,③ the *khru* of the Buddha is not to be defined as the distance from the elbow to the very tip of the middle finger, because, in such a case, one *khru* of the Buddha would become thirty [fingers],④ yet the *khru* of the Buddha cannot be anything other than twenty-five [fingers.] Besides, as to be seen below, four *khrus* of the Buddha can be added correctly to the four hundred thousand *yojanas* of the world, and half a *khru* of the Buddha can be added correctly to the two thousand *yojanas* of the world, [and] in those cases, it is appropriate to define the *khru* of the Buddha as twenty-five fingers). (As for the horizontal measurement,) the same is for the beings, i.e., four *khrus*; for human beings, ninety-six fingers, and vertically, eighty-four fingers, thus it is established that human beings, (being not well proportioned,) are not endowed with auspicious marks.

---

① The edition reads *zhing*.

② *Jo Dri med mchan*: 407.

③ The interlinear gloss seems to be misplaced; the words in question are *gru bzhi*/*caturasram*, but the gloss deals with k*hru bzhi*/*caturhastam*.

④ Sixteen fingers for the forearm, twelve fingers for the hand, one finger for the elbow, and one for the wrist.

The above passage establishes a mystical correspondence between the Buddha's body and the outside world. If, as claimed by Phyogs las rnam rgyal, this requires a *khru* to be twenty-five fingers, it becomes unavoidable that the Buddha's body be 125 fingers, both vertically and horizontally.

We need a digression here, since in Zhang zhong Chos dbang grags pa's (1404–1469/1471) *Dus 'khor Ṭīkā chen las ye shes le'u'i ṭīkā zhang zhung chos dbang grags pas mdzad pa mdo bsdus gsum pa man chad* we find a remark targeted at Phyogs las rnam rgyal's definition of *hasta*:

> *'dir kha cig (phyogs stag) sangs rgyas kyi khru ni gru mo'i tshigs nas gung mo'i rtse mo'i bar la mi bya ste | de la sor sum cu yod la sangs rgyas kyi khru sor nyer lnga'i sor pyed dang 'jig rten gyi khams dpag tshad stong phrag gnyis sbyar te sgrig dgos pas so zhes zer to || lus tshad nges pa med pa'i mi phal ba la mdo rtsa las kyang khru lus kyi bdun cha gnyis su gsungs shing de dang a ma ra ko sha sogs kyang khru tshad mi 'dra yang gru mo'i tshigs nas gung rtse bar la sor sum cu 'jog pa ji ltar yin smra dgos so* ||①

> As regards this, some (Phyogs las rnam rgyal and sTag tshang Lo tsā ba Shes rab rin chen) assert that the Buddha's *hasta* should not be defined as the distance from the elbow joint to the tip of the middle finger, because the Buddha's hasta is just 25 fingers and it should be conducive to the [cosmological] connection to the two thousand *yojanas* of the world. In the case of a human being, whose body size is flexible, two-sevenths of the body measurements are defined as a *hasta* in the *Vinayasūtra*, although that differs from the *hasta* as defined in the *Amarakośa*, etc., [thus] it is to be asserted that a *hasta* is the thirty fingers from the elbow joint to the tip of the middle finger.

① *mKhas grub dGe legs dpal bzang gi gsum 'bum* vol. Tha, 149v6–150r2.

Zhang zhong Chos dbang grags pa contends that different definitions of *hasta/khru* are allowable. To support this, he appeals to the *Vinayasūtra*, one of the Five Major Treatises of the dGe lugs pas, and the *Amarakośa*. The intention of Phyogs las rnam rgyal is to standardize the definition of *hasta*, and he has good reason to do so. If one *hasta* is defined as thirty fingers, four *hastas* would lead to 120 fingers. This is, however, the number that has been removed and replaced by 125 in the new Jo nang translation of LKCT. Zhang zhong Chos dbang grags pa's disagreement with Phyogs las rnam rgyal is probably the first open confrontation on an intellectual level between the Jo nang and dGe lugs regarding Buddhist iconometry.

3.5 Theoretical reconciliation between the Kālacakra and the Saṃvarodaya traditions in Indian materials

De gshegs yid nor takes both the LKCT and the SUT as authoritative sources. How it defines the two traditions and arranges their teachings is remarkable. Chapter 4, "Establishment of the correct method by resorting to the authoritative sūtric and tantric texts" (*mDo rgyud kyi gzhung lugs chen po rnams kyi lung drangs te tshad ldan kyi lugs dgod pa*) begins as follows:

> *bzhi pa la gtsug tor dang bcas pa la sor brgya nyer lnga pa'i phyogs dus kyi 'khor lo'i lugs dang | sor brgya nyi shu pa sdom pa 'byung ba rtsa 'grel gyi lugs dgod pa'o ||*
>
> The fourth chapter establishes the Kālacakra tradition, which claims, including the diadem, 125 fingers, and the tradition of the Saṃvarodaya root text and its commentary, which claims 120 fingers.

It is noteworthy that not only the SUT but also the commentary on the SUT are deemed as the textual basis of the Saṃvarodaya tradition. To include the commentarial literature of the SUT is a significant step, it opens the path to reaching a compromise between the two traditions. sMan bla continues his text by quoting LKCT 5.171–173ab and offering a very short interpretation. In contrast to the brevity of the account of the Kālacakra tradition, sMan bla's narrative of the Saṃvarodaya tradition is quite lavish. It starts with an explanation of the size applicable to all (*spyi 'gro'i tshad bshad pa*), then shifts to a multilayered and detailed description of various measurements of different beings (*bye brag gi tshad bshad pa*). The universally applicable size is 120 fingers, which is literally given in the verses of the SUT. The first and foremost among the various size is 125 fingers, that of the *nirmāṇakāya* and *sambhogakāya* of the Buddha. The textual supports for 125 fingers are mainly prose interpretation from an unnamed commentary on the SUT. For example, when describing the size of the supreme *nirmāṇakāya* of the Buddha, sMan bla writes:

> *dang po ni | de bzhin gshegs pa la ni zhal re re la sor phyed re bsnan par bzhed de | 'grel par |*
>
> *bcom ldan 'das kyi ni | sangs rgyas kyi gzi brjid kyis | phyed dang bcas pa'i sor bcu gnyis pa'i zhal bya'o ||*
>
> *zhes so ||*[①]
>
> As for the first [subject, i.e., to describe the measurement of the supreme *nirmāṇakāya* of the Buddha], it is accepted that in the case of Tathāgata, half a finger is added to each face, as taught in the commentary: as for the Reverend One, because of the splendor of the Buddha, a face should be defined as twelve and a half fingers.

① Zhol 9r4–9r5.

The quotation differs from the relevant passage in the *Padminī*, moreover, it does not make the point as clear as the explanation of SUT 30.3a in the *Padminī*:

> *bhagavatas tu buddharūpatvāt sārdhadvādaśabhāgamukhaṃ kartavyam iti pratimālakṣaṇādyukter*[①] *jñeyam | dvādaśabhāgaṃ iti tu buddhād anyatra sarvasādhāraṇatayoktam |*[②]
>
> It should be known that according to the teaching in the *Pratimālakṣaṇa*, etc., for the Reverend One, a face should be twelve and a half portions, because the Reverend One is an embodiment of the Buddha. "Of twelve portions", however, is defined as applicable to all cases other than the Buddha.

When defining the unit of measurement, we are informed that the Buddha is an exceptional case, because the Buddha is perfect in all aspects. The Buddha's perfectness crystallizes in his superior body measurements. He is taller than any other being to whom a common criterion in the sense of ordinary, is applied. Moreover, Ratnarakṣita mentions the source of his explanation, the PL, which dates back to tenth century.[③] At least one Tibetan translation of the PL was in circulation[④] before Ratnarakṣita's sojourn in Nepal and possibly also in Tibet.[⑤] The reference to this particular scripture at this point makes Ratnarakṣita's explanation seem to be targeting something specific. Did he have a conflict in mind that he considered

---

① This is the reading in the Takaoka manuscript (22v2), and it is supported by the Tibetan translation: *sku gzugs kyi mtshan nyid la sogs pa gsungs pa*. The reading in the Baroda manuscript (80r7–8) is *pratimālakṣaṇadyuter*, which, presumably and interestingly, refers to a treatise entitled *Pratimālakṣaṇadyuti*.

② Baroda 80r5, Takaoka 43v1.

③ Willemen 2006: 12.

④ Tucci (1949: 292) identified four versions of the PL; this was later questioned by Willemen (2006: 13, 24, n. 33).

⑤ Kuranishi 2016: 50–51.

potentially harmful, one that needed to be reconciled? And if this is the case, where was that conflict actually occurring? In Nepal, in Tibet, or in Vikramaśīla? Unanswerable though these puzzles are due to the scantiness of the information available today, there can be no doubt that Ratnarakṣita's reconciliatory approach, which is simple, yet effective, found its way into sMan bla's *De gshegs yid nor*.

Is such a tactic also found in the Kālacakra corpus? Yes. More accurately, the system which is later than that in the SUT, successfully incorporates the 120 fingers as laid out in the SUT, but further developed the privileged 125 fingers for the Buddha in support of the cosmology in the LKCT. While the SUT was self-sufficient, retrospectively it became incomplete; this incompleteness was addressed and resolved in its commentarial literature.

Paradoxically, we can also answer the above question negatively, since what has been incorporated has become part of the new system and is no longer subject to the *śabda* reconciliation. And yet, incorporation should not be, and is not, the only hermeneutic approach to deal with the inconsistencies among the different texts. There is one principle in the Kālacakra corpus: one *tantra* is to be interpreted in light of another tantra (*tantraṃ tantrāntareṇa bodhavyam*), which legitimates and ensures the interpretation of important tantric works from the perspective of the Kālacakra corpus.①

Each of the two traditions has its own way to create a harmony between the figures 125 and 120. The LKCT does this by assimilating the later into a system culminating in the former, through the extensive interpretations in its commentarial literature, the SUT achieves the same goal. The drama departure and reunion was purely Indian, and it was accomplished the first time when the LKCT was introduced, and worked out a second time, at the latest, when the *Padminī* was written.

Normally, we expect that the Tibetans not only inherited texts from their

---

① Sferra 2005: 262.

Indian predecessors, but also the inconsistencies therein, as well as the hermeneutic approaches to repair these inconsistencies. Yet this does not seem to be the case here. If the disagreement was already settled in India, why was 172a removed from P seven hundred years later in Peking?

3.6 Divergences and Conflicts reflected in Tibetan materials

To illustrate the disagreement we will draw materials from treatises by three authors–sMan bla, Tāranātha, and 'Ju Mi pham 'Jam dbyangs rnam rgyal rgya mtsho (1846–1912, henceforth, Mi pham). We shall progress in chronological sequence and discuss a few passages, most of them from *De gshegs yid nor* and Tāranātha's *bDe skyid 'byung gnas*. Tangentially, we shall present information gathered from Mi pham's *sKu gzugs kyi thig rtsa rab gsal nyi ma* (henceforth, *Nyi ma*). Since it is far beyond the scope of this paper to examine the huge amount of literature that has been produced on this topic over the centuries, this section simply aims to sketch the general tendencies. In other words, we shall attempt to simplify the complicated situation by hammering out a few palpable hypotheses, which need either to be confirmed, improved, or rejected through further exploration.

The second chapter of *De gshegs yid nor* refutes incorrect approaches in iconographic practices. It is interesting to see that sMan bla points out the imperfection in one Indian text and sets, as the ultimate authority, another Indian text. The Indian text being subjected to question is the PL. In fact, four of the six wrong positions listed by sMan bla are from the PL, which, according to sMan bla, is held among the Three Scriptures and One Exegesis by those Tibetans whose knowledge of iconometry is poor. The authoritative Indian text mentioned is the LKCT, which, together with the SUT, is the subject of the fourth chapter of *De gshegs yid nor*. SMan bla's criticism extends to other related Indian texts.[①] He also targets Tibetans whom he considers to bear wrong views, thus, "the dull-witted

① Zhol 5v1–5v6.

Tibetan (*bod blun po zhig*)" ① who took notes (of Indian teachings?) and misled others. In another case, "most of the present craftsmen renowned for their erudition (*da ltar gyi mkhas par grags pa'i bzo bo phal che ba dag*)", who apply the body measurement of 108 fingers indistinctively to almost all beings, probably, also refers to Tibetans. The summary of his criticism of the incorrect views is informative:

> *dus 'khor nas brgya nyer lnga pa dang | sdom 'byung nas brgya nyi shu par gsungs pa rnams rang gar 'jug pa dgag ba'i drang don du 'dod pa dag gis ni tshul dang mthun pa rnams khong du ma chud pas nongs sor || des na tshad gzhung gi khungs dang mi mthun pa rnams la dgag pa cung zad tsam byas pa la kha na ma tho ba ci yang med par sems so ||*②

> Because those who take the teaching of 125 fingers in the Kālacakra tradition and that of 120 fingers in the Cakrasaṃvarodaya tradition as alternatives [and consequently] provisional views to be refuted do not understand the correct views properly, they are wrong. Thus I consider it is not even a small fault to refute the views that contradict the sources of iconometric treatises, [i.e., the *Kālacakratantra* and the *Cakrasaṃvarodayatantra*].

The way sMan bla records how the opponent defines the two traditions is very remarkable. The opponent borrows the pair of concepts – *drang don/neyārtha* and *nges don/nītārtha*, which in the history of Buddhist philosophy have been used by different thinkers and schools to assimilate other doctrinal systems and claim the superiority of their own. The teachings that can be taken literally have a definitive meaning, those which need further interpretation have a provisional meaning. A definitive teaching is appropriate only for advanced or selected audiences and it overrules provisional

① Zhol 6r5.

② Zhol 6v6–7r2.

teachings. For the opponent, the Buddha's body size as taught in the LKCT and the SUT is provisional, because it is flexible–can be either 125 or 120. For sMan bla, the teachings in the two scriptures are definitive and to be followed, and those who take them as being provisional are overly self-assured and absolutely wrong.

Tāranātha, similar to sMan bla, takes both traditions as authoritative, but in different ways. While sMan bla presents the Kālacakra tradition first, Tāranātha mentions the Saṃvarodaya tradition first. Further textual investigations are needed to determine whether sMan bla was the first in the history of Tibetan iconometry to hold the LKCT as the highest authority, in contrast to the slightly secondary yet equally supportive role of the SUT, which, while literally different from the former, is nonetheless hermeneutically reconcilable with it.① There is another remarkable common feature shared by Tāranātha and sMan bla: both rely on reasoning instead of proclaiming to have determined the value of a particular teaching. They criticize not only Tibetans but also Indian predecessors whom they deem mistake these iconometric issues. As has been shown above, sMan bla questions the descriptions in the PL and other Indian texts. Tāranātha's criticism is more targeted and precise. He enumerates ten cases where he disagrees with Ratnarakṣita's interpretation in the *Padminī*.② Tāranātha does not accept Ratnarakṣita's position, not because he considers Ratnarakṣita to have been incompetent, but because he assumes that the interpretations in the *Padminī* were distorted by the practice that was in vogue when it was written.

Nonetheless, it seems that Tāranātha is not always in line with sMan bla. In sharp contrast to sMan bla's basically critical attitude toward the Three Scriptures and One Exegesis, Tāranātha fully embraces them.③ Tāranātha's eclecticism seems to be soundly supported, and it is admirably courageous. For him, the difference between the Kālacakra tradition and the Saṃvarodaya tradition, as has been shown

① Bu ston's related works might be a good starting point; cf. Jackson 1996: 114.

② A detailed study of these cases will be presented in Luo *forthcoming*.

③ *bDe skyid 'byung gnas*: 478–479.

above, is reconcilable, and the difference between them and the tradition in the Three Scriptures and One Exegesis is trivial and can be ignored. Not only that, as long as the different practices and different views are doctrinally justifiable, practically effectual, and soteriologically effective, they will be deemed as having been legitimated by the Buddha, no matter where and by whom they are introduced and transmitted.

To summarize our observations regarding the discrepancy and conflicts between the Tibetan materials, we quote the beginning portion of the first sentence in Mi pham's *Nyi ma*, which reads as follows:

> *de yang dus 'khor dang sdom 'byung dang shā ri'i bus zhus pa sogs bka' dang | de'i dgongs 'grel bstan bcos du ma rnams kyis legs par bshad pa bzhin sku gzugs kyi cha tshad la ...*[①]
>
> Now, as for the size of the images, according to such scriptures as the *Kālacakratantra*, the *Saṃvarodayatantra*, and the *Śāriputraparipṛcchā*, and what has been well illustrated in their commentarial literature ...

On the one hand, we see that Mi pham, as sMan bla did in *De gshegs yid nor*, held the LKCT to be the first and foremost authoritative treatise on iconometry. In this case, he seems to distance himself from Tāranātha, who, in bDe skyid 'byung gnas, presented the SUT first and treated it in much more detail than the LKCT. On the other hand, we observe that Mi pham seems to be indebted to Tāranātha's *bDe skyi 'byung gnas* when he upgraded the PL to the same level as the two tantric scriptures, the principal textual sources in later iconometric treatises. Against the background we have reconstructed in this section so far, the half sentence written by Mi pham seems to give us, however small, a handle to help draw a hypothetical sketch of what took place from the fourteenth to nineteenth century in the history of Tibetan iconometry.

① *Nyi ma*: 2.

4. Conclusions

The three questions raised at the beginning have now been answered. Some are more or less certain, others are more hypothetical than conclusive. To recapitulate:

1. There are two versions of *Yid bzhin nor bu*: *bDe gshegs yid nor*, a largely versified text more apt to have been intended as a manual for craftsmen, and *De gshegs yid nor*, a revised and developed version of *bDe gshegs yid nor*, which is more concerned with theoretical issues. sMan bla, 'Phreng kha ba, the Fifth Dalai Lama, and, possibly, other obscure figures seem to have contributed in their own way to the significant changes found in the texts, among which the quotation of LKCT 5.171–173ab was the starting point of our exploration.

2. 172a as attested in *De gshegs yid nor* may have been quoted from the new Jo nang translation of the LKCT. The new translation, with the reading of 125 fingers, however, is philologically insupportable and hermeneutically inconsistent. The only justification of this revision is found in the VP, which, due to its conciseness on this point, may have been misinterpreted.

3. We further assume, and this is our main observation concerning the discrepancy and conflict between the Kālacakra and Saṃvarodaya traditions, that the disagreement between these two traditions in Tibet may have been originated from the new Jo nang translation of 172a, much in the same way as the *gzhan stong* versus *rang stong* controversy was motivated by the new religious term (*chos skad*) of *gzhan stong*. Zhang zhong Chos dbang grags pa's refutation of Phyogs las rnam rgyal's definition of *hasta* is perhaps only the tip of the iceberg.

The LKCT, as the last and most encyclopedic tantric scripture, had already incorporated and digested the different views regarding the body measurements of different beings. At the same time, the SUT, though literally lacking the category of

125 fingers, was later reinterpreted and made complete in its commentarial literature. In essence, it is an older scripture's self-adjustment to a more comprehensive and consequently more competitive teaching in a younger one. Moreover, the successful reconciliation of the textual disagreement took place in India before the old Tibetan translation of the PL was produced by Atiśa (ca. 982–1054) and rMa dGe ba'i blo gros (?–1089?). It is thus out of the question that the Tibetans could have directly inherited this dispute from their Indian predecessors: the PL was not aware of such a dispute.

In Tibet, theoretically, only the incorrect assertion that the LKCT teaches only 125 fingers as the body size of the Buddha while the SUT gives 120 fingers would have given rise to a serious dispute. But who would have made such an assertion? Possibly, those "audacious Tibetans" collectively addressed but unnamed by sMan bla. Yet, are sMan bla and, by extension, Tāranātha fully justified in how they argue for a compromise between the LKCT and SUT?

SMan bla quotes the Jo nang version of 172a, and so does Tāranātha. Both accept that 125 fingers is the sole teaching in the LKCT, while 120 fingers, that in the SUT, and both refuse to acknowledge the commentarial literature of the SUT, which had tried to achieve a compromise by adopting an extensive interpretation of the SUT.① Thus both drew a clear line between these two scriptures, for them, there is no contradiction at all between these two scriptures, one can chose to follow one or another, and there is no need for a compromise.

Yet, both share a defect: neither question the missing link of 120 fingers in the Tibetan translation of the LKCT, and both avoid discussing this lack, for which the baseless new version of 172a is responsible. Whether or not the flaw in sMan bla and Tāranātha's works had been addressed academically in the past is currently

① 'Brug-chen Padma-dkar-po (1526–1592) has warned his readers of the tendency to take the SUT at face value, cf. Jackson; Jackson 1984: 145. Peterson (1980: 242) also recorded another similar view regarding the interpretation of the SUT.

unknown to us, but it is clear that the dispute reopened in Tibet did not stop at the intellectual sphere, it went on to the material world. On the one hand, the defacement of the Peking par ma showcases a textual divergence, but, more importantly, the vehemence of the act betrays a real conflict in the real world. The conflict in the iconometric field between the numbers 125 and 120 is presumably also tangled up with the sectarian confrontation between the Jo nang and dGe lugs sects. We know that the Peking *par ma* was under the supervision of dGe lugs luminaries, and we know that Cakrasaṃvara is one of the three principle chosen deities in the dGe lugs tradition. Kālacakra, though accepted in the dGe lugs tradition from its beginning, is not among them.

Parenthetically, sDe srid Sangs rgyas rgya mtsho's (1653–1705, henceforth, sDe srid) compromise that the size of 125 fingers is applicable to sculpted images while 120 fingers is for painted images is barely defensible. The medium of a deity's images is irrelevant to its size, as sMan bla asserted.① sDe srid's compromise took place in the overall context of the dGe lugs sect's search for political and cultural dominance in Tibet, which foreshadows the suppression of the Jo nang pas. At the same time, it also took place in the specific context of the Fifth Dalai Lama, sDe srid's guru, acknowledging the new Jo nang translation of the LKCT. The predicament faced by sDe srid was not whether or not to find a compromise, but how to find one that did not openly contradict his guru's choice while nonetheless keeping a safe distance from the Jo nang teachings. His solution was to introduce a new parameter serving to neutralize the status of 125. The 125-category is conditionally accepted since it was accepted by his master, but it is also tacitly rejected because its earlier broader application has been partially disabled. SDe srid's reconciliation is thus more diplomatic than academic.②

① *bDe gshegs yid nor*: 34v2–35r2.

② sDe srid's reconciliation was criticized by Zhu chen Tshul khrims rin chen (1697–1769); see Jackson 1984: 144–146.

It is true that our above assumptions presuppose that no treatise dated before the new Jo nang translation of the LKCT concerned itself with this dispute. This, however, remains to be tested.

4. A few words on sMan bla, Tāranātha and Mi pham, and their works on iconometry: In *De gshegs yid nor*, a number of different views, views held in both India and Tibet, and practices, certainly from Tibet and probably also from India, are presented and evaluated. sMan bla seems to be a critical thinker; nonetheless, we are not in a position to judge how independently he authored this iconometric treatise. What is currently certain is that he was intellectually indebted to two scholars from the Sa skya school: There are literal parallels between *De gshegs yid nor* and sTag Lo's dPal 'byor rgya mtsho. And Tsha ba rong pa bSod nams 'od zer's (fl. the second half of the 1200s) *rTen gsum bzhugs gnas dang bcas pa'i bzheng tshul yon tan 'byung gnas* is named and quoted in *bDe gshegs yid nor.*① In Tāranātha's works, *bDe skyid 'byung gnas*, for instance, we see a deep interest in Sanskrit literature and a marvelous mastery over the lingua franca; in the case of Mi pham, in contrast, such inspiration has declined and the shift of emphasis from theoretical concerns to more practical issues can clearly be felt.

Finally, it would be of great interest as well as definite significance to record and contextualize the disagreements in the development of Buddhist iconometry. A history of Buddhist iconometry structured on these fors and againsts would surely be a remarkable advancement as well as a great help for drawing a more complete and vivid picture of the field.②

That is enough for our philological proliferation. It is time now to clear the way for professional painters, devoted practitioners, and, last but not least, for our art

---

① Cüppers et al. 2012: 5.

② So far, it seems, Appendix A of Jackson 1984 remains the sole source dealing specifically with the controversies in iconometry.

historian colleagues.

Abbreviations

Bu rGyud mchan: Bu ston Rin chen grub's *mChog gi dang po'i sangs rgyas las phyungs pa rgyud kyi rgyal po chen po dpal dus kyi 'khor lo'i bsdus pa'i rgyud kyi go sla'i mchan*; W1934–0734–eBook 1–150r2

Bu Ye le'u mchan: Bu ston Rin chen grub's *Ye shes le'u'i 'grel bshad dri ma med pa'i 'od kyi mchan*; W1934–0736–eBook 1–147v3

bDe skyid 'byung gnas: Tāranātha's *rGyal ba'i sku gzugs kyi cha tshad bstan pa bde skyid 'byung gnas*; Tāranātha 2008 467–500

bDe gshegs yid nor: sMan bla don grub's *bDe bar gshegs pa'i sku gzugs kyi tshad kyi rab tu byed pa yid bzhin nor bu*; TBRC W24041–3652–1–126

De gshegs yid nor: sMan bla don grub's *De bzhin gshegs pa'i sku gzugs kyi tshad kyi rim pa'i don gsal bar byed pa'i gzhung lugs yid bzhin gyi nor bu*; TBRC W19727–I1KG10541–1–62–any

Gangtok: The xylographic edition of *bDe gshegs yid nor* published in Gangtok in 1983; TBRC W24041–3652–1–126

Gos bzang: rGyal dbang lnga pa Ngag dbang Blo bzang rgya mtsho's *Za hor gyi bande ngag dbang blo bzang rgya mtsho'i 'di snang 'khrul pa'i rol rtsed rtogs brjod kyi tshul du bkod pa dukūla'i gos bzang*; rGyal dbang lnga pa Blo bzang rgya mtsho & sDe srid Sangs rgyas rgya mtsho 2013

Jo Dri med mchan: Jo nang Phyogs las rnam rgyal's *bsDus pa'i rgyud kyi rgyal po dus kyi 'khor lo'i rgyas 'grel rtsa ba'i rgyud kyi rjes su 'jug pa stong phrag bcu gnyis pa dri ma med pa'i 'od*; Phyogs las rnam rgyal 2008b

Jo rGyud mchan: Jo nang Phyogs las rnam rgyal's *Jo nang Phyogs las rnam rgyal gyis mchan gyis gsal bar mdzad pa'i bsDus pa'i rgyud kyi rgyal po dpal dus kyi 'khor lo*; Phyogs las rnam rgyal 2008a

LKCT: The *Laghukālacakratantra*; Banerjee 1985, Vira; Chandra 1966

Negi: Tibetan-Sanskrit Dictionary, Negi 1993–2005

Nyi ma: 'Ju Mi pham 'Jam dbyangs rnam rgyal rgya mtsho's *sKu gzugs kyi thig rtsa rab gsal nyi ma*; 'Ju Mi pham 'Jam dbyangs rnam rgyal rgya mtsho 2011

om.: omitted in

PL: The *Pratimālakṣaṇa*; Sakaki 1918

dPal 'byor rgya mtsho: sTag tshang Lo tsā ba Shes rab rin chen's *rTen gsum bzhugs gnas dang bcas pa'i sgrub tshul dpal 'byor rgya mtsho*; Shes rab rin chen 2007b

Phyag tshad zur phyung: sTag tshang Lo tsā ba Shes rab rin chen's *rTen gsum bzhengs tshul dpal 'byor rgya mtsho las sku'i phyag tshad kyi skabs zur du phyung ba*; Shes rab rin chen 2007a

Yid bzhin nor bu: See *De gshegs yid nor* and *bDe gshegs yid nor*.

VP: Puṇḍarīka's *Vimalaprabhā*; Dwivedi; Bahulkar 1994

Zhol: The xylographic edition of *De gshegs yid nor* engraved by the Zhol printery in 1927; TBRC W19727–I1KG10541–1–62–any

Bibliography

Banerjee, Biswanath. 1985. *A Critical Edition of Śrī Kālacakratantrarāja* (Collated with the Tibetan version). Bibliotheca Indica — A Collection of Oriental Works 311. Calcutta: The Asiatic Society (rep. 1993).

rGyal dbang lnga pa Blo bzang rgya mtsho; sDe srid Sangs rgyas rgya mtsho. 2013. *Za hor gyi bande ngag dbang blo bzang rgya mtsho'i 'di snang 'khrul pa'i rol rtsed rtogs brjod kyi tshul du bkod pa dukūla'i gos bzang (deb dang po-gsum pa)*. Pe cin: Krung go'i bod rig pa dpe skrun khang.

bKa' chen Blo bzang phun tshogs. 1993. *lHa sku'i thig rtsa kun gsal me long*. Beijing: Mi rigs dpe skrun khang.

Burchardi, Anne. 2007. A Look at the Diversity of the Gzhan stong Tradition. *Journal of International Association of Tibetan Studies* 3: 1–24.

Cüppers, Christoph; van der Kuijp, Leonard W.J; Pagel, Ulrich; Dobis Tsering Gyal. 2012. *Handbook of Tibetan Iconometry: A Guide to the Art of the 17th*

Century. Leiden: Brill.

Cicuzza, Claudio. 2001. Ⅱ capitolo ⅩⅩⅩ del *Saṃvarodayatantra*. In *Le Parole e i Marmi: Studi in onore di Raniero Gnoli*, Ed. Raffaele Torella. Pp. 213–228. Rome: Istituto Italiano per l'Africa e l'Oriente.

'Dar dbon nyi shar. 2012. 藏族传统绘画流派门当派创始人门拉顿珠生平再考.《雪域瑰宝：西藏文物展》. 189–195. 广州：岭南美术出版社. ['Dar dbon nyi shar. 2012. Zangzu Chuantong Huihua Liupai Mendangpai Chuangshiren Menladunzhu Shengping Zaikao. In *Xueyu Guibao: Xizang Wenwuzhan*. Pp. 189–195. Guangzhou: Lingnan Meishu Publishing House.]

Dwivedi, Vrajvallabh; Bahulkar, S.S. 1994. *Vimalaprabhāṭīkā of Kalkin Śrīpuṇḍarīka on Śrīlaghukālacakratantrarāja by Śrīmañjuśrīyaśas*, Vol. 3. Rare Buddhist Text Series 13. Sarnath: Central Institute of Higher Tibetan Studies.

Filibeck, E. De Rossi. 2003. *Catalogue of the Tucci Tibetan Fund in the Library of IsMEO*, vol Ⅱ. Rome: Istituto Italiano per il Medio ed Estremo Oriente.

'Ju mi pham 'jam dbyangs rnam rgyal rgya mtsho. 2011. *'Ju mi pham 'jam dbyangs rnam rgyal rgya mtsho'i bka''bum, ga, stod cha*. Chengdu: Si khron mi rigs dpe skrun khang.

Jackson, David P.; Jackson, Janice A. 1984. *Tibetan Thangka Painting: Methods & Materials*. Boulder: Shambhala.

Jackson, David P. 1996. *A History of Tibetan Painting: The Great Tibetan Painters and Their Traditions*. Wien: Verlag der Österreichischen Akademie der Wissenschaften.

'Ju Mi pham 'Jam dbyangs rnam rgyal rgya mtsho. 2011. sKu gzugs kyi thig rtsa rab gsal nyi ma. In *'Ju mi pham bka''bum, ga, stod cha*. Pp. 1–64. Chengdu: Si khron mi rigs dpe skrun khang.

Kar shod Karma bde legs. 2010. *sGar lugs bris 'bur gnyis kyi sku gzugs kyi thig dpe nyi ma'i snang ba zhes bya ba bzhugs so*. Beijing: Krung go'i bod rig pa dpe skrun khang.

Kuranishi Kenichi (倉西憲一). 2012. On the Manuscript NAK 3/716 (NGMPP

A48/11): The *Sadāmnāyānusāriṇī*, a commentary on the *Saṃvarodayatantra*. *Journal of Indian and Buddhist Studies*, Vol. 60, No. 3: 147–150.

——. 2016. A Study on Scholarly Activities in the Last Period of the Vikarmaśīla Monastery: Quotations in Ratnarakṣita's *Padminī*. *Oriental Culture*, No. 96: 49–61.

罗秉芬. 2005. 西藏佛教彩绘彩塑艺术（藏汉文对照）. 北京：中国藏学出版社. [Luo Bingfen. 2005. *Xizang Fojiao Caihui Caisu Yishu* (*Zanghanwen Duizhao*). Beijing: China Tibetology Publishing House.]

Luo, Hong. *forthcoming*. A Sixteenth-Century Tibetan Reflection in the *Lotus Pond* (*Padminī*): Tāranātha's Twelve Disagreements with Ratnarakṣita regarding Buddhist Iconometry.

Negi, J. S. 1993–2005. *Tibetan-Sanskrit Dictionary*, vol.1–16. Sarnath: Central Institute of Higher Tibetan Studies.

Newman, John Ronald. 1988. Buddhist Sanskrit in the Kālacakra Tantra. *Journal of the International Association of Buddhist Studies* 11: 123–140.

Peterson, Kathleen W. 1980. Sources of Variation in Tibetan Canons of Iconometry. In *Tibetan Studies in honour of Hugh Richardson: Proceedings of the International Seminar on Tibetan Studies Oxford 1979*, Ed. Michael Aris and Aung San Suu Kyi. Pp. 239–248. Warminster: Aris & Phillips Ltd.

Phyogs las rnam rgyal. 2008a. *Dus 'khor rgyud mchan*. In *Jo nang dpe tshogs, sPyi'i deb bcu bdun pa*. Pp. 1–226. Pe cin: Mi rigs dpe skrun khang.

——. 2008b. *Dus 'khor mchan 'grel, smad cha*. In *Jo nang Phyogs las rnam rgyal, Jo nang dpe tshogs, sPyi'i deb nyi shu pa*. Pe cin: Mi rigs dpe skrun khang.

Sakaki Ryōzaburō（榊亮三郎）. 1918. 佛說造像量度經の梵本研究. 藝文, 第九年第三號：251–267.

Sferra, Francesco. 2005. Constructing the Wheel of Time: Strategies for Establishing a Tradition. In *Boundaries, Dynamics and Construction of Traditions in South Asia*, Ed. Federico Squarcini. Pp. 253–285. Firenze: Firenze University Press.

Shes rab rin chen. 2007a. *rTen gsum bzhengs tshul dpal 'byor rgya mtsho las sku'i phyag tshad kyi skabs zur du phyung ba*. In *sTag tshang Lo tsā ba Shes rab rin chen gyi gsung 'bum pod gnyis pa*. Mes po'i shul bzhag dpe tshogs (30, 2/7). Pp. 302–316. Pe cin: Krung go'i Bod rig pa dpe skrun khang.

——. 2007b. *rTen gsum bzhugs gnas dang bcas pa'i sgrub tshul dpal 'byor rgya mtsho*. In *sTag tshang Lo tsā ba Shes rab rin chen gyi gsung 'bum pod gnyis pa*. Mes po'i shul bzhag dpe tshogs (30, 2/7). Pp. 317–399. Pe cin, Krung go'i Bod rig pa dpe skrun khang.

Stearns, Cyrus. 2010. *The Buddha from Dölpo: A Study of the Life and Thought of the Tibetan Master Dölpopa Sherab Gyaltsen*. New York.

Tanemura Ryugen; Kano Kazuo; Kuranishi Kenichi (種村隆元，加納和雄，倉西憲一). 2014. Ratnarakṣita cho Padmnī — Kenkyū shiryō Gaikan — (Ratnarakṣita著Padminī—研究資料概観—; Toward a critical edition of Ratnarakṣita's Padminī — A Survey of the textual materials). 大正大学綜合佛教研究所年報，第36号：163–176.

Tāranātha. 2008. *Jo nang rje btsun Tāranātha'i gsung 'bum dpe bsdur ma bzhugs so*, Mes po'i shul bzhag dpe tshogs (78, 36/45), dPal brtsegs bod yig dpe rnying zhib 'jug khang nas bsgrigs, Pe cin, Krung go'i bod rig pa dpe skrun khang.

Tucci, Giuseppe. 1949. *Tibetan Painted Scrolls, An artistic and symbolic illustration of 172 Tibetan paintings preceeded by a survey of the historical, artistic, literary and religious development of Tibetan culture, with an article of P. Pelliot on a Mongol edict, the translation of historical documents and an appendix on prebuddhistic ideas of Tibet*. Roma: La Libreria Dello Stato.

Vira, Raghu; Chandra, Lokesh. 1966. *Kālacakra-Tantra and other Texts: Part I*. New Delhi: International Academy of Indian Culture.

Wallace, Vesna Acimovic. 2001. *The Inner Kālacakra: A Buddhist Tantric View of the Individual*. New York: Oxford University Press.

Willemen, Charles. 2006. *Defining the Image: Measurement in Image-making*. Delhi: Sri Satguru Publication.

汉地“异域天学”源流：七曜日与天宫图星占术*

麦文彪

内容提要：七曜星期和天宫图星占术为异域天学中最具特色的学说，自六朝末期开始在汉地广为传播。本文探讨其学说之本源与流变，并指出唐宋以后发展出来的“汉化希腊星占学”和“希腊化算命学”两种模式。

关 键 词：古代天文学　中印交流　七曜日　天宫图　星占术

作者简介：麦文彪，剑桥大学/李约瑟研究所研究员。2005年9月—2010年1月，在王邦维教授指导下于北京大学外国语学院南亚系攻读印度语言文学专业博士学位。

所谓“天学”，也就是广义的天文学，指的是以天象为研究对象的学问。历史上，异域天学主要通过三个阶段传入汉地：一）自东汉至北宋，佛教僧

---

* 本文原以《古代中国与日本的“异域天学”：七曜日与天宫图星占术》为题，刊于《中印关系研究的视野与前景》，上海：复旦大学出版社，2016年。本文略作修改。

侣和丝路商旅把包含了希腊、中亚和印度元素的天学传入中国；二）元明回回学者翻译阿拉伯文的希腊星占和历法著作；三）明末清初耶稣会士译出当时欧洲的拉丁文天学文献，其中包含不少以希腊天文学为基础的著作。本文以七曜日和天宫图为例，尝试探讨异域天学传入中国的过程。

“异域天学”最初是怎样传入中国的？国内外学者在这一题目上均有不同的见解和论著，然而学界至今还没有完全勾画出整个过程。特别是文献方面，外文原典、版本和翻译等诸多难题尚待厘清。[①]自西汉“七曜五行，无不综达”的安世高，三国东吴“天文图纬，多所综涉”的康僧会，以至后秦“阴阳星算，莫不必尽”的鸠摩罗什，[②]早期汉地的名僧，多以天文知识渊博闻名。我们对早期古代中国“异域天学”的认识，大多来自《摩登伽经》《大集经》《宿曜经》等汉译大乘佛典，以及《出三藏记集》和《高僧传》等佛教史料。至于其他非佛教史料，除了瞿昙悉达的《九执历》外，中亚流通的《符天历》和《聿斯经》等，正史还有零散记载。较早的比如《隋书》所载《婆罗门竭伽仙人天文说》，只记名目，内容无从知晓。[③]不过，印度和中亚的天学作

① 现代学者当中最早关注这个题目的为伯希和（Paul Pelliot）和沙畹（Émmanuel-Édouard Chavannes）。特别是他们1913年合著的文章《中国发现的一部摩尼教经典 Ⅱ》“Un traité manichéen retrouvé en Chine II.” *Journal Asiatique* (1913): pp. 99–199, 261–392. 其他涉及欧亚大陆天学发展、交流史和东渐的研究，最具代表性的著作包括李约瑟Needham, Joseph. 1956. *Science and Civilization in China.* Vol. 2, History of scientific thought. Cambridge, England: Cambridge University Press, pp. 351–357; 1959. Vol. 3, Mathematics and the science of the heavens and the earth, pp. 201–209，汉译《中国科学技术史》，北京：科学出版社，1990年；矢野道雄：《密教占星术》，东京：东京美术，1986年，第15—46页；何丙郁Ho, Peng Yoke. 2003. *Chinese Mathematical Astrology: Reaching Out to the Stars.* London; New York: Routledge Curzon, pp. 69–82; 江晓原：《天学真原》，沈阳：辽宁教育出版社，2004年，第227—315页。有关汉地佛教天文学的发展概况，见Eberhard, Wolfram. 1940. “Untersuchungen an astronomischen Texten des chinesischen Tripitaka.” *Monumenta Serica* 5: 208–262；钮卫星：《西望梵天》，上海：上海交通大学出版社，2004年，第188—222页。

② 《高僧传》，《大正藏》（2059）50.323上，325上，330下。

③ 竭伽仙人即《摩诃婆罗多》及其他古印度文献提及的天文学家Garga。过去一个多世纪以来，学者尝试对六十章*Gārgīyajyotiṣa*的梵文写本进行解读，近年颇多发现，特别是《摩登伽经》和《宿曜经》的星占内容。见Marko Geslani, Bill M. Mak et al., “Garga and Early Astral Science in India,” *History of Science in South Asia* 5, no. 1 (2017): 151–191; Bill M. Mak, “Vedic Astral Lore and Planetary Science in the *Gārgīyajyotiṣa*,” *History of Science in South Asia* 7 (2019): 52–71.

为普及性和实用性甚高的学问，进入中国的年代应该不比佛教传入中国晚。特别是往来海陆丝路的中亚和南亚游商，在天学知识的传播上亦扮演着一定的角色。

一、七曜与星期概念的本源

星期、黄道十二宫和天宫图星占术，均源自古希腊，在发展过程中吸收了不少古巴比伦和古埃及的天文元素。早期的古希腊天文知识，主要通过源于印度的汉译佛典传播到中国，而在传播的过程中，又掺杂了不少印度和中亚的元素。①由于印度天文学本身数千年来亦不断演变，其中多少是本土发展出来的，多少是外来的，至今学者尚在争论，特别是西方和印度学者在这一话题上存有颇大的分歧。从文献学的角度看，自公元前后到约6世纪，希腊天文学东传印度，逐渐取代传统印度本土的吠陀天文学，这一点是不容置疑的。与此同时，新旧元素掺杂的印度天文学融入了不同年代的梵语佛教文献。正因如此，自东汉到北宋的汉译佛典，给我们提供了千余年的文献材料和历史佐证，这都是仅从印度文献自身的角度很难看出来的，特显汉文材料的价值。其中天文学的内容显示出印度天文学整体的动态面貌，并记载了希腊元素逐渐融入印度天文学的整个过程。②

除了年月日等一般的时间概念，还有一些没有明显科学含义、约定俗成的时间单位。比如罗马人沿用到4世纪初的八日“集市期”（Nundinal cycle），汉地以十日为旬。月相把朔望月一分为四，而“旬”则把三十日的历月一分为三，特别是后者以“十”作为单位，在东亚地区普遍使用。至于七日一周的周期，实际上跟历月和朔望月没有关系。事实上，七曜日或七日一周的概念，主要是基于星占的考量。诺伊格鲍尔（Neugebauer）在其重要著作《古代精密科学》

① 见拙作Bill M. Mak, 2015. “The Transmission of Buddhist Astral Science from India to East Asia: The Central Asian Connection.” *Historia Scientiarum* 24 (2): 59–75.

② 见拙作 Bill M. Mak, “Indian *Jyotiṣa* Literature through the Lens of Chinese Buddhist Canon,” *Journal of Oriental Studies* 48, no. 1 (2015): 1–19.

中便指出，星期里七曜的排序取决于以下两个条件：一）“土木火日金水月”等七曜，按视运动速度，由慢至快排列（与托勒密地心说的行星周期等同）；二）将以上七曜的顺序，跟一日二十四小时配比，然后再把每一天的第一曜定为那一天的主宰神。而一日一曜，特别是一曜一时的概念来自埃及，尽管没有天文意义，却成为我们星期概念的基础（表1）①。此外，我们亦可看出原来的星期从土曜（周六）开始，星期日和星期一作为一周之首的说法都是后来发展出来的②。

表1　七曜与二十四小时配比表

小　时	日						
	一	二	三	四	五	六	七
第1	土	日	月	火	水	木	金
第2	木	金	土	日	月	火	水
第3	火	水	木	金	土	日	月
第4	日	月	火	水	木	金	土
第5	金	土	日	月	火	水	木
第6	水	木	金	土	日	月	火
第7	月	火	水	木	金	土	日
……							
第21	月	火	水	木	金	土	日
第22	土	日	月	火	水	木	金
第23	木	金	土	日	月	火	水
第24	火	水	木	金	土	日	月

印度的古吠陀文献，对行星和七曜的概念并没有作任何清晰的记

① Neugebauer, O. 1969. *The Exact Sciences in Antiquity*. 2nd ed. (unabridged and corrected). New York: Dover, pp. 168–170.

② 见拙作Bill M. Mak, “The First Two Chapters of Mīnarāja’s *Vṛddhayavanajātaka*,” *Zinbun* 48 (2018): 9.

述。[①]“曜”梵语作graha，直译为“执”，原指各种干预世界的恶灵，并没有指定的天文含义。公元初起，作为天体的七曜和后来的八曜、九曜在印度各种文献中陆续出现，无疑是新的发展。像《夜嚩那占命书》(*Yavanajātaka*，图1）等著作，明显受了希腊天学影响。[②]就现存材料来看，尽管传播途径和年代尚未能完全确定，但可以肯定的是，到了公元5世纪，即阿黎耶婆多（Āryabhaṭa，476—550）之时[③]，以“日”为首的七曜日概念在印度本土已经植根。无论如何，曜日梵语作vāra，意为“转”，具有周而复始的星占和宗教含义，而并非实际的时间单位。[④]至于印度星占系统中常见的九曜（navagraha），一般排序为七曜（saptagraha）加上罗睺（rāhu）、计都（ketu）两个假想天体组成。印度和其他地域一样，只有七日一周，没有九日一周，可见七曜日先传入印度，后来才发展为八曜和九曜。作为一个组合，印度的七曜跟中国的七政、七纬和七曜的概念相似，但两者排序不同[⑤]，特别是前者以日为首的七曜日的概念，在现存古典梵文文献中均被视作常识。

---

① 行星现象甚为显著，吠陀的诸作者没有理由观察不到，不过诸如《吠陀支天文》（*Vedāṅgajyotiṣa*）等重要著作，对行星却只字不提，其历法只涉及日、月和宿（nakṣatra）。

② 有关七曜日的记载和说明，见*Yavanajātaka* 79.52–54. Pingree, David. The *Yavanajātaka of Sphujidhvaja*. Harvard Oriental Series, Vol. 48. Cambridge: Harvard University Press, 1978, Vol. I, p. 3. 有关本著作的年代问题，见拙作Bill M. Mak, “The Date and Nature of Sphujidhvaja’s *Yavanajātaka* reconsidered in the light of some newly discovered materials.” *History of Science in South Asia* 1 (2013): pp. 11–14. 有关希腊裔印度天文学家的文化背景，见哈尔帕法斯 Halbfass, Wilhelm. 1988. *India and Europe: An Essay in Understanding*. Delhi: Sri Satguru Publications, p. 176。“Yavana”一词在后来的印度古文献中有不同的含义，指的不一定是希腊人，详见梅勒Meile, Pierre. 1940. “Les Yavanas dans l’Inde tamoule.” *Journal Asiatique* 232, pp. 85–123. 汉文“臾那”一词见于《善见律毘婆沙》(《大正藏》1462号），为巴利语yona的汉译，与梵文yavana同，两者均源自希腊文’Ιαων（一说经古波斯语yauna），原指古希腊爱奥尼亚一族或希腊东部族群，泛指希腊人。

③ 阿黎耶婆多在其著作中说明七曜日排序的规则，但没有说明二十四时的关键元素：Saptâite horeśāḥ śanaiścarādyā yathākramaṃ śīgrāḥ | śīghrakramāc caturthā bhavanti sūryodayād dinapāḥ || (*Āryabhaṭīya* III.16)。

④ “曜日”后来成为传统印度《五支历》(pañcāṅga）的其中一支，为一般“历日”的标记。传统印度历以“朔望日”tithi为计算基础（即朔望月等分三十），而“曜日”以“历日”为基础，反映两种不同思维的结合。值得注意的是古印度并无七日一周作为时间单位的概念。

⑤ 汉地七政并没有固定顺序，但也有“日月五星”（日月木火土金水）等惯例。

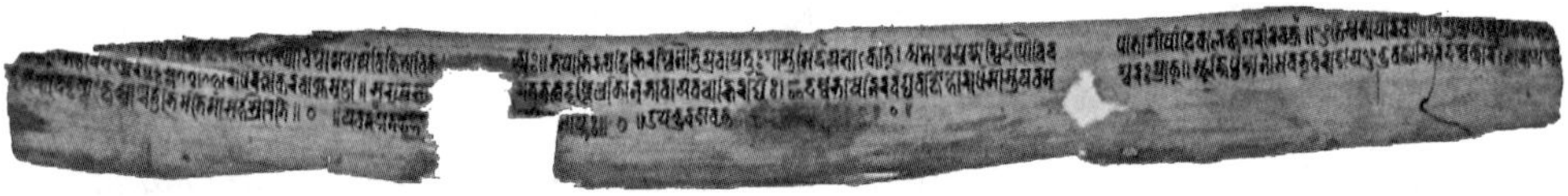

图1 《夜嚩那占命书》（*Yavanajātaka*）贝叶经1/1180（NGMPP A31/16），现存尼泊尔国家历史档案馆（Nepal National Archive）写本年代约13世纪，内容最早可能为公元后若干世纪，作品最后一章包括对七曜日的说明。

二、东亚地区的七曜和星期

早期佛经，像《阿含经》等，对七曜并没有任何记载。由于吠陀文献同样也没有记载，可以肯定印度七曜的概念是后来才发展出来的。汉译佛典中，七曜和九曜最初见于《摩登伽经》（*Śārdūlakarṇāvadāna*）。按《贞元新定释教目录》，此经为印度僧人竺律炎与大月支国后裔、汉地佛教居士支谦共译。近年学者大多指出经文内容和风格与早期六朝作品不合，大概为公元5世纪中叶之作。其中包含以下对“曜”的描述：

> 今当为汝复说七曜。日，月，荧惑，岁星，镇星，太白，辰星，是名为七。罗睺，彗星。通则为九。如是等名。占星等事，汝宜应当深谛观察。①

九曜未见载于同时代的拉丁文著作，相信为印度或近东特有。②其中罗睺在印度自古以来就被视为引起日食的恶魔，在吠陀和《往世书》等传统文献中以不同称谓出现。佛典中恶魔以阿修罗（asura）形象出现，遮蔽日月，③实与

① 《大正藏》（1300）21.405中。

② 详见哈特那Hartner, Willy. 1938. “The Pseudoplanetary Nodes of the Moon’s Orbit in Hindu and Islamic Iconographies.” *Ars Islamica* 5 (2): pp. 113–154.

③ 《杂阿含经》,《大正藏》（583）2.99.155 /（100）436.167。

前者同出一辙。[①]至于《摩登伽经》把计都译为“彗星”，与公元6世纪的印度天文学家凡罗呵米希罗（Varāhamihira）的理解一致。[②]

公元6世纪晚期以前，汉语佛教文献中诸曜次序不一。到了8世纪，才逐渐统一起来，反映出作者或译者在意识上对七曜日概念的一种转变。异域星学的流行，到了唐代达到顶峰，其中以《宿曜经》最具代表性。这部经大概为不空于玄宗末年所作（梵本阙），今传两卷，分别为他两位弟子史瑶与杨景风于乾元二年（759）和广德二年（764）所编纂。[③]《宿曜经》是一部印度星占学的纲要著作，其部分内容的源头可以追溯到巴比伦与希腊。经文最后部分《算曜直章》提供了七曜日的算法，与印度的“日算法”（ahargaṇa）相同。[④]

杨景风编纂《宿曜经》，还提及当时在中国流行的三个印度天文学派（“天竺三家”）：鸠摩罗氏（Kumāra）、迦叶氏（Kāśyapa）和瞿昙氏（Gautama）。[⑤]我们从正史数据知道，其中瞿昙氏成就尤其显赫。自瞿昙罗始，瞿昙氏三代均在朝中司天台担当要职，经历高宗、武则天、中宗、睿宗、玄宗、肃宗六朝，长达百年之久。[⑥]瞿昙悉达于开元六年（718）奉敕编撰《九执历》，其中“九执”意思就是“九曜”。尽管现存《九执历》并没提到“九曜”，但其整体内容跟当时印度流行的，像婆罗门笈多（Brahmagupta）所著《糖饼天文书》[⑦]等小

① 有关印度七曜和九曜的分析，见棣斯特Dikshit, S.B. 1968. *Bhāratīya Jyotish Śāstra (History of Indian Astronomy).* New Delhi: Director General of Meteorology, pp. 58–63.

② 后来印度和汉地天文学家一般给计都赋予天文学的定义（月降交点和月远地点）。有关后来在汉地传播的十一曜（即下文的“七政四余”），见钮卫星：《从“罗、计”到“四余”：外来天文概念汉化之一例》，《上海交通大学学报（哲学社会科学版）》2010年第18（6）期，第48—57页。

③ 现存大藏经均以上下卷合为一经，史瑶所撰下卷为先，杨景风所撰上卷位后。高丽（大正）和宋、明等大陆版多有阙失。现存日本写本和“觉胜版”最为接近原貌。见矢野道雄：《密教占星术》，第7—12页。

④《宿曜经》文中提及《算曜直章》，但具体内容仅存于日本写本，汉地诸版本均无记载。见矢野道雄：《密教占星术》，第113—123页。

⑤ 有关“天竺三家”，见江晓原：《天学真原》，第297—304页。

⑥ 陈久金：《瞿昙悉达和他的天文工作》，《自然科学史研究》1985年第4（4）期，第321—327页。

⑦《糖饼天文书》（*Khaṇḍakhādyaka*）为7世纪作品，分上下篇，内容精简，故取名“糖饼”。近年京都大学博士生吕鹏从事相关研究。

型天文专著的内容接近，其中所记载的正弦表[①]亦源自印度。

从上例可见，印度，特别是其佛教，在欧亚大陆的文化交流过程中当起到了中介的作用。史瑶编的《宿曜经》便有以下记述：

> 夫七曜者，所谓日月五星，下直人间。一日一易，七日周而复始。其所用各各于事，有宜者不宜者，请细详用之。忽不记得，但当问胡及波斯，并五天竺人总知。尼干子末摩尼，常以密日持斋。亦事此日为大日。此等事持不忘。故今列诸国人呼七曜如后。[②]

由此可见，曜日的概念不单在佛教，更在不同民族和宗教背景的圈子里扮演着重要的角色。在有非汉族居民聚居的长安，“异域天学”得到传播，但当时汉人对其并不熟悉。上述引文接着以胡语（即粟特语）、波斯语和梵语三语列出曜日的称谓（图2，表2），说明当地的摩尼教、景教、祆教和佛教各有自己七曜日的传统。

印度的佛教僧侣把七曜的概念带到了中国，最后在日本兴盛，在日本的影响要比在中国深远得多。空海于大同元年（806）把密教带到日本，同时带去的还有不空《宿曜经》《七曜攘灾诀》和《聿斯经》等密教天文著作。后来佛教“宿曜道”崛起，在平安时代一直发展，与儒、道背景的“阴阳道”针锋相对。[③]藤原道长的《具注历》中，长德四年（998）的一些日子标上“蜜”字，应该就是上文《宿曜经》胡语的日曜日。[④]七曜日的概念在日本的密宗佛典中一直保存着，尽管宿曜道在镰仓时代后式微，但到了明治维新时又与西方星期概念重新结合，成为现代日语中的一部分而得到广泛接纳。

---

① 正弦表概念源自希腊，不过《九执历》的正弦表保函了Āryabhaṭa著作中的正弦表的同样误差，由此可见其中关联。见林隆夫Hayashi, Takao. 1997. “Āryabhaṭa's Rule and Table for Sine-Differences.” *Historica Mathematica* 24: pp. 396–406.

② 《大正藏》（1299）21.398上。

③ 矢野道雄：《密教占星术》，第62页。

④ 矢野道雄：《密教占星术》，第122页。

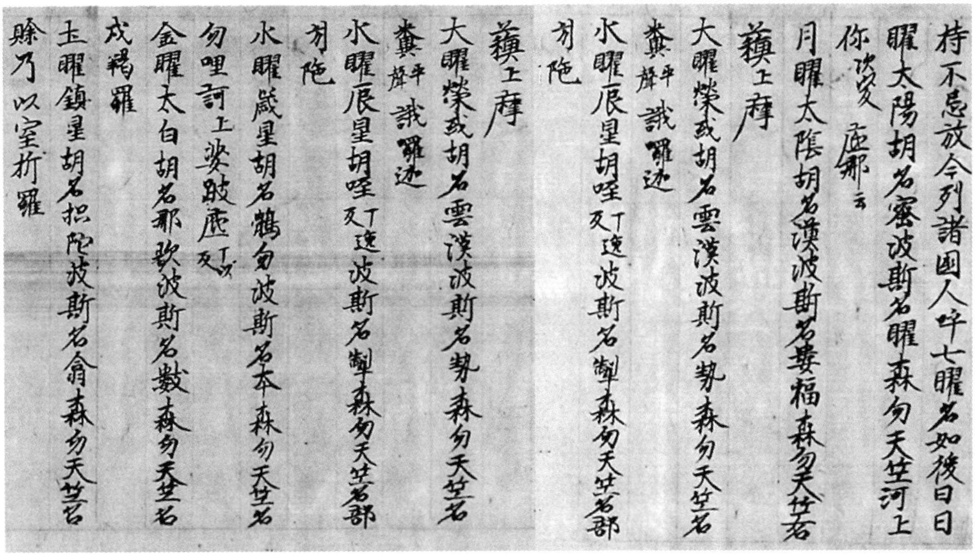

图2　史瑶编《宿曜经》卷下（七寺写本）

表2　曜日的称谓

七　曜	“胡名”Sogdian	波斯名 Pahlavī	天竺名 Sanskrit
日曜太阳	蜜 myr	曜（森勿）ēw	阿你底耶 āditya
月曜太阴	莫 m’x	娄祸（森勿）dō	苏摩 soma
火曜荧惑	云汉（>漠)wnx’n	势（森勿）sě	盎哦啰迦 aṅgāraka
水曜辰星	咥 ṭyr	掣（森勿）čahār	部陀 budha
木曜岁星	鹘勿斯 wrmzṭ	本（森勿）panǰ	勿哩诃娑跛底 bṛhaspati
金曜太白	那歇 n’xyδ	数（森勿）šaš	戌羯罗 śukra
土曜镇星	枳院 kyw’n	翕（森勿）haft	赊乃以室折啰 śanaiścara

相比之下，七曜在中国一直没有流行起来，留下的只是一个模糊的印迹，零星记载在一些佛经和一些鲜为人知的星占著作中而已。[①]事实上，印度佛教

① 伟烈亚力 Wylie, Alexander. “On the Knowledge of a Weekly Sabbath in China.” In *Chinese Researches*. Shanghai: s. n., 1897, p. 87.

自北宋起在汉地一直没落，随后回回天文学家和耶稣会教士亦不断尝试引入七曜和星期的概念，不过没有得到广泛接受。直到20世纪初，一周七日和星期的概念才获得了普遍的接受。

三、黄道十二宫与天宫图算命术

生辰星占术源自巴比伦，进入希腊文化圈后得到发展，是结合天文（七曜运动）和星占的一套庞大的知识系统。[①]公元后若干世纪传入印度，与本土星占学结合，直到公元6世纪渐趋成熟。现存汉文资料中有关黄道十二宫最早的记载，出自《大集经》中的《日藏分》和《月藏分》两品。学者一般认为两者为那连提耶舍（Narendrayaśas）于6世纪中叶译出。[②]那连提耶舍的翻译与后来译法差别颇大（表3），经文对天宫图算命术也没有具体说明，这反映了作为星占用的“十二宫”在汉地尚为陌生的概念。到了唐代，《宿曜经》首次为汉地读者具体介绍了天宫图算命术。由于内容艰涩，史瑶翻译后，杨景风还要重译，可见“异域天学”在汉地传播，还是有一定的难度。后经宋、元、明、清，各种西方星占著作被译为汉文，某种程度上都参照了汉译佛经的译法。

表3　十二宫符号与不同译法

符号	十二宫现代名（英语）	梵语（12 rāśis）	T397-14 日藏分 Sūryagarbha（十二神）	T397-15 月藏分 Candragarbha（十二辰）	T1299 宿曜经卷上（十二宫）	T1191 文殊师利根本仪轨经（十二宫）
♈	白羊（Aries）	meṣa	持羊之神	弥沙	羊	羊
♉	金牛（Taurus）	vṛṣa	持牛之神	毘利沙	牛	牛
♊	双子（Gemini）	mithuna	双鸟之神	弥偷那	淫	阴阳/男女

① 江晓原：《天学真原》，第178页。

② 详见拙作Bill M. Mak, (forthcoming), “Silk Road Transmission of Buddhist Astral Lore to China – Indian, Chinese and Central Asian elements in the *Mahāsaṃnipātasūtra* (T397)”.

（续表）

符号	十二宫现代名（英语）	梵语（12 rāśis）	T397-14 日藏分 Sūryagarbha（十二神）	T397-15 月藏分 Candragarbha（十二辰）	T1299 宿曜经卷上（十二宫）	T1191 文殊师利根本仪轨经（十二宫）
♋	巨蟹（Cancer）	karkaṭa	蟹神	羯迦吒	蟹	蟹
♌	狮子（Leo）	siṃha	师子之神	绛呵	师子	师子
♍	处女（Virgo）	kanyā	天女之神	迦若	女	双女/童女
♎	天秤（Libra）	tulā	秤量之神	兜逻	秤	秤
♏	天蝎（Scorpio）	vṛścika	蝎神	毘梨支迦	蝎	蝎
♐	射手（Sagittarius）	dhanvin	射神	檀尼毘	弓	人马/弓马
♑	摩竭（Capricorn）	makara	磨竭之神	摩伽罗	磨竭	磨竭
♒	水瓶（Aquarius）	kumbha	水器之神	鸠盘	瓶	宝瓶
♓	双鱼（Pisces）	mīna	天鱼之神	弥那	鱼	双鱼/鱼

早期通过佛教传入汉地的天宫图算命术，主要以当时流行印度的星占系统为基础。译者对十二宫形态的理解，从译文来看，并不一致。后来像宣化墓十二宫[①]，流传日本的“星曼陀罗”“火罗图”[②]和江户时代的《佛像图汇》（图3）等亦给我们提供了十二宫东渐的佐证。如西方的双子，初译为“双鸟”，后来依照印度传统译作淫/阴阳/男女，理解为一男一女。至于秤宫和瓶宫，后来均被译作物体，而非持有者，大概受梵语（tulā/tulin，kumbha/kumbhin）影

① 有关宋代以后天宫图，见夏鼐《从宣化辽墓的星图论二十八宿和黄道十二宫》，《考古学报》1976年第2期，第35—58页。另见沈丹森Sen, Tansen. “Astronomical Tomb Paintings from Xuanhua: Maṇḍalas? ” *Ars Orientalis* 29 (1999): 29–54.

② 来自梵语 horā，希腊文 *ὥρα*，英译horoscope，即天宫图。现存有一行撰《梵天火罗九曜》一文。《大集经》梵文残片中亦见horā一词，唯汉文没有译出，见Mak 2015: 64–66.

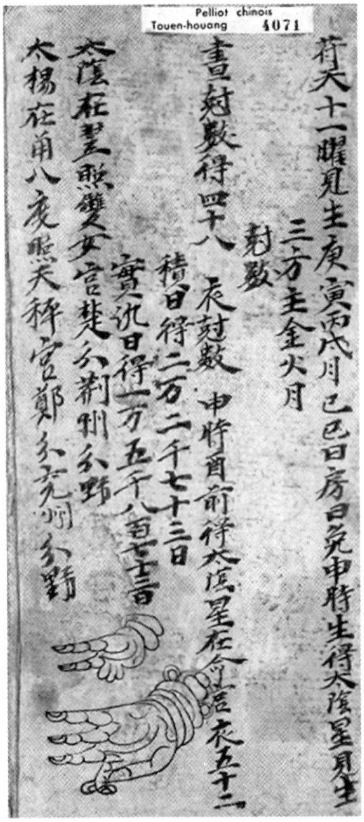

图3 敦煌写本P.4071 中的“双女”（法国国家图书馆藏）

响。“人马”弓宫情况也类似（dhanu/dhanvin），不过印度一般作持弓兽，即射手人马。差异最为显著的为“女宫”，唐末《聿斯经》和开宝七年（974）敦煌写本P.4071出现了“双女”的译法（图3），日本宿曜道深受《聿斯》等藏外经影响，没有采用《宿曜经》中的“女”而采用了“双女”的译法（图4）。在汉地，“双女”亦见于道教典籍和《明译天文书》等著作，与西方和印度一般的“处女”明显不同。由于莫高窟61窟和宣化墓（图5）和前面提到的《佛像图汇》一样，同样把“女宫”描绘为两个女子，说明“双女”的译法并不是出于偶然[①]。以上例子说明天宫图算命术在东传的过程中出现了变异，其中哪些来自波斯，哪些来自中亚，出自景教徒还是摩尼教徒之手，难以一一说清。有意思的是，其中一些差异笔者相信为个人翻译或绘图时的误解。以莫高窟61窟的“人马”为例（图6），画家大概把“人马”二字误拆为“人”和“马”，把人画在马旁边，很明显是受了汉文影响。[②]

除《宿曜经》外，上文提及的《聿斯经》也是早期传入汉地的西方天宫图算命术的重要著作之一。学界一般认为《聿斯经》为景教徒传入，原文可能为古叙利亚文或波斯文。明万民英于嘉靖末年所撰《星学大成》载《西天聿斯经》一文，大概为前者的缩略版，其内容和印度的生辰星占术差异颇大，很

① “双女”中“双”可能来自天宫图星占术里十二宫中四宫为“双身宫”（希腊文 δίσωμον，梵文 dvisvabhāva）的概念。见Mak 2015: pp. 68–69.

② “人马”的译法见于《明译天文书》，由于从原文无法知晓其原来形象，译者大概深谙星占著作或见过西方或印度的半人半马图像。此外，《明译天文书》的译法可能参考了《聿斯经》，不过现存《西天聿斯经》并无人马一词，待确认。

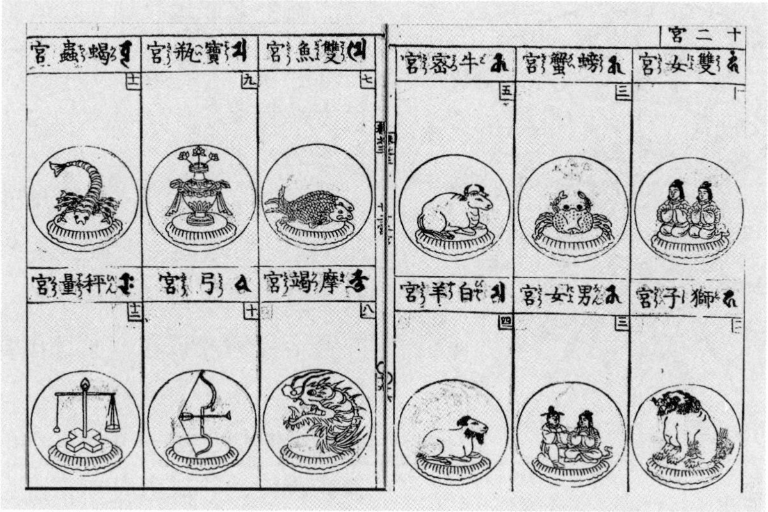

图4　江户时代《佛像图汇》的十二宫（笔者藏）

图5　莫高窟61窟（西夏，11世纪？）的“双女”

图6　莫高窟61窟（西夏，11世纪？）的“人马”

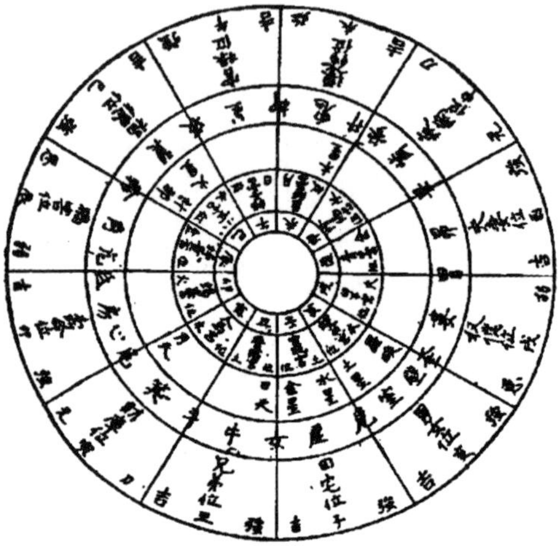

图7 天永三年（1113）九曜天宫图（《续群书类从》卷908，塙保己一编，1974）

可能源于多罗堤乌斯（Dorotheus）所撰的《五卷》星占著作①。《五卷》流行于远东地区，与哲学内容丰富的托勒密的《占星四书》（*Tetrabiblos*）相比②,较为通俗实用③。《聿斯经》于公元9世纪初随同《宿曜经》和《七曜攘灾诀》等星占著作传入日本。尽管内容不含佛教哲理，而且作者亦非佛教徒，但是作为藏外著作，《聿斯经》到镰仓时代末期一直为日本的密宗佛教徒所传，并成为日本宿曜经的基本经典之一④，是天宫图星占术的基础参考书（图7）。至于汉地的情况，与日本相比，"异域天学"仿佛昙花一现，并没有受到重视，亦没有撼动汉地以易经阴阳五行为主的阴阳术数传统的地位。上文提及的《宿曜经》，汉地流通的"大陆版"越趋汉化，原来印度的二十七宿逐渐改为二十八宿，"月宿傍通历"标作"大唐月建图"，曜日算法一章失传。《聿斯经》原文佚失，但其占术却为民间布衣所传，最后发展出《星学大成》等作品，其中的天宫图（图8）基本保存了原来黄道十二宫的格局，并融入了十一曜和其他本土元素。李约瑟认为

---

① 见拙作Bill M. Mak, 2014. "Yusi Jing - A treatise of 'Western' Astral Science in Chinese and its versified version Xitian yusi jing." *SCIAMVS* 15: pp. 105–169.

② 薮内清认为《聿斯四门经》中的"四门"指《占星四书》中的四章书，见《中国中世科学技术史の研究》，1963年，东京：角川书店。近年笔者发现《西天聿斯经》包含了多处《占星四书》没有的内容，因此推测《聿斯经》的原本并非《占星四书》，见拙著Mak 2014: 128–130.

③ 见拙著，同上。《五卷》本来没有名目，希腊文一般作πεντάτευχος（pentateuch），拉丁文一般作Carmen astrologicum，即"星占歌"，现存阿拉伯文译本和希腊文佚文，见平格里校订本和英译Pingree, David. 1976. *Dorothei Sidonii Carmen Astrologicum.* Leipzig: Teubner.

④ Nakayama, Shigeru. 1969. *A History of Japanese Astronomy.* Cambridge, Massachusetts: Harvard University Press, pp. 60–62; 矢野道雄：《密教占星术》，第136—140页；Mak 2014: 114–115.

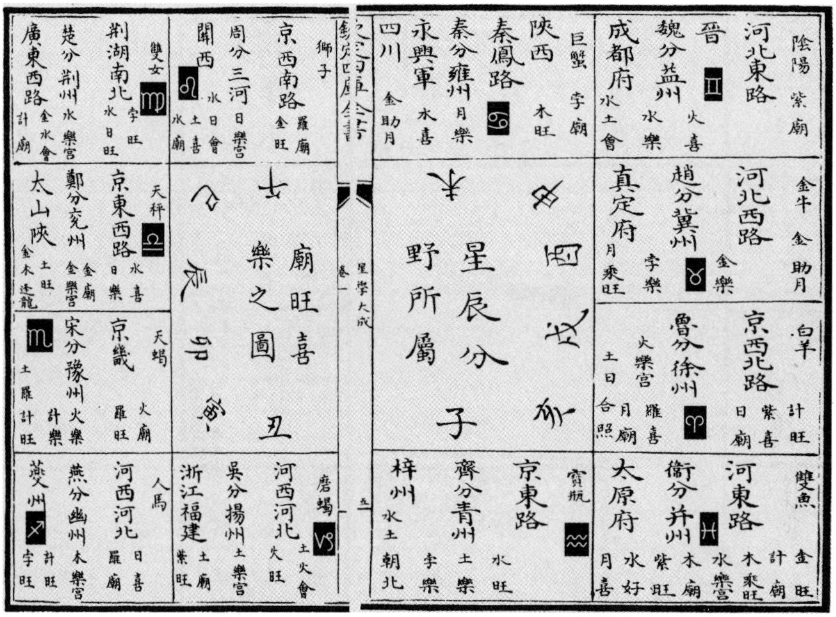

图8 《星学大成》天宫图（十二宫符号为笔者附加）

这种“中国式天宫图”源自希腊[①]，不过江晓原指出，中国的“天宫图”并没有具体的天文内容，其中星宫和各种“类天体”的位置完全是从八字推算出来，跟真实的行度“完全是两码事”[②]。事实上，李约瑟指的，像《郑氏星案》等天宫图，应用的占星术与《聿斯经》相同，其中的“七政四余”都是有行度的，只是配上了二十八宿和其他像星宫等本土元素。“七政四余”行度的推算，自明大统历起被吸纳为传统历法的一环[③]，撇开“四余”假想天体的天文意义先不谈，“中国式天宫图”实在是与希腊的“天宫图星占术”一脉相承。江氏所说的中国算命术，的确属于另一个系统。比如《正统道藏》的《紫微斗数》

① 李约瑟：《中国科学技术史》第二卷，第379页。

② 江晓原：《天学真原》，第182页。

③ 黄一农：《清前期对“四余”定义及存废的争执（上）》，《自然科学史研究》1993年第12（3）期，第224页；《清前期对“四余”定义及存废的争执（下）》，《自然科学史研究》1993年第12（4）期，第349页。

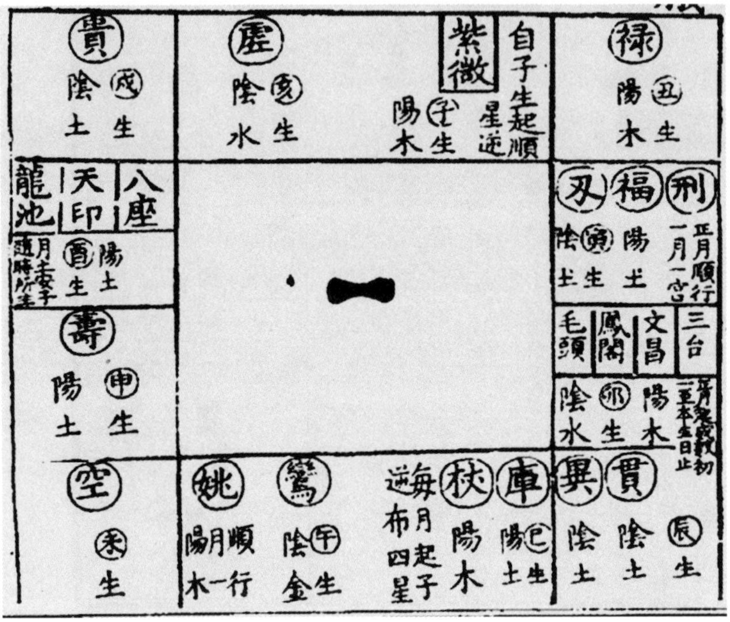

图9《正统道藏》《紫微斗数》卷一第十

（图9），宫位格局和“聿斯”系统的天宫图相同，明显受了后者影响[①]，不过星体的排布并没有天文意义，只取原来天宫图之形而失其实义。严格来说，这一类的星占术已经不再属于希腊星占系统，而是汉地生辰八字算命术的扩充。可以这样说，《郑氏星案》和《紫微斗数》同样是希腊和中国文明交汇的产物，前者为中国化的希腊星占学，后者为希腊化的中国算命学。

事实上，像《聿斯经》《星学大成》和《郑氏星案》等中国化希腊天宫图星占术，很早就已经失传了，唯有《紫微斗数》尚在传统华人社区广为流传。至于具有天文含义的“七曜推步”和“十一曜推步”至今仍然见于民间黄历（通胜）（图10），而原来相关的黄道十二宫和天宫图则无迹可寻。

① 何丙郁指出《正统道藏》《紫微斗数》的“十二位”名称跟《明译天文书》的最为接近，并认为明代首次以“紫微”一词命名中国化的希腊星占术（It was probably in the Ming period that the term “*Ziwei*” was used for the fist time in the context of sinicization of Hellenistic astrology）。Ho 2003: 74–77.

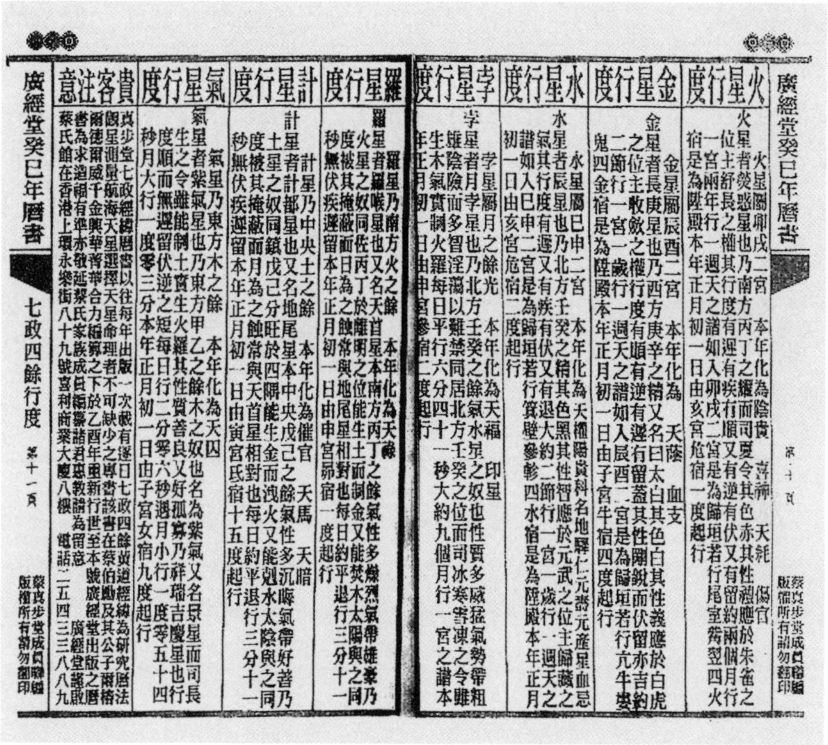

图10　现代民间黄历（通胜）中的四余行度

四、总　结

古代中国与日本的“异域天学”，早期主要通过佛教徒和佛经翻译得到传播和发展，在中印交流史上扮演十分重要的角色。而“天学”本身是从不同文化长时间交流过程中产生出来的。尽管其发源地可以追溯到巴比伦和希腊，但由于在传播过程中吸收了埃及、印度和中亚等地不同的元素，所以在不同的地域和时代中呈现出不同的形态。七曜日等概念牵涉宗教和日常生活的规律，不同的星占术则与个人甚至国家命运相连。这些异域知识，在不同的语境下有不同的含义。接受还是拒绝，往往取决于各地的文化背景。比对中国与日本两地的“异域天学”，就会发现两种不同的传播和吸纳模式。

“异域天学”在汉地不同时代引起知识分子的好奇和关注，但总的来说，并没有得到广泛接纳。西方七曜日的概念在汉地直到20世纪初随着政治和文化气候的巨变，终于冲破文化关口而获得接受。至于天宫图算命术则被本土化，尽管貌似天宫图，实质上还是本土术数的扩充。原来的天宫图算命术，由于缺乏文化根基和宗教的支持，一直没有得到广泛传播。与中国相比，日本传统思维的张力较弱，对待“异域天学”的手法比较单一。佛教在日本兴起，有带动当地文化的作用，像七曜日等传统概念一直在日本社会中酝酿着，明治维新后又得到更新，并与现代的星期概念结合起来。而天宫图算命术等“异域天学”，则继续依附着佛教，以“密教占星术”之名得以保存。

Ye dharmā偈颂的渊源与流变*

——从舍利弗和目犍连的皈依谈起

萨尔吉

内容提要：Ye dharmā偈颂是佛教中非常有名的偈颂，书写、铭刻有ye dharmā偈颂的佛典、舍利盒、小型佛塔、佛像等佛教的法物在印度、东南亚、中亚、中国都有大量发现。本文利用巴利、梵、藏、汉语佛典文献和实物资料，梳理了ye dharmā偈颂的源起与流变，探讨了ye dharmā偈颂与部派佛教可能的联系，ye dharmā偈颂的内涵，分析了ye dharmā偈颂如何成为缘起教法的代表，成为法舍利，成为具有神秘加持力量的陀罗尼，并在佛教信仰和仪轨层面如何发挥作用，以此窥见佛教思想在数千年发展过程中于义理、信仰、实践层面的交流与融合。

关 键 词：ye dharmā偈颂　缘起　法舍利　陀罗尼

---

* 佛教讲缘起，以这个主题来作为王邦维师的祝寿论文，我想再应景不过。众多因缘促成了我进入梵语佛教文献研究的领域，这其中就有邦维老师的缘。遥想二十多年前，刚刚进入研究生学习阶段的我被导师告知，研究佛教，掌握原典语言为不二法门，于是乎，懵懵懂懂的我一头撞进了梵语学习的大门。而梵语课的入门老师中就有邦维老师。梵语学习虽然艰辛，甚至枯燥，但邦维老师以他深厚的历史和语言功底，不仅将这门语言娓娓道来，而且辨章学术、考镜源流，使我从心底深深喜欢上了这门语言。邦维老师的其他课程，也让我如闻韶乐，如坐春风，老师以他的才、学、识、德，潜移默化地影响了我。吾虽不敏，未能成为邦维老师的及门弟子，然蒙不弃，从学左右，亦有五六年，之后又获得教职，忝与共事，一晃竟十有五年矣。值邦维老师七十寿辰，受陈明师兄嘱托，为师作文一篇，文虽旧文，情则不虚。子美云“人生七十古来稀”，然于今世，则不为然。仲尼言“从心所欲，不逾矩”，观之王师邦维，信矣！本文曾以《缘起法颂的渊源与流变——从舍利弗和目犍连的皈依谈起》为题发表于李四龙主编的《人文宗教研究》（第三辑），北京：宗教文化出版社，2013年，第210—235页。此次发表，略有改订。

作者简介：萨尔吉，哲学博士，北京大学外国语学院南亚学系副教授。

舍利弗和目犍连在佛陀十大弟子中分别被喻为“智慧第一”和“神通第一”。据诸经所载，他俩是王舍城附近村落的人，自小为伴，相约出家修道，先于六师外道中出家，虽迅速会通教旨，但未解真实法义。有一天，五比丘之一的马胜比丘入王舍城乞食，舍利弗与其邂逅，见其威仪，询其师承，马胜比丘告知佛法精义，舍利弗当下心开意解，得到初果，然后他又将此精义告知目犍连，后者亦得初果。二人结伴于佛所出家。

舍利弗和目犍连皈依的故事在佛教内部脍炙人口，不仅见载于多部经论，而且成为佛传故事的重要场景之一，影响到汉传佛教对佛传故事的叙述和表现。例如，梁僧祐编《释迦谱》中就有舍利弗皈依故事，明宝成编插图本《释氏源流》中“领众投佛”一节专述舍利弗皈依故事。这里要讨论的第一个问题是：马胜比丘告诉舍利弗的佛法精义究竟是什么？

一、Ye dharmā偈颂的源起

关于马胜比丘告诉舍利弗的佛法精义，这个问题似乎不难回答，诸经论的记载在这方面基本一致。我们先来看巴利语和梵语的资料。巴利文献至少有两处记载了舍利弗、目犍连出家因缘，一处见巴利律藏文献《大品》①，一处见巴利小部经典之《譬喻经》②，两处都说舍利弗所闻佛法精义为一首偈颂：

ye dhammā hetuppabhavā tesaṃ hetuṃ tathāgato āha
tesañ ca yo nirodho evaṃvādī mahāsamaṇo ’ti

① *Mahāvagga*, I. 23–24, 参见 H. Oldenberg (ed.), *The Vinaya Piṭakaṃ*, vol. I, Oxford: Pali Text Society, 1879, 1997 (reprinted), p. 40.

② M.E. Lilley (ed.), *The Apadāna*, Part I, Oxford: Pali Text Society, 1925, 2000 (reprinted), p. 25.

被认定为大众部支系说出世部作品的《大事》(*Mahāvastu*)也记载有舍利弗和目犍连出家因缘，但叙事稍有不同，首先是优波斯那(Upasena)教化舍利弗，此处所述的佛法精义是以长行表述的：

pratītyasamutpannāṃ dharmāṃ khalv āyuṣman śāstā upādāya pratiniḥsargaṃ vijñapeti ||

具寿！(我)导师宣说(的是)缘起法，施设出离(解脱道)。

当舍利弗将自己悟到的佛法精义转告目犍连时，他说：

ye dharmā hetuprabhāvā hetuṃ teṣāṃ tathāgato āha |
teṣāṃ ca yo nirodha evaṃvādī mahāśramaṇaḥ ||①

我们再来看看汉译佛典的记载。汉译佛典对舍利弗所闻法义的表述多多少少互有差异，兹依年代顺序，分述如下：

1. 一切诸法本，因缘空无主，息心达本源，故号为沙门。

出自后汉昙果和康孟详共译《中本起经》②，这是汉译佛典中目前所见对舍利弗出家因缘的最早记载。同一偈颂亦见于题名为三国吴支谦翻译的《撰集百缘经》第99缘“长爪梵志缘”中③，隋吉藏撰的《无量寿经义疏》也引用了该偈颂④。

2. 一切诸法本，从缘悉本无，若能及本源，乃名曰沙门。

出自西晋竺法护译《佛说普曜经》⑤，但未见于唐地婆诃罗同本异译之《方

① Émile Senart (ed.), *Le Mahāvastu*, Paris: Imprimerie Nationale, volume III, 1897, 61. 3–4; 62. 8–9.

② T. 4，n. 196, p. 153c18–19(指《大正藏》第4册，经号196，第153页下栏第18—19行。以下均用此简写)。

③ T. 4, n. 200, p. 255c10–11.关于《撰集百缘经》的汉译本，目前研究一般认为非支谦所译。《撰集百缘经》有梵文本和藏译本存世，但二者都没有这首偈颂。

④ T. 37, n. 1746, p. 118a20–21.

⑤ T. 3, n. 186, p. 533c24–25.

广大庄严经》[①]，亦不见于该经的梵文本和藏译本[②]。

3. 诸法从因，缘灭诸苦尽灭。

出自东晋迦留陀伽译《佛说十二游经》[③]，译文为长行。

4. 法从缘生，亦从缘灭，一切诸法空无有主。

出自刘宋佛陀什和竺道生等译《弥沙塞部和醯五分律》[④]，译文为长行。

5. 觉苦苦起无，又知苦所灭，所以苦灭道，圣师所颁宣。

出自刘宋宝云译《佛本行经》[⑤]。

6. 一切诸法本，因缘生无主，若能解此者，则得真实道。

出自刘宋求那跋陀罗译《过去现在因果经》[⑥]。明宝成编《释氏源流》中舍利弗、目犍连出家因缘（“领众投佛”）一节的叙述性文字即取自该经。

7. 若法从因生，如来说此因，灭如是等因，如是世尊教。

出自陈真谛译《佛阿毗昙经出家相品》[⑦]。

8. 如来说因缘生法，亦说因缘灭法。若法所因生，如来说是因，若法所因灭，大沙门亦说此义。

出自姚秦佛陀耶舍和竺佛念等译《四分律》[⑧]，译文为长行。

9. 诸法因缘生，是法说因缘，是法因缘尽，大师如是说。

出自姚秦鸠摩罗什译《大智度论》[⑨]。《大智度论》另一处记为“诸法从缘生，是法缘及尽，我师大圣王，是义如是说”。[⑩]

10. 一切有法生，皆从因缘起，生灭法悉灭，说道为方便。

---

① 《方广大庄严经》相应之处记为 :“我所事师，天上人中最尊最胜，积功累德不可称载。从兜率天降生阎浮，初生之时，能于十方各行七步，举手唱言 :‘天上天下唯我最尊唯我最胜，三界苦恼吾当度之。’释梵四天咸来供事，佛之功德不可具述。”（T. 3, n. 187, p. 613c15–20）

② 现存梵文本和藏译缺舍利弗出家因缘。

③ T. 4, n. 195, p. 147a17–18.

④ T. 22, n. 1421, p. 110b18–19.

⑤ T. 4, n. 193, p. 81b21–22.

⑥ T. 3, n. 189, p. 652b4–5.

⑦ T. 24, n. 1482, p. 962a14–15.

⑧ T. 22, n. 1428, p. 798c21–23.

⑨ T. 25, n. 1509, p. 136c4–5.

⑩ T. 25, n. 1509, p. 192b19–20.

出自北凉昙无谶译《佛所行赞》①。藏译于此稍有不同:“诸法由缘生,此缘世尊说,诸法定归灭,宣说灭方便。”②

11. 法从缘生，通达是因，因缘灭故，即是寂静。世间即苦，苦因名集，若修八正，世间集灭。若无苦集，我师说言，名为涅槃。

出自北凉昙无谶译《大方等大集经》第九分“宝幢分”③。与现存梵文残本、唐同本异译本、藏译完全不同（下详），而且昙无谶译本虽然采用了四字格的形式，但并未将其作为偈颂处理。

12. ① 我彼大师，说因缘法，谈解脱路，我师偈说如是之法。

② 诸法从因生，诸法从因灭，如是灭与生，沙门说如是。

③ 诸法因生者，彼法随因灭，因缘灭即道，大师说如是。

出自隋阇那崛多译《佛本行集经》④。这是一部综合各部派说法的佛传,汉译中列举出了一些各部异说，其中①是作长行处理，并且明确说明这是大众部的说法，②是饮光部的说法，③是本部（法藏部）说法（下详）。

13. ① 烦恼业因缘，世间如是转，烦恼业不生，导师如是说。

生老死定坏，彼解脱无上，如彼勇牛王，如来自悟说。

② 由彼烦恼业，为因而起作，是故于世间，随转无穷尽。

若烦恼业因，是二不转者，即出离世间，人中尊所说。

若彼生与老，二法而不行，是故于世间，决定无有苦。

彼当得解脱，此最上正语，大沙门牛王，了已故宣说。

①出自唐波罗颇蜜多罗译《宝星陀罗尼经》⑤,与上述昙无谶译《大方等大集经》第九分“宝幢分”为同本异译，但此处的偈颂完全不同。现存梵本、藏

---

① T. 4, n. 192, p. 33b14–15.

② D 4156, vol. ge, 62b7–63a1（指德格版藏文大藏经总目录第4156号，ge函，第62叶背面第7行至第63叶正面第1行，以下均用此简称）: *gang zhig chos rnams mtshan ma las ni byung ba ste || de dag rnams kyi mtshan ma bcom ldan gyis gsungs shing || gang zhig de dag rnams kyis nges par 'gog pa dang || yang dag 'gog pa de yi thabs gang gsungs ba'o.*

③ T. 13, n. 397, p. 129a24–27.

④ T. 3, n. 190, p. 876b22–c3.

⑤ T. 13, n. 402, p. 537b9–12.

译与唐译一致[①]。②出自北宋施护译《佛说给孤长者女得度因缘经》[②]，该经有梵文本[③]，经比较，此处的偈颂与《宝星陀罗尼经》完全一致。藏译中亦有一部题名为《摩揭陀贤女譬喻》（*ma ga dhā bzang mo'i rtogs pa brjod pa*）的相关经典，但彼处没有出现马胜比丘教化舍利弗的具体内容，仅仅说舍利弗见马胜比丘寂静威仪而见实谛[④]。

14. 诸法从缘起，如来说是因，彼法因缘尽，是大沙门说。

出自唐义净译《根本说一切有部毗奈耶出家事》[⑤]，藏译《律本事》（*'dul ba gzhi*）与唐译一致[⑥]，藏译中有一部题名为《出家经》（*mngon par 'byung ba'i mdo*）的文献，其中关于舍利弗、目犍连出家因缘的叙事几乎全同藏译《律本事》，此一偈颂更是只字不差[⑦]。

15. 若法因缘生，法亦因缘灭，是生灭因缘，佛大沙门说。

出自北宋施护译《佛说初分说经》[⑧]。

以上诸种说法中，最值得关注的是《佛本行集经》的说法，《佛本行集经》虽然翻译的年代较晚，但是保留了一些部派佛教的不同说法，该经汉译

---

① 梵文（转引自 Yenshu Kurumiya [ed.], *'dus pa chen po rin po che tog gi gzungs, 'dus pa chen podkon mchog dpal zes bya ba'i gzungs, being the Tibetan Translation of the Ratnaketuparivarta*, Heirakuji-shoten, Kyoto, 1979, pp. 9–10, no. 19）：*karmakleśasahetukāraṇavatī lokapravṛttir yathā | karmakleśanivṛttikāraṇam api provāca taṃ nāyakaḥ | yasmin janmajarāvipattiniyataṃ duḥkhaṃ na santiṣṭhate | taṃ mokṣapravaraṃ sa vādivṛṣabho jñātvā svayaṃ bhāṣate.*

藏译（D 138, vol. na, 188b5–6）：*ji ltar 'jig rten las dang nyon mongs rgyur bcas byed rgyur ldan 'byung dang || las dang nyon mongs pa dag ldog rgyu de yang 'dren pas rab tu gsungs || gang na skye dang rga dang rgud pa'i sdug bsngal nges par mi gnas pa || thar pa'i mchog de smra ba'i khyu mchog de yis rang gis mkhyen te gsungs.*

② T. 2, n. 130, p. 848c24–849a2.

③ Yutaka Iwamoto, "Sumāgadhāvadāna," *Proceedings of the Faculty of Letters*, Tokyo: Tokai University, vol. 1, 1959, pp. 1–51.

④ D 346, vol. aṃ, 294a7: *'di'i spyod lam rab tu zhi ba mthong bas 'phags pa shā ri'i bus bden pa mthong bar gyur te.*

⑤ T. 23, n. 1444, p. 1027b21–22.

⑥ D 1, vol. ka, 33b7–34a1: *chos rnams gang dag rgyu las byung ba dang | de yi rgyu dang de 'gog gang yin pa'ang || de bzhin gshegs pa nyid kyis bka' stsal te || de skad gsung ba'i tshul can dge sbyong che.*

⑦ D 301, vol. sa, 88b3–4.

⑧ T. 14, n. 498, p. 768a23–24.

最后还说：

或问曰："当何名此经？"

答曰："摩诃僧祇师名为《大事》，萨婆多师名此经为《大庄严》，迦叶维师名为《佛生因缘》，昙无德师名为《释迦牟尼佛本行》，尼沙塞师名为《毘尼藏根本》。"①

结合文中提及的各部异说，我们可以认为《佛本行集经》是以法藏部的说法为宗，杂糅其他部派的说法而成。因此，以《佛本行集经》的说法为基础，从部派归属的角度而言，我们大致可以将上述舍利弗所闻佛法精义归为几组讨论：

1. 大众部的说法

《佛本行集经》提及大众部的说法是"我彼大师，说因缘法，谈解脱路，我师偈说如是之法"，并且说大众部佛传名《大事》，今认定为大众部支系说出世部作品的《大事》中有这样一段话：

pratītyasamutpannāṃ dharmāṃ khalv āyuṣman śāstā upādāya pratiniḥsargaṃ vijñapeti ||

两相对照，汉译和梵本的说法一致，即讨论的重点是缘起和出离（解脱）。

2. 饮光部的说法

《佛本行集经》提及饮光部的说法是"诸法从因生，诸法从因灭，如是灭与生，沙门说如是"。《佛说初分说经》的说法似乎与此一致。

3. 法藏部的说法

《佛本行集经》记载法藏部的说法是"诸法因生者，彼法随因灭，因缘灭即道，大师说如是"。属于法藏部的《四分律》与此基本一致，所不同的是汉译《四分律》采用的是长行。

---

① T. 3, n. 190, p. 932a16–22.

4.（根本）说一切有部的说法

据《根本说一切有部毗奈耶出家事》所载，有部师的说法是“诸法从缘起，如来说是因，彼法因缘尽，是大沙门说”。《大智度论》《佛阿毗昙经出家相品》的说法与此基本一致。一般而言，上述与有部有关的经典应该还包括《撰集百缘经》《普曜经》《佛所行赞》，但从汉译来看，这些翻译都稍有不同。

5. 化地部的说法

据《五分律》载，化地部的说法是“法从缘生，亦从缘灭，一切诸法空无有主”。单从汉译而言，《中本起经》《普曜经》《过去现在因果经》与化地部的说法非常接近，都提到了诸法本无、空无的概念。①

6. 无法判定归属的说法

这里面可以分成两组。

一组以《大方等大集经》第九分“宝幢分”为代表，其中的说法是“法从缘生，通达是因，因缘灭故，即是寂静。世间即苦，苦因名集，若修八正，世间集灭。若无苦集，我师说言，名为涅槃”。前一句话（“法从缘生，通达是因，因缘灭故，即是寂静”）与上述诸经论差异还不是特别大，关键是后一句

① 此处谈及的诸法本无、空无的概念很值得关注，若从部派佛教的语境来看，此处讲的空无当纳入苦谛四行相中，而大乘佛教则继承并大大发展了这一概念，例如，西晋竺法护译《大宝积经》第三“密迹金刚力士会”中有这样一段偈颂（T. 11, n. 310, p. 51c14–16）：

> 是一切诸法，皆从因缘起，本无主师教，从造化现生，
> 其解内以空，外则无因缘，是一切诸法，慌忽悉空虚。

这段话在北宋法护译《佛说如来不思议秘密大乘经》中被处理成了长行（T. 11, n. 312, p. 715a1–4）：

> （佛言：“善男子！）当知诸法，从缘所生，中无主宰，亦无作者，知内是空，外无所行，诸法皆空，虚假无实，于见于作，应悉清净，犹如虚空，而无所取。”

藏译的《大宝积经》在这段话的处理方面与竺法护译本一致（D 47, vol. ka, 122b6–7）：

> *chos rnams 'di dag brten nas byung ba ste || bdag po med cing byed pa po dang bral || nam yang stong zhing phyi rol rgyu ba med | chos rnams 'di dag gsog dang gsob yin te || lta dang bya ba dag cing g.yo ba med || nam mkha' lta bur rtag tu gzung du med.*

照我的理解，大乘佛教实际上是突出了此处所讲的缘起和空无的概念，认为缘起即是空无，关于此点，下面的论述还会涉及。

话（“世间即苦，苦因名集，若修八正，世间集灭。若无苦集，我师说言，名为涅槃”）直接阐述了四谛，相似的说法还可以包括《佛说十二游经》（“诸法从因，缘灭诸苦尽灭”）和《佛本行经》（“觉苦苦起无，又知苦所灭；所以苦灭道，圣师所颁宣”）。这句话看来与《法句经》相关，例如，梵本《优陀那品》（*Udānavarga*）有这样一段话：

duḥkhaṃ duḥkhasamutpādaṃ duḥkhasya samatikramam |
āryaṃ cāṣṭāṅgikam mārgaṃ duḥkhopaśamagāminam ||①

汉译《法句经》中的“生死极苦，从谛得度，度世八道，斯除众苦”②，以及《出曜经》中的“苦因苦缘生，当越此苦本，贤圣八品道，灭尽甘露际”③当是这首偈颂在汉译佛典中的反映，从相关经典叙事的背景来看，这是佛陀宣说四谛，劝世人自归三宝的开示，很符合马胜比丘劝化舍利弗的语境。20世纪90年代，在越南南部发现了一片刻有铭文的金箔，年代大约是公元7—8世纪，铭文内容分为三部分，一是上面提及的ye dharmā偈颂，其二就是此处讨论的duḥkham偈颂，还有两段真言。前两段颂文的同时出现是否可以视作是“宝幢分”的说法在考古上的证据？另外，佛教学者史基林（Peter Skilling）从语言上推测金箔铭文当与犊子部或正量部相关④，“宝幢分”的语句是否亦与这两个部派相关？

---

① Franz Bernhard, *Udānavarga* (Sanskrittexte aus den Turfanfunden X), Band I, Göttingen: Vandenhoeck and Ruprecht, 1965, 27.34, p. 305. 参考巴利语《法句经》（O. von Hinüber and K.R. Norman [eds.], *Dhammapada*, Oxford: Pali Text Society, 1994, 1997 [reprinted with corrections], 191, p. 54）：*dukkhaṃ dukkhasamuppādaṃ dukkhassa ca atikkamaṃ | ariyañ c' aṭṭhaṅgikaṃ maggaṃ dukkhūpasamagāminaṃ ||*.

② T. 4, n. 210, p. 567b9–10.

③ T. 4, n. 212, p. 740b20–21.

④ Peter Skilling, “A Buddhist Inscription from Go Xoai, Southern Vietnam and Notes towards a Classification of *Ye dharmā* Inscriptions,” *80 pi sasadachan dr. prasert na nakhon: ruam bot khwam wichakan dan charuk lae ekasan boran*, Bangkok: 1999, pp. 171–187 [*80 Years: A Collection of Articles on Epigraphy and Ancient Documents published on the Occasion of the Celebration of the 80th Birthday of Prof. Dr. Prasert na Nagra*, 21 March 1999〔2542〕].

另一组以《宝星陀罗尼经》和《佛说给孤长者女得度因缘经》为代表，虽然单从颂文而言，与上述经论差异较大，但其中的脉络还是较为清晰（下详）。

从以上的归类可以看出，从汉译角度而言，诸经论对舍利弗所闻法义的记载多少都有一些不同，虽然这种差异可以由《佛本行集经》的说法予以佐证，但因为缺乏相关的梵文本和藏译本的对照，单从汉译我们很难判定这些差异的细微区别，而且我们也很难判断这些差异与部派归属的关系究竟有多大。现有的梵文本和巴利文本，以及藏译本在这方面的记载基本一致，都是一首偈颂。结合诸本，我们可以得出结论，即一般而言，舍利弗听闻的当是以下一首偈颂：

梵　语：ye dharmā hetuprabhāvā hetuṃ teṣāṃ tathāgato āha |
teṣāṃ ca yo nirodha evaṃvādī mahāśramaṇaḥ ||
巴利语：ye dhammā hetuppabhavā tesaṃ hetuṃ tathāgato āha
tesañ ca yo nirodho evaṃvādī mahāsamaṇo ’ti
汉　译：诸法从缘起，如来说是因，彼法因缘尽，是大沙门说。
藏　译：chos rnams gang dag rgyu las byung ba dang ||
de yi rgyu dang de ’gog gang yin pa’ang ||
de bzhin gshegs pa nyid kyis bka’ stsal te ||
de skad gsung ba’i tshul can dge sbyong che ||

二、Ye dharmā 偈颂的含义

以上述偈颂为出发点，我想要讨论的第二个问题是：如何理解这一首偈颂？我们还是从巴利文献开始讨论。巴利语的《藏论》（*Peṭakopadeṣa*）中有该偈颂的完整解释，兹翻译如下：

何为四圣谛？

诸法从因生，如来说是因，彼法亦是灭，是大沙门说。

“从因而生的诸法”（指的）是苦，“因”（指的）是集，“如来的宣说”（指的）是道，“彼法亦是灭”（指的）是那（宣说的也）是灭。

任何随观结使诸法中的欲乐，（此等随观欲乐即）烦恼，即渴爱，（它们不断）增长，爱缘取，取缘有，有缘生，生缘老死，忧悲苦恼，如是集成一大苦蕴。此结使即为集，结使诸法生起忧悲苦恼，此即是苦，随观结使诸法中的过患就是道。从生、老、病、死、忧、悲中解脱，乃至从热恼迷乱中解脱，这就是涅槃（灭）。

这就是四谛。①

从巴利文献的解释可以看出，该首偈颂论述的内容即是四谛，在对苦谛（“从因而生的诸法”）的进一步论述中，引入了缘起的说法。换句话说，该首偈颂的本义是对四谛的解释，但也暗含了缘起的解释。

《大智度论》也有对该首偈颂的简短解释，在谈及论议中的“随相门”时，论书说：

若人入蜫勒门，论议则无穷；其中有随相门、对治门等种种诸门。……随相门者，……如佛于四谛中，或说一谛，或二、或三。如马星比丘为舍利弗说偈：“诸法从缘生，是法缘及尽，我师大圣王，是义如是说。”此偈但说三谛，当知道谛已在中，不相离故；譬如一人犯事，举家

① A. Barua (ed.), *The Peṭakopadeṣa*, Oxford: Pali Text Society, 1949, 1982 (reprinted), 42: *Tattha katamāni cattāri ariyasaccāni: Ye dhammā hetuppabhavā – tesaṃ hetuṃ tathāgato āha. Tesaṃ ca yo nirodho - evaṃ vādī mahāsamaṇo'ti. Hetuppabhavā dhammā dukkhaṃ, hetu samudayo, yaṃ bhagavato vacanaṃ ayaṃ maggo, tesaṃ yo nirodho, ayaṃ nirodho. Ye hi keci saṃyojanīyesu dhammesu assādānupassino viharanti, kilesā taṇhā pavaḍḍhati taṇhāpaccayā upādānaṃ. Upādānapaccayā bhavo. Bhava paccayā jāti. Jātipaccayā jarāmaraṇaṃ, sokaparidevadukkhadomanassupāyāsā sambhavanti evametassa kevalasasa dukkhakakhandhassa samudayo hoti. Tattha yaṃ saṃyojanaṃ, ayaṃ samudayo. Ye saṃyojanīyā dhammā ye ca sokaparidevadukkhadomanassupāyāsā sambhavanti, idaṃ dukkhaṃ. Yā saṃyojanīyesu dhammesu ādīnavānupassanā, ayaṃ maggo. Parimuccati jātiyā jarāya vyādhīhi maraṇena1 sokehi paridevehi, yāva upāyāsehi. Idaṃ nibbānaṃ. Imāni cattāri saccāni.*

受罪。[1]

《大智度论》也论述到了缘起，但并未把缘起的解释和ye dharmā偈颂联系起来解释。在解释《般若经》的“巧说因缘法”时[2],《大智度论》有这样一段话：

> 十二因缘生法，种种法门能巧说烦恼、业、事。法次第展转相续生，是名十二因缘。是中无明、爱、取三事，名烦恼；行、有二事，名为业；余七分，名为体事。
>
> 是十二因缘，初二过去世摄，后二未来世摄，中八现前世摄。
>
> 是略说三事：烦恼，业，苦。是三事展转更互为因缘：是烦恼业因缘，业苦因缘，苦苦因缘，苦烦恼因缘，烦恼业因缘，业苦因缘，苦苦因

---

① T. 25, n1509, p. 192b6–22.

② 鸠摩罗什译《摩诃般若波罗蜜经》的开头讲述菩萨功德时，有“巧说因缘法”一句（T. 8, n. 223, p. 217a18），竺法护译《光赞经》相应之处译作“讲诸因缘，心志所趣”（T. 8, n. 222, p. 147a19），无罗叉译《放光般若经》对应之处似乎为“所教次第”（T. 8, n. 221, p. 1a16–17），玄奘译《大般若波罗蜜多经》第二会相应之处译作“智慧辩才善巧具足”（T. 7, n. 220, p. 1b20–21），藏译《二万五千颂般若》（*shes rab kyi pha rol tu phyin pa stong phrag nyi shu lnga pa*）相应之处有如下文句（D 9, vol. ka, 2a7–b1）：

> *las dang nyon mongs pa dang | phyir rgol ba rab tu bcom pa | pha rol po'i rgol ba thams cad kyis zil gyis mi non pa | nyan thos dang rang sangs rgyas thams cad kyis rtogs par dka' ba | chos rab tu rtogs pas rnam par dbye zhing bstan pa la mkhas pa ...*
>
> 灭除业、烦恼及外道，一切敌手无能折服，一切声闻缘觉难以证知，于法证知，善巧分别及为演说。

现存梵文本对应之处为dharmapravicayavibhaktinirdeśakuśalair（于法证知，善巧分别及为演说），参见Nalinaksha Dutt (ed.), *The Pañcaviṁśatisāhasrikā Prajñāpāramitā, Edited with Critical Notes and Introduction* (Calcutta Oriental Series no. 28), London: Luzac & Co., 1934, 4.11–12.

从诸本的比较可以看出《般若经》在描述菩萨功德时语句互有出入，造成这一状况的原因固然有文本传抄的差异，但不可忽略的还有义理上的阐发，限于篇幅，此处无法展开详细讨论。单就早期的汉译而言，似乎强调菩萨善于讲法，而且是讲因缘法，联系到后期密教仪轨中念诵以ye dharmā偈颂为代表的法句就是法施，就是对他人宣说缘起自性空的思想来看，此处已经有了端倪。

缘，是名展转更互为因缘。[1]

四谛和十二因缘是初期佛教的核心概念，因此，马胜比丘告诉舍利弗的佛法精义也必然与此相关，而“缘起是自悟的法门，而四谛则是为了他人而说的教义”[2]，因此，以ye dharmā偈颂为代表的马胜比丘对舍利弗的宣教，以及舍利弗对目犍连的宣教，其在初期佛教强调的层面都应该是四谛，这从上述巴利文献和《大智度论》的诠释中也可得到证明。

初期佛教对缘起的最简略的表述是“此有故彼有，此生故彼生”，若展开来讲，则最通行的表述是十二因缘。缘起往往代表了佛法的精义，佛陀曾说：“若见缘起便见法,若见法便见缘起。”[3]《大庄严论经》开篇论及佛法时讲了一个故事，说一个外道婆罗门偶然获得《十二因缘经》阅读而悟道，并且通过讲解《十二因缘经》而使其他外道婆罗门悟道的故事，说明十二因缘在佛法中的重要地位。[4]从佛教后来的演进来看，ye dharmā偈颂中缘起的意义更为凸显。

---

① T. 25, n. 1509, p. 100b12–20. 上面提到的《宝星陀罗尼经》和《佛说给孤长者女得度因缘经》中的偈颂，似乎正是反映了此种解释方向。但需要注意的是四谛也可以从烦恼、业的角度加以解释，《阿毗昙毗婆沙论》中说：“譬喻者作如是说：‘名色是苦谛，烦恼业是集谛，烦恼业尽是灭谛，定慧是道谛。’”（T. 28, n. 1546, p. 296c4–5）据吕澂研究，譬喻者是经量部的先驱，并且与大乘的关系也较为密切，他们惯于以四谛概括佛说。参见吕澂：《略述经部学》，《吕澂佛学论著选集》（卷四），济南：齐鲁书社，1991年（初版），1996年（第二次印刷），第2382—2399页。

② 水野弘元：《佛教要语的基础知识》，汉译本见蓝吉富主编：《世界佛学名著译丛3》，台北：华宇出版社，1984年，第205页。

③《中阿含·象迹喻经》，T. 1, n. 26, p. 467a9–10.

④ T. 4, n. 201, p. 258c14–261a18：复次，应分别论。所谓论者，即是法也。夫于法所宜善思惟，若能思惟则解其义。我昔曾闻，有婆罗门名憍尸迦，善知僧佉论、卫世师论、若提碎摩论，如是等论解了分别。彼婆罗门住华氏城中，于其城外，有一聚落。彼婆罗门有少因缘，诣彼聚落，到所亲家。时其亲友以缘事故余行不在，时憍尸迦婆罗门语其家人：“汝家颇有经书以不？吾欲并读待彼行还。”时所亲妇即为取书，偶得《十二缘经》而以与之。既得经已，至于林树间闲静之处，而读此经。……初读一遍犹未解了，至第二遍即解无我。……于是憍尸迦从亲友家，即诣僧坊求索出家，出家已后得阿罗汉。何因缘故说是事耶？以诸外道常为邪论之所幻惑故，说十二因缘经论而破析之。

敦煌藏文文书中有一部文献，由本颂和注疏两篇短论组成①，本颂题名为“缘起伽陀”（*Pratītyasamutpādagāthā*），注疏题名为“缘起伽陀解说”（*Pratītyasamutpādagāthāvyākhyāna*）。这是一部翻译文献，不见载于现存藏文大藏经中。“缘起伽陀”就是我们此处讨论的ye dharmā偈颂，说明此时ye dharmā偈颂已经成为缘起的代表偈颂。在注疏中，论主明确说明该偈颂有两种理解方式②，并且分别对此偈颂进行了梳理。第一种是从四谛十六行相的角度，第二种是从十二因缘的角度，并进一步归纳为染起和还净两个层面。③

如果说敦煌藏文文书对ye dharmā偈颂的解释是四谛和缘起并行不悖的话，藏文《丹珠尔》（bstan ’gyur）中保存的另一部论书则完全立足于缘起的角度对该颂文进行解释，这是一部对ye dharmā偈颂进行专门解释的简短论书，题名为《ye dharmā注释》（*ye dharmā’i ’grel ba*）④。撰著者认为该偈颂宣说的是烦恼，业，苦，烦恼指是十二因缘中的第一支（无明）、第八支（爱）、第九支（取），业指的是十二因缘中的第二支（行）、第十支（有），苦指的是十二因缘中剩下的七支。这与前述《大智度论》对缘起的解释几无二致。据藏文译跋，该论书为印度论师恒常金刚（*Nityavajra, rtag pa’i rdo rje）撰，藏族译师熏努（gzhon nu）译，虽然二人的时代、生平于我们而言并不清楚，但鉴于该论书未见载于早期的经录，因此很可能是后弘期的翻译作品。将敦煌藏文文书和保存在《丹珠尔》中的论书两相比较，似乎可以看出后者消解了从四谛角度对ye dharmā偈颂的解释，而凸显了其缘起方面的含义，这与巴利文献和《大智度论》中的阐释已经有了明显的分野。

ye dharmā偈颂之所以能够成为缘起的代表偈颂，一部分原因应该和部派

---

① IOL Tib J 127，参考Louis de la Vallée Poussin, *Catalogue of the Tibetan Manuscripts from Tun-huang in the India Office Library,* Oxford: Oxford University Press, 1962, no. 127, p. 49.

② IOL Tib J 127, 2a4: *tshigs su bchad pa ’di’i don gzhun du yang rtogs par bya ste.*

③ 值得注意的是，藏译的跋文说论主是正量部（kun gyis bkur ba’i sde pa）的伏地铠（sa dul ba’i go cha），因此，对ye dharmā偈颂的此种解释是否可以视作正量部的观点？若对ye dharmā偈颂从四谛十六行相的角度诠释，苦谛的四行相是无常、苦、空、无我，那么，前述汉译佛典中“因缘空无主”“从缘悉本无”“一切诸法空无有主”“因缘生无主”等句子是否指示了此种解释方向？

④ D 4149.

佛教对缘起的多层次阐释有关。《阿毗达磨大毗婆沙论》中说佛陀在不同的语境下，对缘起的施设也不一样：

> 世尊为受化者施设缘起少多不定。谓或有处说一缘起，谓一切有为法总名缘起。如说："云何缘起？谓一切有为法。"或复有处说二缘起，谓因与果。或复有处说三缘起，谓三世别；或烦恼、业及事为三。无明、爱、取说名烦恼，行、有是业，余支是事。或复有处说四缘起，谓无明、行，及生、老死。现在八支摄入四种，谓爱、取入无明，有入行，识入生，名色、六处、触、受入老死。或复有处说五缘起，谓爱、取、有，及生、老死。前际七支摄入此五，谓无明入爱、取，行入有，识入生，名色、六处、触、受入老死。或复有处说六缘起，谓三世中各有因果。或复有处说七缘起，谓无明、行、识、名色、六处、触、受。后际五支摄入此七。谓爱、取入无明，有入行，生入识，老死入名色、六处、触、受。或复有处说八缘起，谓现在八支。过去未来四支摄入此八。谓无明入爱、取，行入有，生入识，老死入名色、六处、触、受。或复有处说九缘起，如《大因缘法门经》说。或复有处说十缘起，如《城喻经》说。或复有处说十一缘起，如智事中说。或复有处说十二缘起，如余无量契经中说。①

前面提到的对十二缘起从烦恼、业、苦角度的阐释在这里被归结为三缘起。而且此处提到了一缘起，即一切有为法总名缘起，联系到ye dharmā偈颂的第一句话"诸法从缘起"来看，这似乎已经为ye dharmā偈颂代表十二缘起埋下了伏笔。

从上面的分析我们可以看出，ye dharmā偈颂最初的含义当和四谛有关，后来既可以从四谛角度阐释，也可以从缘起的角度阐释，再后来则专门指向缘起，从而亦得名缘起伽陀。

---

① T. 27, n. 1545, p. 122a9–b1.

三、Ye dharmā偈颂的神化

以十二因缘为代表的缘起说是初期佛教基于人生现象的考察而得出的结论，是佛法精义的象征，《阿含经》中曾说观见缘起，即是见法，《阿含经》在别处也提到“若佛出世，若未出世，此法常住，法住法界”[①]。大乘佛教兴起后，一方面认为观见缘起不仅是见法，亦能见佛，另一方面扩充并突出了缘起的深层内涵，将十二因缘对人生现象的解释扩展到对一切有为法的解释。如《佛说大乘稻芊经》中言及：

> 若见因缘，即能见法，若见于法，即能见佛者。……若能见因缘之法……得正智故，能悟胜法，以无上法身而见于佛。问曰：“何故名因缘？”答曰：“有因有缘，名为因缘，非无因无缘故，是故名为因缘之法。世尊略说因缘之相，彼缘生果。如来出现，若不出现，法性常住。……此因缘法，以其二种而得生起，云何为二？所谓因相应，缘相应。彼复有二，谓外及内。……应以五种观彼外因缘法，何等为五？不常、不断、不移、从于小因而生大果、与彼相似。……应以五种观内因缘之法，云何为五？不常、不断、不移、从于小因而生大果、与彼相似。”[②]

上述引文有两点值得关注，一是经文说见缘起即能见以至上法身方式存在的佛[③]，反映了缘起在缅怀、感怀、供养佛陀中的作用；二是对缘起法的观察立足于不常、不断等方面，为从诸法性空的角度解释缘起指明了方向。

---

① 刘宋求那跋陀罗译：《杂阿含经》第296经（T. 2, n. 99, p. 84b19–20）。

② T. 16, n. 712, p. 823c4–825c25.

③ 汉译中的“以无上法身而见于佛”意思不是特别清楚，为免造成歧义，此处的表述参考梵藏文进行了重新组织。梵文为*so 'nuttaradharmaśarīraṃ buddhaṃ paśyati*，参见P.L. Vaidya (ed.), *Mahāyāna-sūtra-saṁgraha*, Part 1, Buddhist Sanskrit Texts, 17, Darbhanga: The Mithila Institute, 1961, p. 101.2，藏译为*bla na med pa'i chos kyi skur sangs rgyas mthong ngo*, D 210, vol. tsha, 117a4.

就第一点而言，涉及佛塔崇拜、经典供奉、教法布施等思想。这些思想的起源、流变、联系是一个非常复杂的问题，此处不拟深入讨论，仅简述如下：《大唐西域记》记载最初的佛塔为供养如来头发和指甲而建①，《根本说一切有部毗奈耶杂事》曾记载舍利弗圆寂后，给孤独长者请求供奉舍利弗火化遗骨，佛陀听许长者造塔供养②。诸经论也说佛陀圆寂后，八王分舍利而建塔，因此，造塔的最初目的当与感怀佛陀和高僧大德有关。随着大乘佛教的发展，经典供奉和法施思想的盛行，供奉舍利的佛塔也可以用于供奉佛经，代表佛陀的法身，这样，造塔和供奉经典有了联系。例如，《法华经》中说：

> 药王！在在处处，若说、若读、若诵、若书，若经卷所住处，皆应起七宝塔，极令高广严饰，不须复安舍利。所以者何？此中已有如来全身。此塔应以一切华、香、璎珞，缯盖、幢幡，伎乐、歌颂，供养恭敬，尊重赞叹。若有人得见此塔，礼拜、供养，当知是等皆近阿耨多罗三藐三菩提。③

《大般若经》中也说：

> 当知般若波罗蜜多随所住处亦复如是，一切天、龙、阿素洛等常来守护，供养恭敬、尊重赞叹，不令般若波罗蜜多有留难故。当知是处即真制多，一切有情皆应敬礼，当以种种上妙花鬘、涂散等香、衣服、缨络、宝幢、幡盖、众妙、珍奇、伎乐、灯明而为供养。……
>
> 若善男子、善女人等书此般若波罗蜜多甚深经典，种种庄严供养恭敬、尊重赞叹，复以种种上妙花鬘、涂散等香、衣服、缨络、宝幢、幡

---

① T. 51, n. 2087, p. 873a4–13: 昔者如来初证佛果，起菩提树，方诣鹿园。时二长者遇彼威光，随其行路之资，遂献麨蜜，世尊为说人天之福，最初得闻五戒十善也。既闻法诲，请所供养，如来遂授其发、爪焉。二长者将还本国，请礼敬之仪式。如来以僧伽胝（旧曰僧祇梨，讹也），方迭布下，次欝多罗僧，次僧却崎（旧曰僧祇支，讹也），又覆钵，竖锡杖，如是次第，为窣堵波。二人承命，各还其城，拟仪圣旨，式修崇建，斯则释迦法中最初窣堵波也。

② T. 24, n. 1451, p. 291a17以下。

③ T. 9, n. 262, p. 31b26–c3.

盖、众妙、珍奇、伎乐、灯明而为供养。或善男子、善女人等佛涅槃后，起窣堵波七宝严饰，宝函盛贮佛设利罗安置其中，供养恭敬、尊重赞叹，复以种种上妙花鬘、涂散等香、衣服、缨络、宝幢、幡盖、众妙、珍奇、伎乐、灯明而为供养。是二福聚，前者为多。①

就考古学上的证据而言，造塔仪式中所供奉的经典早期恐怕是以十二因缘为代表②。巴基斯坦白沙瓦的库拉（Kurram）山谷曾发现一个塔形的铜制舍利盒③，盒身外部四周刻有佉卢文铭文，内容包括造塔日期、造塔功德主的名字、舍利塔的所有者以及一小段佛陀论述缘起的经文，这里的缘起是用“无明缘行，行缘识，识缘名色，名色缘六处，六处缘触，触缘受，受缘爱，爱缘取，取缘有，有缘生，生缘老死，起愁叹苦忧恼，是名为纯大苦蕴集”，即对十二因缘的顺观来表达的。造塔的具体年代据推算为公元148年，这是目前所能发现最早明确提及缘起及其内容的实物，说明至少在公元2世纪时，佛教徒认可十二因缘是缘起的标准表述。④印度、中亚、东南亚的佛教考古材料也表明，在公元5—6世纪时期，造塔时安置论述十二因缘的相关文句是佛教共有的传统。⑤

就第二点，即从诸法性空的角度阐释缘起而言，近年在阿富汗发现的一片

---

① T. 5, n. 220, p. 570c8–14, 571b1–9.

② 这可能是受了用缘起代表佛法的思想的影响，另外，从形式上来看，表述十二因缘的经文篇幅相对简短，便于书写镌刻也是其中的原因之一。当然，此处并没有排除在佛塔中供奉其他经典的可能。例如，1931年在吉尔吉特（Gilgit）的一座圮废佛塔中发现了大量的梵文佛典，虽然学者对这种如此众多写本“储藏”在佛塔中的具体动机还有争议，但造塔和经典供奉的思想无疑是其中的一个重要动因。

③ 此据藏品主人所述，舍利盒的原出土地并不明确，参见Sten Konow, *Kharoshṭhī Inscriptions, with the exception of those of Aśoka*, Corpus inscriptionum Indicarum; v. 2, pt. 1, Calcutta: Government of India, 1929, pp. 152–155.

④ 前面论及的《大庄严论经》中也说应对《十二因缘经》起塔供养（T. 4, n. 201, p. 259b16–b21）：

如是妙法宜用真金而以书写，盛以宝函种种供养。即说偈言：“设我有财宝，以真金造塔，七珍用厕填，宝案妙巾袠，庄严极殊妙，而用以供养，虽作如是事，尚不称我意。”

⑤ 关于十二因缘语句在考古上的发现，参见Gudrun Melzer, in collaboration with Lore Sander, “A Copper Scroll Inscription from the Time of the Alchon Huns.” in Jens Braarvig, Paul Harrison, Jens-Uwe Hartmann, Kazunobu Matsuda, Lore Sander (eds.), *Buddhist Manuscripts In The Schøyen Collection*, vol. Ⅲ, Oslo: Hermes Publishing, 2006, pp. 251–278.

铜箔颇值关注。这片铜箔被发现时是卷起来的，展开后发现它上面刻有梵文铭文。铭文分为两部分，后部分含有建塔缘由、施主名字、发愿文等信息，说明铜箔是佛塔的装藏物，年代大概在公元6世纪初期；而前部分则是对一部大乘佛典《有德婆罗门女所问经》①的序分和正宗分前半部分的引述，主要是说有德婆罗门女向佛陀谘问其转法轮所说之法，佛则告知以十二因缘。这暗示佛法精义含在十二缘起中。而在引述完十二缘起后，铭文接着给出了龙树《中论》的皈敬颂，暗示了对十二缘起的理解应着眼于诸法性空的角度，而这也正是铭文未引的《有德婆罗门女所问经》后部分论述的内容，估计铭文此处就以《中论》偈颂作了概括。②

前面说过，随着佛教的发展，ye dharmā偈颂逐渐代表了十二因缘。ye dharmā偈颂代表缘起时，不仅继承了其中的内涵，对其外显的功能，即作为造塔仪式中的装藏也予以了继承，并且加以扩展。

藏文《甘珠尔》(bka' 'gyur)中保存有一部翻译于吐蕃时期的短小经文，题名为《缘起大乘经》(*rten cing 'brel bar 'byung ba zhes bya ba theg pa chen po'i mdo*)，内容叙述的是佛在三十三天讲法，观音为众生增长福德而谘问法义，佛陀宣讲ye dharmā缘起偈颂，并且说此缘起偈颂是诸佛如来之法身，若有谁睹见缘起，则为见佛。③这里，ye dharmā偈颂不仅成为佛陀亲口宣讲的法义，成为缘起的代表，也成为如来法身的代表。

《缘起大乘经》中还有几处值得关注。一是提到建造小塔时，若将ye dharmā偈颂安置其中，建造之人能生得梵福，死升梵界。④二是藏译对颂文的

---

① 该经汉译有两见，一是竺法护译《佛说梵志女首意经》，一是菩提流志译《有德女所问大乘经》；藏译译于吐蕃时期。

② 铭文的具体研究参见Gudrun Melzer, 2006。

③ D 212, vol. tsha, 125b3–4: *rten cing 'brel bar 'byung ba 'di ni de bzhin gshegs pa rnams kyi chos kyi sku yin te | su rten cing 'brel bar 'byung ba mthong ba des de bzhin gshegs pa mthong ngo.*

④ 125b4–6: *rigs kyi bu'am | rigs kyi bu mo dad pa can gang la la zhig gis mi gnas pa'i phyogs su mchod rten ni skyu ru ra'i 'bru tsam | srog shing ni khab tsam | gdugs ni ba ku la'i me tog tsam zhig byas la | rten cing 'brel par 'byung ba chos kyi dbyings kyi tshigs su bcad pa nang du bcug na de tshangs pa'i bsod nams skyed par 'gyur te | 'di nas shi 'phos shing 'chi ba'i dus byas nas tshangs pa'i 'jig rten dag tu skye bar 'gyur ro || de nas shi 'phos te 'chi ba'i dus byas nas gnas gtsang ma'i ris kyi lha rnams dang skal pa mnyam par skye bar 'gyur ro.*

处理，藏译对颂文采取的是首先转写再翻译的方式，藏译一般对陀罗尼或真言才采取转写，这说明缘起偈颂已经具有了陀罗尼的功能，而且藏文大藏经对《缘起大乘经》的编排也说明了藏族僧人对该经的理解和重视，《缘起大乘经》在德格版《甘珠尔》中出现了三次，一次归入经部[①]，一次归入怛特罗部[②]，一次归入陀罗尼部[③]。

就第一点而言，《缘起大乘经》将ye dharmā偈颂和造塔仪轨联系在了一起，这在汉译佛典中也能找到例证，例如，唐地婆诃罗所译《佛说造塔功德经》中说：

> 尔时世尊告观世音菩萨言："善男子！若此现在诸天众等，及未来世一切众生，随所在方未有塔处，能于其中建立之者——其状高妙出过三界，乃至至小如庵罗果；所有表刹上至梵天，乃至至小犹如针等；所有轮盖覆彼大千，乃至至小犹如枣叶——于彼塔内藏掩如来所有舍利、发、牙、髭、爪，下至一分；或置如来所有法藏十二部经，下至于一四句偈。其人功德如彼梵天，命终之后生于梵世。于彼寿尽，生五净居，与彼诸天等无有异。善男子！如我所说如是之事，是彼塔量功德因缘，汝诸天等应当修学！"
>
> 尔时观世音菩萨复白佛言："世尊！如向所说，安置舍利及以法藏，我已受持。不审如来四句之义，唯愿为我分别演说！"
>
> 尔时世尊说是偈言：
>
> "诸法因缘生，我说是因缘，因缘尽故灭，我作如是说。
>
> 善男子！如是偈义名佛法身，汝当书写置彼塔内。何以故？一切因缘及所生法，性空寂故，是故我说名为法身。若有众生解了如是因缘之义，当知是人即为见佛。"[④]

---

① D 212.

② D 520.

③ D 980.

④ T. 16, n. 699, p. 801a23–b15.

此处将在佛塔中安置如来发爪舍利和三藏经典并举，认为二者均能获得梵福，反映了供养舍利和经典供奉思潮的盛行。供奉的经典广至三藏十二部经，略至一四句偈，即ye dharmā偈颂，明确指出ye dharmā偈颂可以视作三藏十二部经，即全部佛法的代表。①

这里也提到ye dharmā偈颂就是佛法身的代表，但对法身的解释却是着眼于诸法性空的角度，尤其是"一切因缘及所生法，性空寂故"一句，很容易让人想到龙树在《中论》中的表述："众因缘生法，我说即是空。"②凸显出ye dharmā偈颂不仅是缘起的代表，而且暗含了"性空"的观点。

《缘起大乘经》和《佛说造塔功德经》译出的年代都在公元7—9世纪，这个时候也正是在塔中放置ye dharmā偈颂的习惯在印度兴盛之际③，唐代赴印的求法僧也观察到了这一现象，例如，义净（635—713）在《南海寄归内法传》中说：

> 造泥制底及拓模泥像，或印绢纸，随处供养；或积为聚，以砖裹之，即成佛塔；或置空野，任其销散。西方法俗，莫不以此为业。又复凡造形像及以制底，金、银、铜、铁、泥、漆、砖、石，或聚沙雪，当作之时中安二种舍利，一谓大师身骨，二谓缘起法颂，其颂曰：
> "诸法从缘起，如来说是因，彼法因缘尽，是大沙门说。"
> 要安此二，福乃弘多。由是经中广为譬喻，叹其利益不可思议。④

这里，ye dharmā偈颂也成为一种舍利，并获得了其专名"缘起法颂"。

---

① 佛经中很多地方都讲到四句偈，但大部分时候都是虚指，用来代表佛语的最小计量单位。此处将四句偈与ye dharmā偈颂直接挂钩，一个原因是ye dharmā偈颂从产生之初就代表了佛法的精义，能够在内容上代表缘起，另一个原因则是ye dharmā偈颂从形式上来看就是一首四句偈。

② T. 30, n. 1564, p. 33b15.

③ 考古资料也证明，ye dharmā偈颂与造塔造像仪式的联系大约始于公元6世纪，参见Daniel Boucher, "The *Pratītyasamutpādagāthā* and Its Role in the Medieval Cult of the Relics," *The Journal of the International Association of Buddhist Studies*, vol. 14, no. 1, 1991, pp. 1–27.

④ T. 54, n. 2125, p. 226c15–24.

义净本人还翻译过一部《浴佛功德经》，其中也说：

> 世尊具有三身，谓法身、受用身、化身。我涅槃后，若欲供养此三身者，当供养舍利。然有二种：一者、身骨舍利；二者、法颂舍利。即说颂曰：
>
> “诸法从缘起，如来说是因，彼法因缘尽，是大沙门说。”
>
> 若男子、女人、苾刍五众应造佛像。若无力者，下至大如麸麦，造窣堵波形如枣许，刹竿如针，盖如麸片，舍利如芥子，或写法颂，安置其中。如上珍奇，而为供养，随己力能，至诚殷重，如我现身，等无有异。①

这里，ye dharmā偈颂被称为“法颂舍利”，供养法颂舍利如同如来亲自现身。

ye dharmā偈颂不仅可以直接装藏入塔，也可以拓印在小塔、泥像上，然后再装藏入塔，这种做法在印度非常流行，先义净而去印度的玄奘（600–664）对此亦有记述，他在《大唐西域记》中为我们生动讲述了胜军居士对此供养方式的实践：

> 印度之法，香末为泥，作小窣堵波，高五六寸，书写经文，以置其中，谓之法舍利也；数渐盈积，建大窣堵波，总聚于内，常修供养。故胜军之为业也，口则宣说妙法，导诱学人，手乃作窣堵波，式崇胜福，夜又经行礼诵，宴坐思惟，寝食不遑，昼夜无怠。年百岁矣，志业不衰。三十年间，凡作七拘胝（唐言亿）法舍利窣堵波。每满一拘胝，建大窣堵波，而总置中，盛修供养，请诸僧众，法会称庆，其时神光烛曜，灵异昭彰，自兹厥后，时放光明。②

① T. 16, n. 698, p. 800a06–16.

② T. 51, n. 2087, p. 920a21–b3.

刻印有ye dharmā偈颂的拓模泥塔或泥像在那烂陀的考古发掘中有大量发现，证实了玄奘和义净的记载。而藏人称之为擦擦的拓模泥塔或泥像在藏地更是屡见不鲜。

关于如何在佛塔或佛像中装藏ye dharmā偈颂，12世纪的印度大德无畏藏护（Abhayākaragupta）在他写的《曼荼罗仪轨·金刚鬘》（*Vajrāvalīnāmamaṇḍalavidhi*）中有一段描述：

> 凡诸何时，若欲对如来舍利作殊胜供养承事，即应在造作（像塔）之际，于身像之顶或背面、塔之中央（留）空（龛），（这样）完成后，以藏红花和洁净牛粪在桦树皮上写下“南无世尊、释迦牟尼、如来、阿罗汉、三藐三佛陀。唵！牟尼，牟尼，大牟尼，莎诃！诸法从缘起，如来说是因，彼法因缘尽，是大沙门说”，以及（其他）殊胜的陀罗尼。（用它们）缠绕包裹（以洁净仪式）清洗过的舍利，（一边）念诵“唵！真言舍利胎藏，莎诃！”（一边将其）置入空（龛）。然后（一边）念诵“唵！金刚舍利胎藏，莎诃！”（一边）用金刚泥将空（龛）之门封上，像上述那样进行开光。①

随着造塔仪式的完备，ye dharmā偈颂的重要性也益发凸显，ye dharmā偈颂不仅仅用于装藏，而且在加持开光仪轨中，念诵ye dharmā偈颂成为重要的程序之一。例如，藏译的《普门光明顶髻无垢陀罗尼读诵及经中所集一百零八制多或五制多建立仪轨》（*'phags pa kun nas sgor 'jug pa'i 'od zer gtsug tor dri ma med par snang ba'i gzungs bklag cing mchod rten brgya rtsa brgyad*

---

① D 3140, vol. phu, 64a5–b1: *gang gi tshe de bzhin gshegs pa'i sku gdung la bkur sti'i khyad par bya bar 'dod na | de'i tshe sgrub pa'i dus nyid du sku gzugs kyi dbu'am rgyab dang mchod rten gyi dbus stong bar bya'o || grub pa na gro gar gur gum dang gi wang dag gis | namo bhagavate śākyamunaye tathāgatāya arhate samyaksaṃbuddhāya oṃ mune mune mahāmunaye svāhā | ye dharmā hetuprabhāvā hetun teṣān tathāgato hy avadat teṣāñ ca yo nirodha evaṃvādī mahāśramaṇaḥ zhes pa dang | gzugs kyi khyad par yang bris nas | de khrus byas pa'i gdung la dkris te oṃ mantradhātugarbhāya svāhā | zhes brjod cing stong bar gzhug go || de nas oṃ vajradhātugarbhāya svāhā | zhes brjod cing rdo rje'i 'dag pas stong pa'i sgo bkag nas snga ma bzhin du de rab tu gnas bar bya'o.*

dam | mchod rten lnga gdab pa'i cho ga mdo sde las bsdus pa）中说给佛塔供功德水时要念诵ye dharmā偈颂[①]，不二金刚（Advayavajra）的《除灭恶见》（*Kudṛṣṭinirghātana*）中也说开光佛塔时要念诵ye dharmā偈颂[②]。值得注意的是，前一篇文献的ye dharmā偈颂藏译采用了意译，后一篇文献则采取了转写，说明此时ye dharmā偈颂已经被当成了陀罗尼，突出了其中深奥的含义、加持的神力。《甘珠尔》中有一篇题名为《缘起心髓》（*'phags pa rten cing 'brel bar 'byung ba'i snying po*）的短小经文，其中说仅仅念诵一遍ye dharmā偈颂即能清净所有罪障违缘；若以任何事物为所缘而念诵，则能使此物成为佛身或佛塔；若以任何供物为所缘而念诵，则能使供物遍满整个世界。[③]后世藏地撰述的开光仪轨手册中，无论是加持法物，还是供养鲜花，用梵音念诵ye dharmā偈颂成为必不可少的步骤之一。

关于在造塔仪轨中念诵ye dharmā偈颂具有加持的功能，我们在相关论典中也能找到一些线索。师子贤（Haribhadra）在解释《八千颂般若》中所说般若波罗蜜多经典所在之处即是真正的佛塔，一切有情皆应敬礼供养的思想时，引述了月官（Candragomin）的说法：

> （既然）那任何通过念诵宣说人无我的ye dharmā偈颂而加持的地境都可以当作佛塔，那么此地（若）拥有宣说诸法无自性的（般若）佛母，就是真正的佛塔。[④]

---

① D 3069, vol. pu, 158b4.

② Hara Prasad Shastri (ed.), *Advayavajrasaṁgraha* (Gaekward's Oriental Series No. XL.), Baroda: Oriental Institute, 1927, 8.16–18: *ye dharmā hetuprabhavā hetuṃ teṣāṃ tathāgato hy avadat | teṣāṃ ca yo nirodha evaṃvādī mahāśramaṇaḥ || iti gāthayā pratiṣṭhāṃ kṛtvā ...*

③ D 521, vol. na, 42a6–7: *snying po 'di lan gcig brjod pas sdig pa thams cad byang bar 'gyur ro || mi mthun pa'i phyogs thams cad zhi zhing bzlog par 'gyur ro || dngos po gang la dmigs te brjod na sangs rgyas kyi sku'am | mchod rten du byas par 'gyur mchod pa gang la dmigs te | brjod na 'jig rten gyi khams gang ba tsam phul bar 'gyur ro.*

④ Unria Wogihara, *Aṣṭasāhasrikāprajñāpāramitāvyākhyā Abhisamayālaṅkārāloka (Commentary on Aṣṭasāhasrikā-prajñāpāramitā)*. Tokyo: Toyo Bunko, 1932–1935, 207. 20–23: *yatra hi nāma pudgala-nairātmya-dyotikayā ye dharmā hetu-prabhavā ity-ādi-gāthayādhiṣṭhito bhū-bhāgaḥ stūpo matas tatra samasta-vastu-naiḥsvābhāvya-prakāśikāyā mātur udgrahaṇādinopetaḥ stūpo nitarām evety ...*

念诵ye dharmā偈颂具有加持法物的作用，而且还表达了人无我的思想，而后来念诵ye dharmā偈颂则更包括了法无我的思想，前述《普门光明顶髻无垢陀罗尼读诵及制多建立仪轨》在念诵完ye dharmā偈颂后，紧接着说的就是《金刚经》中的著名偈颂“一切有为法，如梦、幻、泡、影，如露亦如电，应作如是观”①，这说明尽管从世俗谛的角度而言，因缘起而有造塔、供养等仪式，但从胜义谛的角度而言，缘起真正表达的是诸法皆空的思想。

造塔等开光仪轨中念诵ye dharmā偈颂还有另外一层功能，就是法布施的作用。前述藏译《ye dharmā注释》论书在开篇之初说ye dharmā偈颂是为了成就开光仪轨，而在仪式圆满之际宣说，也可以对法师宣说，并且说在佛经上、在瑜伽士禅房等处要盖印ye dharmā偈颂作为佛教宗义之印②。而且佛教提倡法施胜财施，如果受持、读诵，为他人宣讲佛法，哪怕只是一首偈颂，也有无上功德。例如，《金刚经》中说：

> 若复有人，于此经中受持，乃至四句偈等，为他人说，其福胜彼。③

ye dharmā偈颂除了拓印在擦擦上面，装藏入塔外，还可以装藏或刻诸于造像④，刻有ye dharmā偈颂的造像在波罗王朝时期尤为居多。ye dharmā偈颂甚至被刻在金属牌匾上，起到吉祥的保护加持作用⑤。

---

① 158b5: *skar ma rab rib mar me dang || sgyu ma zil pa chu bur dang || rmi lam glog dang sprin lta bur || 'dus byas de ltar blta bar bya.*

② 253b1–2: *da ni ye dharmā hetuprabāva hetuṃ | zhes bya ba la sogs pas rgyud rab tu gnas pa'i don du grub pa'i mtha' gsungs pa yin te | 'chad pa po rnams la yang gsungs pa yin no || mdo sde dang ni rnal 'byor gyi || khang par yang ni 'jug pa nang || ye dharmā sogs tshigs bcad kyis || sangs rgyas grub mtha'i phyag rgyas btab.*

③ T. 8, n. 235, p. 749b21–23.

④ 吉尔吉特发现的梵文本中有一部题名为《造如来影像经》（*Tathāgatabimbakārapaṇasūtra*）的佛经，其中说如来造像可大可小，可用舍利（制作），可用缘起（偈颂制作）：*buddhapratimā karaṇīyakā vā dīrghaka vā hrasvakām vā sadhātukam vā sapratītyasamutpādam va*，转引自Daniel Boucher, 1991, p. 14.

⑤ Lore Sander, “An Unusual *ye dharmā* Formula.” in Jens Braarvig, Paul Harrison, Jens-Uwe Hartmann, Kazunobu Matsuda and Lore Sander (eds.), *Buddhist Manuscripts in the Schøyen Collection*, Vol. II, Oslo: Hermes Publishing, 2002, pp. 337–349.

从ye dharmā偈颂称谓的改变，我们也能看到其功能不断深化的演进。ye dharmā偈颂最初并无专名，往往被称为法门①，后来逐渐被称为缘起伽陀（或缘起偈）②、缘起法颂③、法颂舍利④、四句偈⑤、缘起法身偈⑥、缘起心髓⑦、十二因缘咒⑧、缘起真言⑨、缘起陀罗尼等。

到后来，ye dharmā偈颂的功能更为扩大，具有了祛除任何违缘障碍的神奇功效。《甘珠尔》中一部名为《缘起心髓仪轨陀罗尼》（*'phags pa rten cing 'brel bar 'byung ba'i snying po'i cho ga'i gzungs*）的经典通过佛陀之口，简述了通过念诵缘起法颂来去除诸种病痛疱疮、止涝防雹、消除农作物病虫灾害、祛除大人小孩的魔障、护佑旅人、使人聪慧、防治畜病，甚至用于祈佑爱情。经文在结束之际还说此缘起法颂效力神通不可思议，凡诸至心受持者，定能成就；若念诵十万遍，则能成就一切所需。⑩

四、结　论

马胜比丘向舍利弗宣说的佛法精义，其确切文句已无从得知，虽然部派佛

① chos kyi rnam grangs，见藏译《出家经》《说一切有部律本事》《宝星陀罗尼经》。

② 见敦煌藏文文献IOL Tib J 127标题，以及唐不空译《阿閦如来念诵供养法》等。

③ 见唐义净《南海寄归内法传》。

④ 见唐义净译《浴佛功德经》，以及藏译《缘起大乘经》：rten cing 'brel bar 'byung ba chos kyi dbyings kyi tshigs su bcad pa。

⑤ 见宋日照译《佛说造塔功德经》。

⑥ 见唐输波迦罗译《苏婆呼童子请问经》。

⑦ rten 'brel snying po，藏文大藏经中有数部经论以此冠名，藏文仪轨文书亦往往如是称呼此偈颂。

⑧ 见元释智译《圣妙吉祥真实名经》，以及清工布查布译解《佛说造像量度经解》等。

⑨ rten 'brel gyi sngags，见阿底峡（Atīśa，982–1054）的《般若波罗蜜多乘摹制擦擦仪轨》（*pha rol tu phyin pa'i theg pa'i tsha tsha gdab pa'i cho ga*）。

⑩ D 519, vol. na, 41a4–6: *rtag tu bzlas brjod byas na ni || bsam pa yongs su rdzogs par 'gyur || gnod pa cis kyang tshugs mi 'gyur || dam chos yongs su gzung bar 'gyur || tshigs su bcad pa 'di dag ni || mthu dang rdzu 'phrul bsam mi khyab || cho ga 'di dag thams cad ni|| gang la dad pas yid ches na || 'grub par the tsom med par 'gyur || bzlas brjod 'bum ni byas gyur na || dgos pa thams cad 'grub par 'gyur.*

教内部基本上倾向于以ye dharmā偈颂为代表，但对其解释则各有侧重。有的诠释侧重四谛的部分或全部，进而细分四谛为十六行相，或者总摄为以苦谛为中心，突出苦谛的无常、苦、空、无我；有的诠释侧重十二因缘的角度，突出偈颂中缘起和还灭，即杂染和还净的含义。两种解释方向都基于初期佛教对人生现象的观察。大乘佛教对这两种解释加以整合，大大发挥了四谛中苦谛空、无我的概念，以及缘起中外缘起（一切有为法缘起）的概念，着眼于从诸法空无的角度诠释缘起，ye dharmā偈颂也成为论说缘起的代表偈颂，而缘起是佛教的核心概念，ye dharmā偈颂也相应成为教法的心髓。在佛塔崇拜、经典崇拜、教法布施等思潮的影响下，ye dharmā偈颂不仅成为三藏十二部经和如来法身的代表，装藏入塔，刻诸佛像，后来更成为陀罗尼，具有了加持功能，成为开光仪式中必不可少的念诵文句，甚至具有了成就一切的神秘作用。

单从字句而言，ye dharmā偈颂非常浅显，但其发展、演进的过程却相当复杂，牵涉到佛教发展的各个阶段和层面，其投射出的不仅有义理上的阐扬与升华，也有信仰上的融合与普及。通过对ye dharmā偈颂的考察，我们对佛教思想的变与不变当有更深刻的理解。

印度佛本生故事在回鹘中的传译与影响*

杨富学

内容提要： 在敦煌、吐鲁番出土的古代回鹘文写本和印本中，有佛本生故事残卷数十件，说明在10—14世纪回鹘文流行的时代，这种故事在古代回鹘人中的流传是相当广泛的。从内容较为丰富的《善恶两王子的故事》中可以看出，回鹘人在接受佛本生故事时，并未局限于简单的翻译，而是根据需要能动地进行修改，以适应本民族的表述习惯。回鹘文佛本生故事的流行，对后世维吾尔族的民间文学产生了重大影响。在今天流行于维吾尔族的民间故事，尤其是动物故事中，仍不难找到印度佛本生故事影响的遗迹。

关 键 词： 佛本生故事　民间文学　维吾尔族　佛教　回鹘文

作者简介： 杨富学，敦煌研究院人文研究部部长兼敦煌文献研究所所长、研究员，兼兰州大学敦煌学研究所教授、博士生导师，任西北师范大学历史文化学院兼职教授、博士生导师，西北民族大学历史文化学院兼职教授、硕士生导师，陇东学院特聘教授，中国中外关系史学会副会长。2002年6月—2004年6月，在王邦维教授指导下，于北京大学东方学研究院进行博士后研究。

* 本文原刊于《戒幢佛学》第3卷，长沙：岳麓书社，2005年，第474—488页。

一、回鹘文佛本生故事残卷概说

佛本生故事，梵文、巴利文均作Jātaka，记述的是释迦牟尼累世修行的行业。古代印度人相信生死轮回。不论人或动物，只要降生，就必有所为，或善或恶，不出二途。有因即有果，这就决定了它们转生的好坏。如此轮回，永不止息。释迦牟尼在成佛之前，只是一个菩萨，未跳出轮回的圈子，故必须经过无数次的转生，才能成佛。①

早在部派佛教时就有"七佛"之说，即在释迦之前已有六个佛，释迦是第七佛。还有一种说法认为在释迦之前有燃灯佛，与前六佛组成"过去七佛"。而释迦本人又有他的过去世。《佛说梵网经》卷下说到佛陀"今来此世界八千返"。②亦即佛陀在此娑婆世界已经过无数轮回。根据这种观念创造出的描写佛陀前世功德的故事，就是本生经（Jātaka），音译阇陀伽经。后凉昙无谶《大般涅槃经》卷十五云：

> 何等为阇陀伽经？如佛世尊本为菩萨修诸苦行，所谓比丘当知，我于过去作鹿、作罴、作獐、作兔、作粟散王、转轮圣王、龙、金翅鸟，诸如是等行菩萨道时所可受身，是名阇陀伽。③

这些本生故事称，释迦在前生为菩萨时，曾经是国王、王子、长者、贤士、善神、天人，或是动物中陆地上的狮子、猕猴、大象、羚羊、兔子、狼、狗、猪、鹿及空中的啄木鸟、乌鸦、兀鹰、鹌鹑和水中的鱼、蟹、乌龟、鳄鱼等，经过无数次的善行转世，最后才成为佛。这些故事原以神话、童话、寓言、传说等形式在南亚诸地传播，后经过佛教徒的加工，增添了相应的宗教色

① 季羡林：《关于巴利文〈佛本生故事〉》，郭良鋆、黄宝生译：《佛本生故事选》，北京：人民文学出版社，2001年，第1页。

② 鸠摩罗什译：《梵网经》卷下，《大正藏》第24卷《律部三》，No. 1484，页1003c。

③ 《大正藏》第12卷《涅槃部》，No. 374，页452a。

彩，并将其附会到释迦牟尼的身上。这类故事数量是相当大的，其中有不少被译成回鹘文字，广为传播。

回鹘文是回鹘人于公元8世纪中叶创制的一种文字。由于当时回鹘主要以游牧为生，文化欠发达，故这种文字并未流行，使用范围有限，存留文献甚为稀少。840年，漠北回鹘汗国灭亡，部众大部西迁至河西走廊、西域及中亚诸地，先后建立了高昌回鹘王国、甘州回鹘王国、沙州回鹘王国和喀喇汗王朝。回鹘文也随之播迁，以占据丝绸之路孔道的优势，影响迅速扩大，在宋元时代发展成为东起河西走廊，西抵中亚诸地的通用文字之一，被广泛运用以书写诏告敕令、宗教典籍、文学作品、历法医籍和契约文牍。回鹘人用这种文字翻译了为数众多的佛教经典。① 遗憾的是，随着佛教在回鹘中的衰落和代之而起的伊斯兰教的兴盛，回鹘文逐步为来自西亚的代表伊斯兰文化的阿拉伯文字所取代，自15世纪以后便退出了历史舞台，成为不为人知的“死文字”。19世纪末20世纪初以来，随着西域、敦煌等地考古、探察工作的展开和大批回鹘文佛教文献的相继出土与研究刊布，我们才有可能重新勾勒出10至14世纪间回鹘佛教历史文化的点点滴滴，任何一件回鹘文佛教典籍，不管其尺寸大小，文字多少，都能为我们提供前所未知的信息，都是弥足珍贵的。这里所述的回鹘文佛本生故事即为研究古代回鹘佛教与民间文学及其相互关系的极为难得的资料。

今天所知的回鹘文佛本生残片较多，但由于这些零碎的残片译释比较困难，故长期未引起国际学术界足够的重视，刊布较少。直到1964年，美国学者波普还写道：“从未发现有本生故事的回鹘文译本存在。” ② 这一状况在我国也同样存在，不仅研究著作稀少，而且很少有人提及，故回鹘文佛本生故事长期不为学界所知。有鉴于此，笔者特将敦煌、吐鲁番等地出土的回鹘文佛本生故事写卷、印本等略加整理，并简要地作一介绍。

1.《善恶两王子的故事》。现存写本2件。其一出自敦煌莫高窟藏经洞，现藏巴黎法国国立图书馆，编号为P. 3509。册子本，由20张长方形对折叶组成，

---

① 耿世民：《维吾尔族古代文化和文献概论》，乌鲁木齐：新疆人民出版社，1983年，第109—128页；杨富学：《西域敦煌文献所见回鹘之佛经翻译》，《敦煌研究》1995年第4期，第1—36页；Johan Elerskog, *Silk Road Studies I: Uygur Buddhist Literature*, Brepols, Turnhout, 1997.

② N. Poppe, The Mongolian Versions of Vessantarajātaka, *Studia Orientalia* 30–2, Helsinki 1964, p. 10.

计40叶80面，每面存回鹘文字7—8行。[①] 其二出自吐鲁番交河故城，残片1叶，写本，面积17厘米 ×28厘米，存文字22行，现藏柏林，收藏号为U 120（T Ⅱ Y 1）。[②]

2.《须达拏太子本生》。该故事流行极为广泛，几乎遍布大乘佛教流行的所有区域，在回鹘中也相当流行，有关的回鹘文译本残卷在吐鲁番绿洲多有出土。其中1件现藏日本京都，为回鹘文插图本。[③] 其余均藏柏林，计有各种残片11件，编号分别为U 1708（T Ⅱ S 32）+ Mainz 36（T Ⅱ S 89）、U 1794（T Ⅱ S 89）、U 3804（TM 58）、U 4078（T Ⅰ D, TM 451）、U 4104（T Ⅰ μ）、U 4105（T Ⅰ μ）、U 4108（T Ⅰ μ）、U 4125（T Ⅰ μ 502）、U 4208（T Ⅱ T 612）、U 4807（T Ⅱ D）、U 4808（TM 54）。[④]其中大部分都是双面折叠印本，和当时流行的汉文木刻本几无二致。[⑤]

3.《大觉本生》。现存写本2片，可拼合为1叶，出自吐鲁番胜金口遗址，用婆罗迷文回鹘语书写，编号为Mainz 332（T Ⅱ S 19）+ Mainz 620（T Ⅱ S 19），存文字60行。[⑥]

4.《狮子本生》。现存写本2片，可拼合为1叶，出自吐鲁番胜金口遗址，用婆罗迷文回鹘语书写，存文字32行，编号为Mainz 627（T Ⅱ S 19b）+

① 杨富学、牛汝极：《沙州回鹘及其文献》，兰州：甘肃文化出版社，1995年，第153—171页。

② P. Zieme, Ein uigurisches Turfanfragment der Erzählung von guten und vom bösen Prinzen, *Acta Orientalia Academiae Scientiarum Hungaricae* 28, 1974, pp. 263–268.

③ 熊谷宣夫：「吐魯番將來版畫『須大拏本生圖』解説」,『龍谷大学論集』第351号，1956年，第99—101页。

④ A. von Gabain, Die Drucke der Turfan-Sammlung, *Sitzungsberichte der Deutschen Akademie der Wissenschaften*, Berlin, 1967, No.1, pp. 25–26; E. Esin, Oldruğ-turuğ. The Hierarchy of Sedent Postures in Turkish Iconography, *Kunst des Orients*, Berlin, 1971–1972, pp. 1–29; P. Zieme, *Buddhistische Stabreimdichtungen der Uiguren. Berliner Turfantexte XIII*, Berlin 1985, pp. 38–48.

⑤ P. Zieme, Jātaka-Illustrationen in uigurischen Block-drucken, *Kulturhistorische Probleme Südasiens und Zentralasiens*, Halle, 1984, S. 157;［德］茨默：《回鹘板刻佛本生故事变相》，桂林、杨富学译，《敦煌学辑刊》2000年第1期，第138页。

⑥ D. Maue, *Alttürkische Handschriften, Teil 1: Dokumente in Brahmī und Tibetischer Schrift*, Stuttgart 1996, pp. 80–86.

Mainz 652（T Ⅱ S 19b）。①

5.《陶工本生》。现存写本1件，出自吐鲁番木头沟遗址，用婆罗迷文回鹘语书写，存文字70行，编号为Mainz 700（T Ⅲ M 194）。②

6.《羚羊本生》。存印本残片2件，均出自吐鲁番绿洲，现藏柏林印度艺术博物馆，编号分别为Mus. Ⅲ 11（TM 52）、Mus. Ⅲ 22（T Ⅰ D）。其中，前者存文字7行，后者11行，内均有插图。③

7.《阿烂弥王本生》。敦煌莫高窟藏经洞出土，现藏巴黎法国国家图书馆，编号为P. Ouïgour 1。原写本分为3叶，共存文字119行。其中67行为阿烂弥王本生故事本文，其余52行为题记。该本生不见于汉文、梵文与藏文《大藏经》。从译文中大量采用吐火罗语词汇这一因素看，其底本有可能为吐火罗文。④

8.《兔王本生》。存印本残片2件。其一断为2块，可拼合为1叶，版口有回鹘文页码。出自吐鲁番绿洲，存文字71行，编号为U 977 + U 979（T Ⅲ 84–59）。其二，印本残片1叶，用回鹘文标明页码为73页。葡萄沟废寺遗址出土。存文字17行，编号为U 1047（T Ⅲ B TV 51–d）。⑤

9.《象护本生》。存残片3件。其一为印本，1叶，版口有回鹘文页码，存66行，编号为Mainz 756（T Ⅲ 84–17）。其二为写本，2叶残片，存文字66行，编号为Mainz 42 + Mainz 92（T Ⅲ 84–18）。其三为写本，1叶残片，存文字65行，编号为Mainz 666（T Ⅲ 84–4）。以上3件均出自吐鲁番。⑥

10.《猴王本生》。存写本残片1叶，吐鲁番出土，存文字60行，编号为Mainz 796（T Ⅲ 84–40a）。⑦

---

① D. Maue, *Alttürkische Handschriften, Teil 1: Dokumente in Brahmī und Tibetischer Schrift*, pp. 86–114.

② G. Ehlers, Ein alttürkisches Fragment zur Erzählung vom Töpfer, *Ural-Altaische Jahrbücher* N. F. 2, 1982, pp. 175–185.

③ P. Zieme, *Buddhistische Stabreimdichtungen der Uiguren. Berliner Turfantexte XIII*. Berlin 1985, pp. 33–34.

④ 杨富学、牛汝极：《沙州回鹘及其文献》，第183—199页。

⑤ F. W. K. Müller - A. von Gabain, *Uigurica. IV, Abhandlungen der Preussischen Akademie der Wissenschaften*, 1931, pp. 44–51.

⑥ F. W. K. Müller - A. von Gabain, *Uigurica. IV, Abhandlungen der Preussischen Akademie der Wissenschaften*, pp. 32–43.

⑦ F. W. K. Müller - A. von Gabain, *Uigurica. IV, Abhandlungen der Preussischen Akademie der Wissenschaften*, pp. 28–31.

此外，尚有《哑跛本生》《金羚羊本生》及其他数十种内容尚待进一步甄别的回鹘文佛本生故事残卷。

关于这些写卷、印本的具体时代，由于文献本身缺乏记载，故不得而知。但法藏回鹘文《善恶两王子的故事》（P. 3509）及《阿烂弥王本生》（P. Ouïgour 1）均出自敦煌莫高窟藏经洞，因该洞封闭的时间不迟于11世纪中叶，[①] 故而可知其写成时代亦不应晚于是时。考虑到回鹘在敦煌一带活动历史情况，窃以为二文献写成的时代应在10世纪以后至11世纪60年代之间。而吐鲁番出土的版刻佛本生故事，画面人物多为蒙古装束，而且有一幅画像呈契丹髡发之状，体现出西辽及蒙古因素对西域回鹘佛教艺术的影响，故可定其时代在12至14世纪之间。综合各种因素，可以看出，印度的佛本生故事早在10至14世纪即已在维吾尔族的祖先回鹘中得到非常广泛的传播，流行范围遍及河西走廊和西域地区。

二、回鹘文佛本生故事的内容与特色

在上述二十余种回鹘文佛本生故事写卷、印本中，内容最丰富而且时代最早的当推敦煌莫高窟藏经洞出土的回鹘文《善恶两王子的故事》。具体情节大致如下：

古代波罗奈国有两个王子，长子名善友，次子名恶友。善友心地善良，同情弱者，扶助贫困。为解救穷苦百姓于倒悬，他力劝父王打开国库，以珍宝、粮食赈济饥民。在国库空虚后，他又听从智者之言，冒死入海到龙宫探求摩尼宝珠，以便贫民脱离苦海，永得富贵。经过千难万险，他终于得到了宝珠。不幸的是，当他返回海岸时，竟被心狠手辣的弟弟恶友所骗，不仅被骗走了宝珠，而且还被弟弟残忍地刺瞎了双眼，后得到一位仙人的指点和一位牧人的帮

① 关于敦煌莫高窟藏经洞的封闭时间，国内外学界存在着多种不同的说法，但一般都认为其时当在1002年至11世纪五六十年代之间。参见杨富学、牛汝极：《沙州回鹘及其文献》，第3—5页；荣新江：《敦煌藏经洞的性质及其封闭原因》，《敦煌吐鲁番研究》第2卷，北京：北京大学出版社，1997年，第37—39页；刘进宝：《敦煌学通论》，兰州：甘肃教育出版社，2002年，第174—176页。

助才脱离险境。“盲眼”善友无意中来到了利师跋国，并成了皇家果园的看守。而该国的国王正是他儿时已定了亲的岳父。

该文献为残卷，故事到此即中断。从汉文原本可知，善友后来被其岳父认出，与公主完婚，双眼也复明了。最后携妻回乡，重得宝珠。从此，国泰民安，人民过上了幸福生活。故事中的善友即佛前世为菩萨时的化身，而恶友呢，则为提婆达多的前世。

这一故事在《大方便佛报恩经》卷四《恶友品》、《贤愚经》卷八《大施抒海品》[①]、《贤愚经》卷九《善事太子入海品》[②]、《根本说一切有部毗奈耶破僧事》卷十五《根本说一切有部毗奈耶》[③] 和《四分律》卷四十六《破僧犍度第十五》[④] 等多部佛典中都有记载，只是在细节上有些许差异。相较而言，回鹘文本之情节与《大方便佛报恩经》卷四《恶友品》最为接近。

值得特别说明的是，虽然回鹘文本沿用的是汉文本《大方便佛报恩经》的线索，但并非简单的直译，许多细节都不相同，如汉文本起首对故事背景的介绍被完全省略了，一开始便进入故事正题。汉文本对善友出游四门，目睹生老病死之苦的情节是这样描写的：

> 出城观看，见有耕者，垦土出虫，鸟随啄吞。善友太子遥见如是，愍而哀伤，生长深宫，未见此事，问左右言：“此作何物，共相残害？”左右答言：“太子，所以有国，依于人民；所以有人民者，依因饮食；所以有饮食者，依因耕田种植五谷，得存性命。”太子念言：“苦哉！苦哉！”小复前行，见诸男女，自供织作，来往顾动，疲劳辛苦，太子问曰：“此作何物？”左右答言：“太子，此诸人等，纺织作诸衣服，以遮惭愧，荫覆五形。”太子言：“此亦劳苦，非一也。”转复前行，见诸人民，屠牛驼马，到剥猪羊，太子问曰：“此是何人？”左右答言：“此诸人等，屠杀卖肉以自存活，以供衣食。”太子皮毛蠕动，而作是言：“怪哉！苦哉！杀者心不

① 《大正藏》第4卷《本缘部下》，第202号，页404b—409b。

② 《大正藏》第4卷《本缘部下》，第202号，页410a—415b。

③ 《大正藏》第24卷《律部三》，第1450号，页178c—180a。

④ 《大正藏》第25卷《律部一》，第1428号，页151。

忍，强弱相害伤，杀生以养生，积结累劫殃。”转复前行，见诸人众，网鸟饵鱼，枉滥无辜，强弱相陵，太子问言："此是何人，名何事耶？”左右答言："太子，网鸟捕鱼，如是诸事，以供衣食。”太子闻是语已，悲泪满目，世间众生，造诸恶本，众苦不息。[①]

这一情节，在敦煌莫高窟藏经洞出土回鹘文《善恶两王子的故事》写本的第1—4叶中是这样描写的：

tašγaru ilinčükä atlanturdï erti balïq tašïn tariγčï-laraγ körür erti quruγ yerig suwayu öl yerig tarïyu quš quzγun suqar yorïyur sansïz tümän özüg ölürür tarïγ tarïyu ämäri tïnlïγ-larïγ qusčï keyikči balïqčï awčï tor-čï tuzaqčï bulup ayïγ qïlïnč qïlur tïnlïγ-laraγ ölürür ämäri tïnlïγlar čïγarï äŋirär yuŋ äŋirar kentir äŋirär böz bertätip qars toqïyur taqï yemä adruq uzlar käntü käntü uz išin isläyür adruq adruq ämgak ämgä amgänür täqï yemä kördi ämäri tïnlïγ-lar yunt ud čoqar qoy layzïn ulatï tïnlïγ-larïγ ölürür tärisin soyar qan ögüz aqïtar 'ätin qanïn satar anïn öz egidür yemä bodïsawat tegin bu uluš bodun ayïγ qïlïnšïn körüp ärtüŋü bušuš-luγ qadγu-luγ bolup ïγlayu balïq-qa kirdi?

［太子］骑马去郊外观光。他看到城外的许多农夫，他们灌溉着干渴的土地，再在湿润的土地上播种。飞禽在啄食［昆虫］，无数的众生死亡了。养鸟人、牧羊人、渔夫、猎人、布网人、设套人都做坏事，使许多众生死亡。许多人用纺车纺毛纺麻，织着棉布。另外，其他的手艺人也在忙自己的活计儿。［他们］在经受着各种苦难。另外，［他］还看到许多人在杀马、牛，宰羊、猪，剥其皮，血流如河水。他们卖了肉和血，以养活自己。菩萨善友太子目睹国中人民的这些罪恶，非常忧伤，哭着回到城里。[②]

---

① 失译《大方便佛报恩经》卷4，《大正藏》第3卷《本缘部上》，第156号，页142b—147c。

② 杨富学、牛汝极：《沙州回鹘及其文献》，第136—137页。

两相对照，不难看出，这段文字的汉文本与回鹘文本之间的差异还是不小的。其一，汉文本采用的是对话形式，但在回鹘文本中一律被改为陈述式；其二，在汉文本中，善友太子依次看到的是农耕→纺织→屠杀动物→网鸟捕鱼，在回鹘文本中，改变为农耕→网鸟捕鱼→纺织→屠杀动物；其三，汉文本在首尾均点明其中的善友太子是今释迦牟尼的前生，恶友则为提婆达多的前世，但回鹘文本予以省略（回鹘文本尾残，但根据其他例证，我们可以推定，尾部不会有这种交代性的文字）。

除此之外，与汉文本相比，回鹘文在情节上还有更多的改变，如《大方便佛报恩经》卷四《恶友品》中有善友太子为救穷苦百姓，求国王开国库，“以五百大象负载珍宝”的情节，但回鹘文本中却未提及此五百大象。值得注意的是，《贤愚经》之相关情节亦不提此“五百大象负载珍宝”之事。汉文本称当恶友刺瞎善友双目夺宝而去时，树神将真相告诉了善友，但回鹘文本却将树神换成了一位仙人；汉文本讲果园主曾告诉善友如何看守果园，而回鹘文本却称是善友太子告诉果园主如何看守果园等。这些更改说明回鹘文本的译者对各种说法当有所了解。

《善恶两王子的故事》情节起伏跌宕，善友和恶友的形象对比鲜明。通过他们二人的言行，宣扬了佛教普度众生和因果报应的思想，具有很强的感染力。情节曲折，语言优美，叙述手法巧妙，达到了出神入化的地步，不可多得。回鹘人仅选择《大方便佛报恩经》卷四《恶友品》中极具文学色彩的这一部分内容予以翻译，而且进行了大幅度的调整和改编，很可能就是编译者受到这一故事感染的结果。

这里我们再看吐鲁番出土的回鹘文《兔王本生》。该文献为印本，既有文字，也有插图，可谓图文并茂。德国学者葛玛丽曾对其做过研究，识别出其中的内容为：“一个婆罗门、一只猴子、一只兔子和一只鹿。”① 其中被葛玛丽称作鹿的那只动物，其实是一只水獭。其情节表现的就是著名的《兔王本生》。②

---

① A. von Gabain, Die Drucke der Turfan-Sammlung, *Sitzungsberichte der Deutschen Akademie der Wissenschaften*, Berlin 1967, Nr.1, p. 25.

② P. Zieme, Jātaka-Illustrationen in uigurischen Block-drucken, *Kulturhistorische Probleme Südasiens und Zentralasiens*, Halle, 1984, S. 157–170.［德］茨默：《回鹘板刻佛本生故事变相》，桂林、杨富学译，《敦煌学辑刊》2000年第1期，第138—148页。

该故事除了回鹘文本外，在康僧会译《六度集经》卷三《兔王本生》①、支谦译《菩萨本缘经》下卷《兔品第六》②、慧询等译《菩萨本生鬘论》卷二《兔王舍身供养梵志缘起第六》③和竺法护译《生经》卷四《佛说兔王经第三十一》④等多种经典中都有记载。

回鹘文本的情节是这样的：帝释天欲严格考验兔子、猴子、狐狸和水獭，看谁是第一个甘心施命于人者。为此他把自己变成一个饥饿的婆罗门并让动物们带上它们的贡品：猴子献上芒果，水獭献上钱，狐狸献上用钵子装的酸牛奶（即回鹘文书中的Yoγurt），兔子没有献上日常食物，而是献上自己的身体，以身投火，待烧熟后供婆罗门食用。⑤ 兔王投火的情节在回鹘文文献中有叙述，但在插图中却残毁了，仅可看到火焰。兔子献身后，帝释天感动不已，把它送上了月亮。这个结果在编号为U 1047（T Ⅲ B TV 51-d）的回鹘文《兔王本生》印本残片之尾部（第139—144行）是这样描述的：

süngükin kötürüp strayastriš tngri yiringä iltü bardï · anta tägdüktä qamaγ tngridäm quwraγaγ oqïp inčä tip tidi · körünglär tüzünlärim bu ädgülüg qutluγ tïnlγïγ · yaγïz yirdä aγrraq k/// q////da kingräk munung ädgülüg köngülin körünglär ·

它（指兔子——引者）的尸骨升上天空，被帝释天带往兜率天。到那儿后，帝释天召集所有的神灵，说道："善听，你们瞧一瞧这位品行高贵勇于献身的生灵，它的心比灰色大地更厚重，比蓝天更广阔！这颗强有力的心带有必胜信念。"⑥

---

① 《大正藏》第3卷《本缘部上》，第152号，页13c。

② 《大正藏》第3卷《本缘部上》，第153号，页64c—66c。

③ 《大正藏》第3卷《本缘部上》，第160号，页337b—338b。

④ 《大正藏》第3卷《本缘部上》，第154号，页94b—c。

⑤ F. W. K. Müller - A. von Gabain, *Uigurica. IV, Abhandlungen der Preussischen Akademie der Wissenschaften*, pp. 44–52.

⑥ F. W. K. Müller - A. von Gabain, *Uigurica. IV, Abhandlungen der Preussischen Akademie der Wissenschaften*, p. 50.

综观其故事情节，主干无疑是兔王投火，在这一点上，回鹘文及汉文各经记载一致，无须赘言，但回鹘文本中出现有tawïšγan“兔子”、bičin“猴子”、qunduz“水獭”和irbič“狐”四种动物。① 与上述各经相校，这一内容仅见于《六度集经·兔王本生》：

> 时有四兽狐、獭、猴、兔。斯四兽曰："供养道士，靖心听经。"积年之久，山果都尽，道士欲徙寻果所盛。四兽忧曰：虽有一国荣华之士，犹浊水满海，不如甘露之斗升也。道士去者，不闻圣典，吾为衰乎。各随所宜，求索饮食，以供道士，请留此山，庶闻大法。佥然曰："可。"猕猴索果；狐化为人，得一囊糗；獭得大鱼。各曰可供一月之粮。②

单从这一点推测，回鹘文本似出自此经。然回鹘文本在末尾处却比该经又多出了被帝释天送往兜率天的情节，说明回鹘文是另有所本的。在上述各经中，与兔王升天相关的内容仅见于《生经·佛说兔王经》：

> 命过之后，生兜率天，于菩萨身，功德特尊，威神巍巍。仙人见之，为道德故，不惜身命，愍伤怜之。亦自克责，绝谷不食。寻时迁神，处兜率天。③

这一记载又说明，回鹘文译文既非出自《六度集经·兔王本生》，也非出自《生经·佛说兔王经》，但有可能是对《六度集经》和《生经》等多种汉文底本的综合，然后根据己意对故事情节进行了修改。这种推测不是没有道理的，因为类似现象在回鹘译佛教经典中是很常见的。

除了上述推测之外，会不会还有其他因素呢？这使我联想到玄奘《大唐西

---

① F. W. K. Müller - A. von Gabain, *Uigurica. IV, Abhandlungen der Preussischen Akademie der Wissenschaften*, p. 44, z. 4–6.

② 《大正藏》第3卷《本缘部上》，第152号，页13c。

③ 《大正藏》第3卷《本缘部上》，第154号，页94c。

域记》卷七《婆罗痆斯国》中的相关记载：

烈士池西有三兽窣堵波，是如来修菩萨行时烧身之处。劫初时，于此林野有狐、兔、猿，异类相悦。时天帝释欲验修菩萨行者，降灵应化为一老夫，谓三兽曰："二三子善安隐乎？无惊惧耶？"曰："涉丰草，游茂林，异类同欢，既安且乐。"老夫曰："闻二三子情厚意密，忘其老弊，故此远寻。今正饥乏，何以馈食？"曰："幸少留此，我躬驰访。"于是同心虚己，分路营求。狐沿水滨衔一鲜鲤，猿于林树采异华果，俱来至止，同进老夫。唯兔空还，游跃左右。老夫谓曰："以吾观之，尔曹未和。猿狐同志，各能役心，唯兔空返，独无相馈。以此言之，诚可知也。"兔闻讥议，谓狐、猿曰："多聚樵苏，方有所作。"狐、猿竞驰，衔草曳木，既已蕴崇，猛焰将炽。兔曰："仁者，我身卑劣，所求难遂。敢以微躬，充此一餐！"辞毕入火，寻即致死。是时老夫复帝释身，除烬收骸，伤叹良久，谓狐、猿曰："一何至此！吾感其心，不泯其迹，寄之月轮，传乎后世。"故彼咸言，月中之兔自斯而有。后人于此建窣堵波。①

这一记载，除了兔王投火这一主干内容外，还有狐狸和猴子（唯缺水獭）献供之情节，同时又有兔王升月的内容，与回鹘文本最为接近，故而，笔者认为，回鹘文的《兔王本生》最有可能是根据《大唐西域记》中的有关记载翻译并略加改编而来的。

那么，《大唐西域记》是否曾被译入回鹘文呢？因至今未有确切的文献发现，故而一直未有肯定的答案。过去，学者们一般依据吐鲁番出土回鹘文中的两条记载来进行推论。其一，《大唐西域记》卷一曾载：

近代有王，号曰金花，政教明察，感龙驭乘。王欲终没，鞭触其耳，因即潜归，以至于今。城中无井，取汲池水。龙变为人，与诸妇会，生子

① 玄奘、辩机原著，季羡林等校注：《大唐西域记校注》，北京：中华书局，1985年，第579页。

骁勇，走及奔马。如是渐染，人皆龙种，恃力作威，不恭王命。王乃引构突厥，杀此城人，少长俱戮，略无噍类。

今日本所藏的一件回鹘文写本残卷也提到了龟兹金花王（Swarnabūspe/Suvarnapuspo）的这一故事。[①] 据考，这位金花王应为公元7世纪龟兹国王苏伐叠（Suvarnadeva）之父苏伐勃驶（Suvarnapuspa）。但由于回鹘文本残片内容过少、过残，难以遽断回鹘文中的这一故事就是出自《大唐西域记》的这段记载。

其二，在柏林收藏的回鹘文写本中，多次出现有Siüki一词，该词应为《[大唐]西域记》的音译。[②]

由于这些记载都是只言片语，故而无法以之确定《大唐西域记》回鹘文本的存在。与之相较，回鹘文《兔王本生》的内容显得更为充实一些，虽同样不足以确证《大唐西域记》回鹘文译本的存在，但至少可以说明，回鹘佛教徒不仅重视，而且至少曾经翻译过这部著作中的部分内容。

《兔王本生》又见载于巴利语的《佛本生故事》，其中所收第316个故事在叙述完兔王投火、入月的故事后，又多出了如下内容：

帝释天对它说道："兔子智者啊，愿你的品德在整整一劫里传扬！"说罢，他挤一挤山，用山汁在月轮上画了一个兔子的形象。[③]

这大概就是印度人所谓月中有兔传说的由来。其实，早在东汉时期，我国就已形成了这种传说，后来逐步向西传播，在传入印度后，被印度佛本生故事所吸收，[④] 成为中印文化交流中的一段佳话。

---

① 羽田亨：「回鶻文摩尼教徒祈願文の断簡」『羽田博士史學論文集』下卷，京都：同明舍，1975年，第339页。

② P. Zieme, Xuanzang Biographie und des Xiyuji in alttürkische Übersetzung, *Buddhistische Erzähliteraur und Hagiographie in türkische Überlieferung*, Wiesbaden, 1990, S. 75–80.

③ Pāli-Jātaka, No. 316. 见E. B. Cowell, The Jātaka or Stories of the Buddha's Forner Births, Translated from the Pāli by Various Hand, Vol. Ⅳ, Delhi: Motilal Banarsidass Publisher, 1994, p. 37；参见郭良鋆、黄宝生译：《佛本生故事选》，第191页。

④ 糜文开：《中印文学关系举例》，郁龙余编：《中印文学关系源流》，长沙：湖南文艺出版社，1987年，第251—268页。

三、佛本生故事对维吾尔民间文学的影响

佛本生故事在回鹘的长期流传，对后来维吾尔族的民间文学产生了巨大而深远的影响。

今天的维吾尔族，在文化上绍继的是古代回鹘的传统，在文学艺术方面有着较高的水平，为人熟知的阿凡提的故事、毛拉则丁的故事、赛莱恰康的故事，以及一些寓言故事、动物故事等，诙谐幽默，富有浓厚的浪漫主义色彩和鲜明的区域特点和民族个性，堪称中国民间故事的杰作。

不可否认，维吾尔族民间故事，是千百年来勤劳智慧的劳动人民根据自己的生活斗争与实践感受创造加工出来，是维吾尔族劳动人民集体智慧的结晶。同时我们也应该看到，这些作品并不是孤立存在的，而是深受周边地区各族文化尤其是印度民间文学的影响。本文所述的回鹘文佛本生故事，就是印度文化影响古代回鹘民间文学的具体例证。影响所及，直到今天，我们在维吾尔族的民间文学作品中，仍不难找到印度佛本生故事影响的痕迹。

佛教徒创造的佛本生故事数量十分巨大，在《撰集百缘经》《六度集经》《贤愚经》《菩萨本行经》《佛本生经》《佛报恩经》《杂宝藏经》和《根本说一切有部毗奈耶破僧事》等诸多经典中都可看到，而且相当集中。

佛本生故事，常常是一些优美动人、寓意深刻、诙谐风趣而富有教育意义的童话、笑话与寓言等，借由它们，文学得以与宗教遇合：以丰沛的想象力和优美的故事情节，精心运用修饰语言，将文学的生动注入宗教的奥义之中，使文字媒介和意蕴深刻互动，塑造出直觉的形象，从而开掘出宗教内蕴的意旨。佛教与本生故事的有机结合，使信众在欣赏故事的闲适心境中体味佛教的奥义，感受圣界与世俗的联系，直接触动人的宗教情怀，成为善男信女进入佛理奥义的方便法门。[①] 这里且看义净译《根本说一切有部毗奈耶破僧事》卷十五所收《啄木鸟本生》：

① 详见丁敏：《佛教譬喻文学研究》，台北：东初出版社，1996年，第1页。

佛告诸苾刍：提婆达多，复有无恩无报之行。汝等谛听。往昔之时，有一山林，种种花果，时有一鸟，名曰啄木。其林一边，有师子王，寻常杀鹿而食，后杀一鹿，遂便食啖，骨横咽中，不能得出，痛苦多时，不能得食，羸劣饥瘦。彼鸟游戏，见师子王，即便问曰："阿舅，何故羸瘦如此？"

师子答曰："我有痛苦。"

时鸟问言："何故痛苦？"

其师子王广如上说。鸟复报曰："我为治苦。汝是诸兽中王，能报恩不？每日之中常与我食。"

师子王报曰："依汝所须，常能供给。"

鸟便思念："我作方计，除却其骨，待去却后，然始令知，待师子睡，方可除骨。"既作念已，暂游于树，求觅其食。时师子王，遇凉风吹，遂便美睡。鸟见睡已，以木着口，审细更看，遂入口中，衔骨而出。在于树上，待师子王睡眠觉后，将骨示之。时师子王须臾睡寤，遂觉喉中骨去无痛，蹲踞颦呻。鸟见欢喜，从树飞下，以骨示之。报师子云："阿舅，苦痛皆由此骨。"

师子欢庆，报彼鸟云："外甥，我久苦痛，今得除差，我欲一生，供养承事，唯愿外甥，日日来此。"

鸟闻此语，欢喜而去。

后师子王，正食鹿时，其啄木鸟，被鹰所逐，惊怖饥急，飞投师子，说被鹰逐，饥急怖事，愿舅赐我一餐之食。时师子王以颂答曰："我当行杀害，恶性亦恶行，我牙齿锋利，入我口得出，应当自忻庆，今复更何索。"

鸟闻此说，亦以颂答："物堕海中失，梦得寤时失，承事恶人失，救济无恩人，此更为大失，我从汝何索。"

鸟说颂已，即便飞去。佛告诸苾刍，往时啄木鸟王者，即我身是；彼无恩师子王者，今提婆达多是。[①]

---

① 《大正藏》第24卷《律部三》，第1450号，页176c—177a。

读其故事，我们会惊奇地发现，其故事情节与维吾尔族今天仍在流行的动物故事《狮子和大雁》[①]有颇多相似之处。为了能更具体、清晰地展示二者间存在的异同，兹移录其全文以供读者比较。

狮子偷了渔夫的一条鱼，急急忙忙往肚子吞咽时，一根鱼刺卡在嗓子里，吐也吐不出，咽又咽不下，越弄嗓子越痛，最后出血了。狮子没办法，只好四处奔跑，寻找医生。路上，狮子碰到一只大雁，求道："大雁兄弟，麻烦你把我的病治一下，我决忘不了你的好处。"

"阁下，"大雁又惊又怕地说："我从来没给别人看过病，我根本不懂医道呀。"

狮子一听，急忙苦苦恳求道："兄弟，我的这个病，只有你才能治好，别人都不行。我求你帮我一下吧。"

大雁无法，只好说道："好吧，你先说说得了什么病。"

狮子仰着脖子，张开口，结结巴巴地说道："这不是？你看，嗓子里扎了根鱼刺。我痛得实在没法，只要你把长嘴伸进去，把鱼刺衔出来，就好了。"

大雁虽然很害怕把嘴伸进狮子口里，但又不敢拒绝，只得把嘴伸进去，费了好大劲才把鱼刺衔出来。鱼刺取出后，狮子痛快地喘了一口气，用舌头舔舔嘴唇，显得非常舒畅的样子说道："大雁兄弟，谢谢你。请你帮忙帮到底，你也看见了，我因嗓中有刺，已经两天没吃东西了，你想法把我的肚子填饱吧……"

大雁一听话头不对，大吃一惊，对狮子说道："狮子大哥，我怎么帮你填饱肚子呢？我已经把你的病治好了呀！你再……"

"少啰唆！"狮子大吼道，"你还敢提刚才的事吗？你把你那肮脏的嘴伸进我的嘴里，这不是对我莫大的侮辱吗？哼，我非把你吃掉不可。"

"狮子大哥，别这样做。"大雁战战兢兢地说："是你说让我给你治病，

① 《新疆民间文学》第3集，乌鲁木齐：新疆人民出版社，1982年，第142—143页；《新疆动物故事续编》，乌鲁木齐：新疆人民出版社，1984年，第16—18页。

我才把嘴伸进去的。”

狮子不耐烦地吼道：“少废话！我是说让你给我治病，可是你却让我受了疼，流了血。这个罪你能逃脱吗？”

大雁还想说什么，狮子一下子扑上去，抓住大雁，说道：“我没时间和你斗嘴！我已经忍不住了！”说着，就把大雁吃掉了。

从此，就出现了“恩将仇报”这句谚语。

通过比较，不难看出，二者的故事情节差不多完全相同，只是在表述方式上有所差异。

前者遵循的是印度佛本生故事的基本结构特点：最后点明师（狮）子王为提婆达多的前世，地点在一山林。因为该故事的主旨在于宣扬佛的慈悲善行与智慧法力，故从中可以看出的场面是这样的：菩萨的化身啄木鸟救助狮子是主动的，而不是狮子所求，表现的是佛陀前世为菩萨时普度众生、大慈大悲的慈善业行；尽管啄木鸟知道将头插进狮子口中有危险，狮子如果闭口它就会命丧黄泉，但它还是知难而进，只是为免意外而采取了有效的防护措施，即用一根棍子将狮子的上下颚支住，表现出菩萨的高度智慧；在救得狮子后，它又通过念颂伽陀（即偈语）的方法考验狮子，从而将狮子恩将仇报的贪婪本性彻底地揭露出来，同时也进一步衬托出菩萨的伟大与睿智。

与之相较，《狮子和大雁》已全然看不出有什么宗教意味，其主旨只不过在于用说故事的形式，深刻揭露狮子恩将仇报的丑恶嘴脸，警示人们对这种忘恩负义的人一定要保持高度的警惕。在表述方式上，这个故事与《啄木鸟本生》有所不同：1. 本生故事中的啄木鸟在《狮子和大雁》中被改换为大雁；2. 大雁是应狮子的请求才勉强救它的，完全是一种迫不得已的行为；3. 因不须像描写啄木鸟那样去显示大雁的智慧，故而大雁救助狮子的过程要比啄木鸟简单得多；4.《啄木鸟本生》中的二首伽陀被改为一般对话，使之更便于记忆与口头叙述，而且又适应了维吾尔本民族讲故事的习惯；5. 啄木鸟通过伽陀将狮子的凶恶本性暴露无遗后飞走，而大雁则未能逃脱厄运，成为狮子的盘中餐；6.《狮子和大雁》在表述上显得比《啄木鸟本生》更为自由，也更为诙谐幽默。但最后那句用以点明故事寓意的提示语却属明显的败笔。因为其深刻含义通过幽默的故事已表现得酣畅淋漓，故再作提示就不无画蛇添足之嫌了。抑或为整理者所添加，未可知也。

维吾尔族的祖先回鹘人最早游牧于蒙古高原一带，与印度相距非常遥远。公元9世纪中叶迁入西域地区后，与印度的距离虽拉近了许多，但仍有相当远的距离和重重山水的阻隔。那么，同样的故事何以会在两地都有流传呢？季羡林在研究印度、希腊民间故事的相同之处时曾说，不同国家、不同民族之所以会出现同一内容的故事，应是文化交流的结果，而不可能是两地各自产生，“因为创造一个真正动人的故事，同在自然科学上发现一条定律一样的困难。”[①] 这是一个有见地而且非常可信的看法。照此理论类推，我们上文所叙述的这两个故事应属于同一个来源。

同样的故事又见于公元前6世纪已成书的希腊文学名著《伊索寓言》，其中《狼和鹭鸶》的故事写道：

> 狼的喉咙被一根骨头卡住了，就出重金请鹭鸶把头伸进它的嘴里将骨头取出来。等到鹭鸶取出了骨头，向它索要酬金时，狼阴沉下了脸，磨着牙齿说：“哼，让你的头从狼的嘴里安全地抽出来，你其实已经得到应该满足的报酬了。”
>
> 这个故事告诫人们，给坏人做事可别指望得到报酬，能够不受伤害已经是非常运气了。[②]

很显然，这一故事与印度的《啄木鸟本生》是同一个来源。至于二者孰先孰后，谁影响了谁，恐怕一时难以说清，因为它们见于记载的时代都在公元前6世纪左右。值得注意的是，《伊索寓言》曾被转译为回鹘文字，其译本残片在吐鲁番一带多有出土，计达8件之多，均藏柏林，编号分别为U 29（T Ⅰ α1）、U 192（T Ⅰ D 30）、U 193（T Ⅰ D 30）、U 194（T Ⅰ α）、U 195（T Ⅰ

① 季羡林：《比较文学与民间文学》，北京：北京大学出版社，1991年，第45页。

② 伊索著，白山译：《伊索寓言》，北京：北京燕山出版社，2001年，第18页。参见*Fables of Aesop*. Translated by S. A. Handford, London, 1964, p. 31.

D 30)、U 318、U 319(T Ⅰ α)和Mainz 313(D 170),体现了《伊索寓言》在回鹘中流行的广泛。[①]

那么,维吾尔族的《狮子和大雁》是导源自印度的佛本生故事还是希腊的寓言呢?我认为两种可能性都是存在的,但来自印度的可能性似乎更大一些。之所以这样说,是基于以下两方面的原因。首先,印度与西域地近,自古以来,印度文化对西域的影响要远远大于希腊,回鹘文化亦不例外;其次,就故事本身来说,《狮子和大雁》更接近于印度文本,而非情节比之简单得多的希腊文本。

至于印度佛本生故事何以传入回鹘,从而对其文化产生影响,则又应归因于佛教在回鹘中的广泛流播。

回鹘与佛教的最初接触,大致可追溯到漠北时代,时当公元7世纪上半叶。不过那时影响甚微,而且有一度被中断的可能。[②] 840年,漠北回鹘汗国灭亡,部众有不少西迁至河西走廊及新疆诸地。由于受当地长期流行的佛教及其文化的影响,这部分回鹘民众大多皈依了佛教,在10—14世纪,他们用自己的民族文字——回鹘文翻译了为数众多的佛教经典,并创作佛教作品,开凿佛教石窟,绘制佛教壁画,使佛教文化在这一时期得到了长足的发展。在译入回鹘文的佛教经典中,就含有相当数量的印度佛本生故事,上文所述的《善恶两王子的故事》《须达拏太子本生》《羚羊本生》《陶工本生》《狮子本生》和《大觉本生》等,都是印度佛教与佛教经典在回鹘中传译的结果。

虽然我们在现存的回鹘文佛教经典孑遗中还找不到《啄木鸟本生》被译为回鹘文的直接依据,但通过上述诸多例证,尤其是《善恶两王子的故事》与《啄木鸟本生》一样,同出自义净译《根本说一切有部毗奈耶破僧事》卷十五,故而我们不难推想,《啄木鸟本生》在古代回鹘中应有所传播,即使没有被译为回鹘文,也可能以口头方式流行过,今天维吾尔族动物故事《狮子和大雁》

---

① A. von Le Coq, Türkische Manichäica aus Chotscho, Ⅲ, Abhandlungen der Preussischen Akademie der Wissenschaften, 1922, Nr. 2, p. 33; L. Rásonyi, Das uigurische Asop-Josïpas-Fragment, Byzantinisch-Neugriechische Jahrbücher 7, 1930, pp. 429–443; P. Zieme, Die türkischen Yosïpas-Fragmente, Mittellungen des Instituts für Orientforschung 14, 1968, pp. 45–67; P. Zieme, Äsop in Zentralasien, Das Altertum 17, 1971, pp. 40–42.

② 杨富学:《回鹘之佛教》,乌鲁木齐:新疆人民出版社,1998年,第19页。

的出现，庶几可推定为这一影响的直接产物。

除此之外，在维吾尔族民间故事，尤其是动物故事中，受印度佛本生故事影响的例子还可以找出一些。笔者已寻得数例，兹标举如下。

1. 印度佛本生故事《老鼠本生》[①] 与维吾尔族民间故事《朝圣回来的猫》[②]。前者讲菩萨曾投胎为鼠王。一只猫因年迈而捉不到老鼠，遂生一计，在鼠穴旁佯装坐禅，自称年少时杀鼠过多，现在感到很后悔，故而欲修福除罪，在骗取老鼠的信任后乘机食之。鼠王识破真相，颂偈语以揭露之。与之情节相同的故事又见《法幢本生》，只是将猫换成了乌鸦，将鼠换成了鸟。[③] 后者讲一只猫因年老体衰，抓不着耗子，黯然神伤。遂诡称自己朝圣归来，在胡大面前进行了忏悔，今后要悔过自新，痛哭流涕地表示要与老鼠交为朋友。老鼠信以为真，纷纷出洞，与猫交友，结果全部被猫吃掉。

2. 印度佛本生故事《齐心协力本生》[④] 与维吾尔族民间故事《石鸡》[⑤]。前者讲菩萨曾投胎为鹌鹑，与几千只鹌鹑一起住在森林里。有捕鸟师常以网捕鹌鹑，菩萨出主意，当网撒下时，所有鹌鹑同时起飞，将网带到荆棘丛中，然后从网底逃跑。后者讲有两只石鸡被猎人网住。为了救它们，老石鸡带领其他石鸡一道把网给拖走了。

3. 印度佛本生故事《鹌鹑本生》[⑥] 与维吾尔族民间故事《骄傲的大象》[⑦]。前者讲菩萨曾为大象首领，率八万只象，以慈悲为怀。但有一只独行大象，肆意践踏鹌鹑巢穴，将卵踩碎。为报此仇，鹌鹑请来乌鸦、苍蝇和青蛙，襄助其报仇。乌鸦啄瞎独行象的眼睛，苍蝇在其眼中产卵，再由青蛙诱之掉进陷阱

---

① 义净译：《根本说一切有部毗奈耶破僧事》卷20，《大正藏》第24卷《律部三》，第1450号，页201c—202a。同一故事又见郭良鋆、黄宝生译《佛本生故事选》，第81—82页。

② 刘发俊编：《维吾尔族民间故事选》（少数民族民间文学丛书），上海：上海文艺出版社，1980年，第407—409页。

③ 郭良鋆、黄宝生译：《佛本生故事选》，第230—232页。

④ 郭良鋆、黄宝生译：《佛本生故事选》，第22—23页。

⑤ 《新疆动物故事选》，乌鲁木齐：新疆人民出版社，1980年，第53—56页。

⑥ 郭良鋆、黄宝生译：《佛本生故事选》，第209—211页。

⑦ 《新疆民间文学》第12集，乌鲁木齐：新疆人民出版社，1989年，第162—164页。该故事的另一版本《大象之死》，见录于刘发俊编《维吾尔族民间故事选》，第433—434页。

摔死。[①] 后者讲大象糟蹋草木，引起动物众怒，大家合力杀死大象。蚊子叮象眼，使之糜烂；苍蝇在糜烂处繁殖，弄瞎了大象双目；最后由青蛙将之诱进陷阱摔死。

4. 印度佛本生故事《公鸡本生》[②] 与维吾尔族民间故事《公鸡和狼》[③]。前者讲菩萨曾转生为一只公鸡。猫为了吃它，表示愿意嫁给它，被鸡识破。后者情节与之相同，只是把将猫换成了狼，表示愿意与公鸡交朋友而非下嫁于它。

5. 印度佛本生故事《野狗称王》[④] 与维吾尔族民间故事《五彩兽》[⑤]（音译《陶斯艾来英》）。前者讲有一只野狗在觅食时不小心跌进一染匠家的蓝色盆中，又被染匠摔于地上，毛色大变，于是乎，被狮子、大象等野兽奉为大王。有一天，它听到狗叫，也跟着叫起来。狮子、大象看出破绽，将之一脚踏死。后者情节与之相同，只是把野狗换成了熊，同时也去掉了本生故事中的偈语。

最后，需要说明的一点是，本文所举的本生故事，有不少又可见于印度古代著名的寓言与童话故事集——《五卷书》（*Pañcatantra*），如《齐心协力本生》与《五卷书》第二卷中的《鸽王》[⑥]、《野狗称王》与《五卷书》第一卷第十一个故事《豺狼为王》[⑦]、《鹌鹑本生》与《五卷书》第一卷第十八个故事《麻雀与大象》[⑧] 等都基本相同或相似。这是因为，释迦牟尼累世修行的本生故事，其实都取材于古代印度及东南亚诸国所流传的神话、童话和民间故事，佛教徒在原有的神话、童话、民间故事的头尾添上一些内容，中间略加宗教色

---

① 完全相同的故事又见于巴利文《佛本生故事·鹌鹑本生》。汉译文见郭良鋆、黄宝生译：《佛本生故事选》，第209—211页，只是将麻雀换成了鹌鹑，将啄木鸟换成了乌鸦，苍蝇、青蛙则一仍其旧。

② 郭良鋆、黄宝生译：《佛本生故事选》，第229—230页。

③《新疆动物故事续编》，第36—37页。完全相同的故事又见于刘发俊编：《维吾尔族民间故事选》，第400页，只是将狼换成了狐狸。

④ 义净译：《根本说一切有部毗奈耶破僧事》卷20，《大正藏》第24卷《律部三》，第1450号，页204a—b。

⑤《新疆民间文学》第2集，乌鲁木齐：新疆人民出版社，1982年，116—119页；《新疆动物故事续编》，第22—27页。

⑥ 季羡林译：《五卷书》，北京：人民文学出版社，2001年，第168—233页。

⑦ 季羡林译：《五卷书》，第93—95页。

⑧ 季羡林译：《五卷书》，第120—123页。

彩，把其中善良仁慈的角色附会在释迦牟尼身上，用以弘扬佛法。《五卷书》其实也是对南亚、东南亚流行的神话、童话、民间故事的汇编，性质与佛本生故事相同，只是宗教意味要淡多了。《五卷书》的回鹘文译本残卷在吐鲁番已有出土，存残片9件，[①] 而佛本生故事的回鹘文译本也相当多，因此，我们很难断定今天维吾尔族中仍在流行的这些民间故事到底是受到了佛本生故事还是《五卷书》的影响。其中也有一些故事（如《公鸡本生》）不见于《五卷书》，以此推断，其来源自应为佛本生故事了。

总而言之，来自印度的佛本生故事，在10—14世纪有不少都被译为回鹘文字，而且有些内容还被回鹘译者重新改编，从敦煌、吐鲁番等地发现的数十件古代写本、印本看，这些故事在当时是广泛流行的，而且对古往今来的回鹘—维吾尔族民间文学曾产生过巨大而深远的影响。

---

① F. Geissler - P. Zieme, Uigurische Pañcatantra-Fragmente, Turcica 2, 1970, pp. 32–70; M. Ölmez, Ein weiteres alttürkischen Pañcatantra-Fragment, Ural-Altaische Jahrbücher N. F. 12, 1993, pp. 179–191.参见拙作《回鹘文〈五卷书〉译本及相关问题研究》,《东方民间文学比较研究》，北京大学出版社（待刊）。

一组夏拉达体梵文贝叶经散叶的初步报告*

叶少勇　李学竹　加纳和雄

本文所报告的这一组梵文贝叶经散叶，均以夏拉达字体写成，很可能原藏于西藏夏鲁寺。基于意大利学者图齐（Giuseppe Tucci）在西藏拍摄的写本照片（现存于意大利非洲与东方研究所，Sferra 2008，MT 42 Ⅱ/1 & 2，以下简称图齐照片），加纳和雄（Kano 2008）在斯费拉教授（Francesco Sferra）的协助下最早报告了这批写本之中的9叶。根据各种写本目录的记录，我们知道很可能还有同类的贝叶保存在北京大学藏原民族宫梵本照片（以下简称北大写本）和中国藏学研究中心藏布达拉宫梵本照片（以下简称藏研写本）之中。叶少勇（Ye 2012）和李学竹（2011）分别对这两部分写本做了独立调查和研究。

在2012年举办的第五届北京国际藏学研讨会上，本文的三位作者会面交流，意识到各自所研究的写本原出自同一批藏品，于是决定互通资料展开合作研究（对于藏研写本只共享李学竹的转写）。初步调查结果显示，这批梵文贝叶经都以夏拉达体书写且形制相似，现存共87叶。其中，从藏研写本中拣出46叶，均出自《桑德目录》的第100号之下第（3）、（5）号，等同于《罗炤目录》第44号之下第（三）、（五）号。从北大梵本中则拣出41叶，分布于《王森目录》第10、15、16、17号。加纳和雄于2008年发表的图齐照片中的9叶，等同于北大梵本中第10、16号。这批散叶有可能最初存放于夏鲁

* 本文的英文版发表于*China Tibetology* 20（2013），30–47。作者对中文版做了修订和补充。原刊于《西藏贝叶经研究》，拉萨：西藏藏文古籍出版社，2017年。

寺，后来（图齐与罗睺罗于20世纪30年代入藏调查之前）其中的一部分被移至布达拉宫。这批贝叶之中包含了15部以上的作品，可惜大都不完整，应该另有一部分散叶存于他处，或已遗失。本文所报告的是已经比定出内容的贝叶。

一、罗炤的记述

藏研写本包含的这批梵本中的46叶，藏于布达拉宫，《罗炤目录》中有详细记录：

44.《阿毗达磨毗婆沙灯论光明疏》等八种以上论典合为一函，共185叶。外系布条上写“036号”。分述如下：

［…］

（三）《经庄严论》（*Sūtrālaṃkara*［sic］，藏文为 *mdo sde'i rgyan* |）片断。共34叶，不完整，残缺较多，叶码较凌乱，来不及细加整理，其中有 *parijayaparipākādhikārobhavama* 品。贝叶长53.9厘米，宽5.2厘米，每面墨书梵文7～8行，字体介于“悉昙”与“达利迦”体之间。在第30叶上写有藏文：*bal dpe* | 可知这部贝叶经是在尼泊尔写成，由尼泊尔取回西藏的。

［…］

（五）未见题目之论典一种，共13叶（其中有一叶仅存半叶），不完整，残缺很多，叶码凌乱。贝叶长54.5厘米，宽5.3厘米，每面墨书梵文9～11行，字极小，字体介于“悉昙”与“达利迦”体之间。文字内容属于某一种《般若经》的注释，也可能杂有密宗论典的经叶。扉叶上写满梵、藏文题记，其藏文题记中有如下颂词：

dpyal ston gdung rabs gser gyi 'phreng ba la |
rim par byon pa'i mkhas grub ded dpon gyis |
rgya gar kha spu can gyi pusta ka |

ngo mtshar rnam mang spungs pa'i lhun po che |
nyid yin bla ma'i drin gyis bdag nyid la |
'di dag ji bzhin klog pa'i skal bzang ldan | ...

这些藏文题记的字体，近似明朝时期的手写藏文。以上题记表明，这些贝叶可能原属11世纪的杰（*dpyal*）译师。但是，扉叶的形制与其他贝叶稍有不同，此扉叶与其他贝叶是否同属一书，待考。

依据藏研写本照片可知，罗炤先生所录品题*parijayaparipākādhikārobhavama*，完整应为：*sūtrālaṃkāraparicaye paripākādhikāro navamaḥ*。意为"《经庄严论修学疏》成熟品第九"。罗炤先生所说的"写满梵、藏文题记"的扉页，包含4行文字，首行以兰札体书写，第2—4行以藏文无头体书写，即罗炤所说的颂词，校录如下：

（第2行）*dpyal ston gdung rabs gser gyi 'phreng ba la ||*
rim par byon pa'i mkhas grub ded dpon gyis ||
rgya gar kha spu can gyi pusta kaṃ ||
ngo mtshar rnam mang spungs pa'i lhun po che ||
*rigs min rigs su bsdus (*或 *brdus) pa'i g.yon can la ||*
（第3行）*rang [srid] 'chol par ['gyur] ba'i [skyon?/ sprin] pa dang ||*
mtshungs pa [brge bskal] dman pa'i tshogs rnams kyi ||
[ya mtshan yo byad] tshogs kun rlung la bskur ||
nga ni cung zad tsam gyi 'phags + ['d]is ||
'di dag bho ṭa gzhan la dmus long mar ||
（第4行）*nyid yin (*应为 *yi?) bla ma'i drin gyis bdag nyid la ||*
'di dag ji bzhin klog pa'i skal bzang ldan ||

可知，这些写本的所有者来自dPyal家族，有可能是吉法贤（dPyal Chos kyi bzang po，?—1217/29），他是释迦吉祥贤（Śākyaśrībhadra）的译经助手。[①]《桑德目录》的记录则抄自罗炤，未提供进一步信息。

二、罗睺罗的报告

北大梵本以及图齐照片中所含的41片贝叶之中，有些叶面上有罗睺罗（Rāhula Sāṅkṛtyāyana）1930年代的手书：

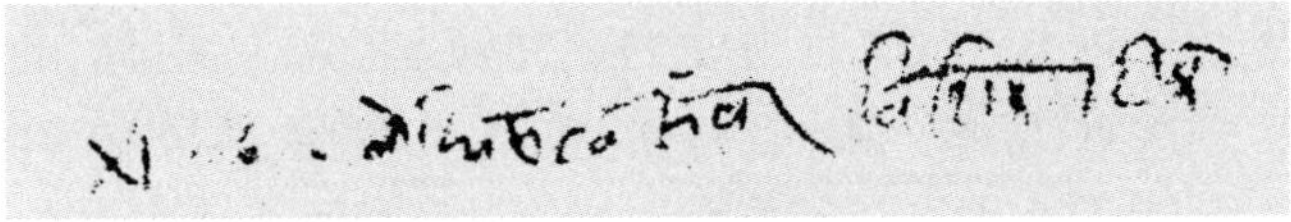

XI.6. bodhisattvasaṃvaraviṃśikāṭīkā

［出现于《菩萨律仪二十颂注》（*Bodhisattvasaṃvaraviṃśikāvṛtti*）的封面叶］

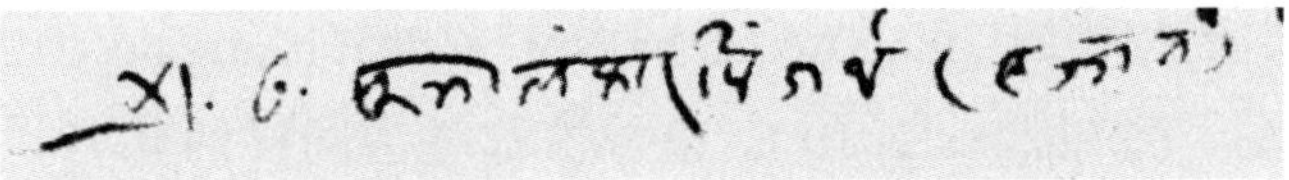

XI.6. sūtrālaṃkārapiṇḍārtha (Sajjana)

［出现于《经庄严论总义》（*Sūtrālaṃkārapiṇḍārtha*）的题跋之下］

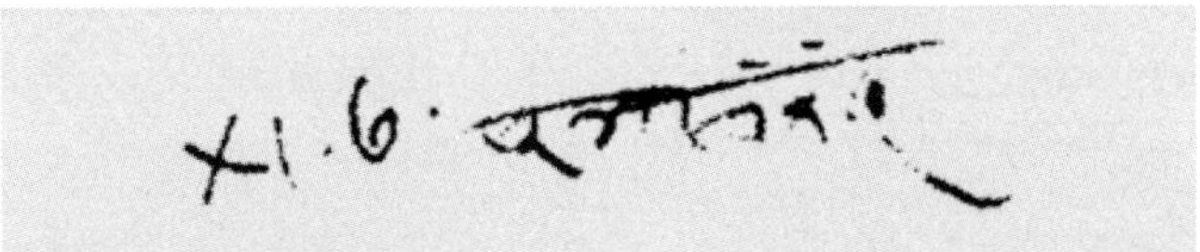

XI.6. sūtrālaṃkāra

［出现于《经庄严论修学疏》（*Sūtrālaṃkāraparicaya*）第十品题跋之下］

---

① 范德康（van der Kuijp 2009: 5, n. 13）曾提及此页：Of no uncertain interest is of course that *Ta la'i lo ma'i bstan bcos*, 74, no. 100 (5), lists a palm leaf manuscript of another Dpyal family history titled Dpyal ston gdung rabs gser gyi 'phreng ba! [*Ta la'i lo ma'i bstan bcos* = Sang De Cat.]

罗睺罗的西藏梵本调查报告（Sāṅkṛtyāyana 1935: 31）对第Ⅺ.6号有如下记述：

XI.6, (No. 44): Sūtrālaṃkāra(vi)bhaṅga, Śāradā, 20⅔ x 2⅓, Incomplete (Zha lu Ri phug)

[Footnote:] Owner of this book was the Indian paṇḍita Maṇikaśrījñāna, a contemporary of Bu-ston (1290–1364 A.D.).

这里的登录号码、写本尺寸和书写字体，都与北大写本照片上的字迹相符。据罗睺罗，这些写本当时存于夏鲁寺。罗睺罗报告的题名"*Sūtrālaṃkāra(vi)bhaṅga*"很可能是*Sūtrālaṃkāraparicaya*误读，这里的品题实为：*sūtrālaṃkāraparicaye bodhyadhikāro daśamaḥ*。意为"《经庄严论修学疏》菩提品第十"。

罗睺罗说这些写本属于印度班智达Maṇikaśrījñāna，不知根据何种资料。西藏的止贡译师诺布贝桑波（'Bri gung Lo tsā ba Nor bu dpal bzang po，1299—1373？，或1289—1363，参Stearns 2010），也曾被称呼为同样的梵名。他曾随布顿学习，所以与夏鲁寺有关联。

罗睺罗的助手根敦群培（dGe 'dun chos 'phel，1902—1951）也记录了Ⅺ.6这一函梵本，写为：*mdo sde rgyan ma tshang ba*。意即"《经庄严》不全"（dGe 'dun chos 'phel 1939–40: 22）。

三、王森的记录

《王森目录》也简略记录了北大写本中的这批贝叶：

10. *Bodhisattvasaṃvaraviṃśakāvṛtti* 菩萨律仪二十论注（有藏译本）（第十号改入大乘论部）1～3 不全 Śāntirakṣita［sic］寂护（公元8世纪人）

15. *Mahāyānasūtrālaṃkāra* 大庄严经论（有汉藏译本）1～18（残）

Maitryanātha［sic］弥勒护

16. *Mahāyānasūtrālaṃkārapiṇḍārtha* 大乘经庄严总义 1 ～ 6 残

17. 梵文经残叶（内仍有经庄严散叶，待查）

第10号之中的3叶都曾被图齐拍照，其中只有1叶出自《菩萨律仪二十颂注》，另两叶的一叶出自《经庄严论修学疏》（第2叶？ = MT 42 Ⅱ/01–7, 02–8），另一叶出自一部未知文献，加纳和雄（2008）描述为“讨论佛性并引用了《现观庄严》1.39颂及《阿毗达磨大乘经》的未知文献”（an unknown text on *gotra* quoting *Abhisamayālaṃkāra* Ⅰ.39 and *Abhidharmasūtra*）。

《王森目录》的第15号题为《大庄严经论》，包含18叶，现在我们可以确定，其中7叶出自《经庄严论修学疏》，其他11叶之中，2叶出自一部《中观明论》（*Madhyamakāloka*）的未知注疏，1叶出自《宝性论修学疏》（*Mahāyānottaratantraparicaya*），1叶出自《经庄严论品题集》（*Sūtrālaṃkārādhikārasaṃgati*），1叶出自《文殊真实名经注》（*Nāmasaṅgītivṛtti*），其他不明。

《王森目录》的第16号所录的6叶，图齐都曾拍摄照片。其中只有两叶属于《大乘经庄严总义》（*Mahāyānasūtrālaṃkārapiṇḍārtha*），其他有3叶是不明阿育吠陀文献（MT 42 Ⅱ/01–1, 2, 4, 02–1, 2, 4），还有1叶的题目为《相属成就修学疏》（*Pratibandhasiddhiparicaya*，加纳和雄2008比定）。在《王森目录》第17号中还有两叶可能属于前述同一部阿育吠陀文献，也有一些因明文献散叶，是否出自前述《相属成就修学疏》还有待进一步证实。

《王森目录》第17号中包含了61片散叶，其中有14叶是形制相同的夏拉达体贝叶，包含了前述《中观明论》注疏、《经庄严论修学疏》、《宝性论修学疏》和《文殊真实名经注》的一些散叶。剩余的写本不是以夏拉达体写成，其中有3叶《中论颂》、11叶《中论佛护释》和1叶月称的《六十如理论释》，已经由叶少勇校勘发表（2011；Ye 2007, 2008, 2013），另外还有2叶《瑜伽师地论摄抉择分》和1叶该论的未知注疏，叶少勇也曾于2012年报告过（Ye 2012）。

四、写本的字体和年代

夏拉达字体（Śāradā）是克什米尔一带的地方书体。关于这一字体的定名仍有争议。迪比（B. K. Kaul Deambi 1982: 24ff.）将这种字体的发展分为三个阶段：公元8—10世纪，11—13世纪和14—16世纪。其中第一个阶段的字形也常被学者称为“悉昙体”（Siddhamātṛkā）、“吉尔吉特–巴米扬二型字体”（Gilgit/Bahmiyan type Ⅱ）和“前夏拉达体”（proto-Śāradā），造成了相当大的混乱（参Sander 2007: 127ff.）。佛格尔（Jean Philippe Vogel 1911: 47）将夏拉达体的发展分为9—13世纪和13—17世纪两段，将第一阶段称为“（正）夏拉达”（[proper] Śāradā）或“天全体”（Devāśeṣa），桑德尔（Lore Sander 1968: 166）又将这两个术语修正为“古夏拉达体”和“现代夏拉达体”（alter und moderner Typus der Śāradā）。本文所报告的写本所用的字体，从字形上看应属于迪比所分三个阶段的第二个，即11—13世纪。

印度西北部由于气候原因，不出产可用于制作贝叶的棕榈树，以夏拉达字体书写的文献常常以当地出产的桦树皮为载体。因此，本文报告的写本是个特例，很可能是由来自克什米尔地区的书者在另外一个存有贝叶的地方写成。①

这批写本之中并没有发现包含年代信息的题记。鉴于这些贝叶的字体、形制大体一致，虽然出自多个抄手，也应该书写于同一时期。其年代上限可由其中所包含著作的年代来决定。《经庄严论总义》和《经庄严论品题集》的作者分别为萨遮那（Sajjana）和他的儿子摩诃遮那（Mahājana），他们来自一个活跃于11世纪后半至12世纪前半的克什米尔班智达家族。西藏地区的弥勒诸论

① 《罗炤目录》据一叶上的藏文字*bal dpe*推断这些写本抄写于尼泊尔。*bal dpe*二字见于藏研写本照片的第100–47号中的一个空白页面，叶码为20（罗炤误作30），背面的文献未能比定。然而，这两个字可能只是将此本从尼泊尔携回的藏人所添加，并不一定反映抄写地。当然，也不能排除克什米尔地区输入贝叶的可能性，例如巴米扬地区就曾发现过抄于公元2—6世纪的贝叶写本。

特别是《宝性论》的翻译和弘传，与这两个人有密切关系。[①]这批写本所使用的夏拉达体正是克什米尔一带的字体，写本之中也包含了与《宝性论》《经庄严论》等弥勒论著相关的多部著述，由此判断，这批写本与这个克什米尔家族的成员或徒众有紧密关联。这批写本的年代下限，可由前面提到的写本所有者的名字吉法贤（？—1217/29）来推断。这样，这一组贝叶大致可以推定为12、13世纪之物。

五、写 本 内 容

这批写本的87片散叶，包含了超过15部的著作。本文作为初步报告，将略述其中的9部作品，涵盖了41叶，约占一半。加纳和雄（2008）已经报告过的写本也包含在这里，并作信息更新。如下表：

表1　本文报告的9部作品及其贝叶情况

标　　题	现　存　叶	总叶数
1. Śāntarakṣita著 *Bodhisattvasaṃvaraviṃśikāvṛtti*	**1**, 2	2
2. Amṛtākara著 *Catuḥstavasamāsārtha*	(1)	1
3. *Madhyamakāloka*的注释	**1**, **2**, 3, **(4)**, **(5)**	5
4. *Sūtrālaṃkāraparicaya*	**2**?, (3?), (4?), 5, **7**, **8**, **9**, **10**, **11**, 12, 14, **x**	12
5. Sajjana著 *Sūtrālaṃkārapiṇḍārtha*	**1**, **4**	2
6. Mahājana著 *Sūtrālaṃkārādhikārasaṃgati*	**(1)**（完整）	1
7. *Mahāyānottaratantraparicaya*	1, **3**?,(4?), (5?), **x**, y, 6, 7, **9**, **14**, **z**	11
8. *Nāmasaṅgīti*的注释	**(2)**, **(3)**, **(4)**, **(5)**, **(6)**	5
9. *Ajātaśatrukaukṛtyavinodanā*摘录	2, 3	2

正体＝藏研写本　粗体＝北大写本　下划线＝图齐照片
括号数字＝原件上未见的叶码　x, y, z＝未知页码的散叶

① 详参加纳和雄2006: 29ff.。

1．寂护著《菩萨律仪二十颂注》(*Bodhisattvasaṃvaraviṃśikāvṛtti*)，2叶

寂护（Śāntarakṣita）为月官（Candragomin）造《菩萨律仪二十颂》（*Bodhisattvasaṃvaraviṃśikā*）所作的注释。无论是本颂还是注释，此前都没有发现过梵本，只能依据藏译。这两片残叶包含了前9颂以及注释。[①]

第（1）叶：北大梵本（第10号），图齐照片（MT 42 II/02–7），注第1～2颂

第2叶：藏研梵本（照片30/31, 第1叶），注第3～9a颂

加纳和雄（2008）比定出图齐照片中的第1叶，并恢复出引用于其中的第1、2颂。现在依据更为清晰的北大梵本照片，可以读出寂护注释的皈敬颂：

ni[śś]eṣasaṃvarāmbhodhipāra[gān madhura]svarān |
na[tvā] vivriyate spaṣṭaṃ mayā saṃvaraviṃśikā ||[②]

此外，北大梵本照片中包括了图齐没有拍摄的首叶正面，因此我们可以见到这部写本的标题：

第1行：XI.6. *bodhisattvasaṃvaraviṃśikāṭīkā*（罗睺罗手书，见前揭图片）

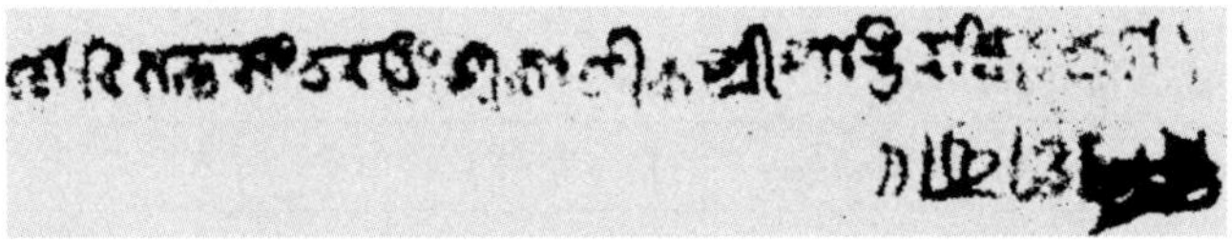

第2行：*bodhisatvasaṃvaraviṃśakāṭīkāśrīśānti*(!)*rakṣitakṛtā* |（前孟加拉字体）

第3行：*.. .. ṭīkā* ||（上下颠倒）

---

① 其中第4—7颂梵文也引用于《牟尼意庄严论》之中，参见李学竹2012。

② 藏译见D 4082, 67a6–7: *sdom pa ma lus rgya mtsho yi* || *mthar phyin 'jam pa'i gsung mnga' la* || *phyag 'tshal nas ni sdom pa'i mchog* || *nyi shu pa ni gsal bar dgrol* ||

2. 甘露藏著《四赞略义》(*Catuḥstavasamāsārtha*)，1叶

基于一叶藏于俄尔寺（Ngor）的夏拉达体散叶，图齐（1956: 233–246）曾校勘发表甘露藏（Amṛtākara）著《四赞略义》的部分文本。①据图齐所述，该写本原有两叶，而包含了《超世赞》(*Lokātītastava*）注释的第1叶佚失不见。这丢失的一叶现在出现在我们的写本中。

第1叶：藏研写本（照片30/31，第5叶），包含对《超世赞》第1～28颂的注释以及《无喻赞》(*Niraupamyastava*）注释的开头部分。

第2叶：未见，只有图齐转写本

图齐并没有报告贝叶的尺寸，但根据图齐所录的字体、每面行数以及行文内容来看，这两叶应为同一件写本。②

1v11（藏研写本）：*iti prathamasya samāsārthaḥ* || [Lokātītastava]

2v1(图齐本)：*iti dvitīyasya samāsārthaḥ* || [Niraupamyastava]

2v6(图齐本)：*iti tṛtīyasya samāsārthaḥ* || [Acintyastava]

2v9(图齐本)：*iti caturthasya samāsārthaḥ* || [Paramārthastava]

2v9(图齐本)：*catuḥstavasamāsārthaḥ paṇḍitāmṛtākarasyeti* || ||

图齐（1956: 196）说这片贝叶藏于俄尔寺，包含在一组夏拉达体贝叶之中，其中也包含署为龙树的《大乘二十论》(*Mahāyānaviṃśikā*）和陈那的《般若波罗蜜多总义》(*Prajñāpāramitāpiṇḍārtha*)，但这一说法不符合罗睺罗的记

---

① Tucci 1956: 195–196: The Sanskrit text which is here published is found in a manuscript in śāradā characters probably of the Ⅷ - Ⅸ [sic] century (very similar to those of the Gilgit ms. of the Bhaiṣajyaguruvaiḍūryaprabhāsasūtra) preserved in the Ṅor monastery which contains also the Pāramitārthasaṃkṣepa [...] of Diṅnāga and a fragment of the Catuḥstavasamāsa of Amṛtākara."；同上 235 "In the monastery of Ṅor I found in the same fragmentary palm-leaf manuscript containing the Mahāyānaviṃśikā a work which in the colophon is said to be the Catuḥstavasamāsārtha." 酒井真典（1959）发表了这一梵本的日译。

② 图齐记述此贝叶正面为10行，背面9行，这件贝叶并未登录在Sferra 2008之中。

述，据罗睺罗，《大乘二十论》写本是存于夏鲁寺。[①]这样，这些贝叶的藏地就成了一个问题。一种可能性是，图齐所说的写本与我们见到的并不是同一批。[②]但更为可能的是，这些写本存于夏鲁寺，罗睺罗访问之后则被移置俄尔寺。还有一种可能是图齐的记录弄混了俄尔寺和夏鲁寺。

3.《中观明论》(*Madhyamakāloka*)的一部注释，5叶

这5叶出自一部对莲花戒（Kamalaśīla）所撰《中观明论》(*Madhyamakāloka*)的注疏，尚不知其标题和作者。虽不完整，这些散叶为我们首次提供了《中观明论》的梵本材料。

第1叶：北大写本第17号
第2叶：北大写本第17号
第3叶：藏研写本（照片32/33，第2叶）
第（4）叶：北大写本第15号
第（5）叶：北大写本第15号

从第1叶正面到第4叶背面是佛经摘录。每段摘录的起止点都与藏译《中观明论》引用佛经的段落相符，故而判断这几叶也属于《中观明论》的注疏或附录。从第4叶背面第5行是注疏的开始，对应于《中观明论》下篇（uttarapakṣa）的开端[③]：

① Sāṅkṛtyāyana 1935: 31, No. 40 (Zha lu Ri phug) “*Mahāyānaviṃśikā*, Nāgārjuna, Śāradā, 20⅔ × 2⅓ inches” (c. 52.5 × 6 cm.).

② 例如，塚本啓祥 1989: 151。

③ 藏译：*dBu ma snang ba*, D 3887, dBu ma, Sa 147b5–148b1; 一郷正道 1993: 108. *de lta bas na ’di la lan gdab* (147b6) *par bya ste | de la re zhig lung gi sgo nas ni chos thams cad ngo bo nyid med par sgrub nus pa ma yin te | de su yang khas mi len pa’i phyir ro zhes bya ba la sogs pa smras pa gang yin pa de la brjod par bya’o ||* [...] (b7) *de la kha cig nga rgyal gyis sam |* […] (148a2) *bcom ldan ’das kyi gsung rab rin po che thog ma dang tha ma dang bar du dge ba la mi brten du zin kyang ci de tsam gyis mkhas pa rang dang gzhan la phan pa skyed par byed pa’i thabs thob pa legs par rtog pa la mkhas pa rnams kyang rten par mi byed dam |* […] (a4) *mkhas pa mngon par mtho ba dang | nges par legs pa’i ’bras bu ’dod pa phun sum tshogs pa ma lus par bsgrub pa la gzo ba rnams kyis de yongs su spangs* (a5) *nas | gsung rab rin po che gcig tu dge ba gang yin pa de la brten par bya ba kho na’o zhes bya ba’i phyogs* （转下页）

oṃ namaḥ yat tāvad uktam āgamato na tāvat sarvadharmanai‹ḥ›svābhāvyaṃ śakyaṃ kaiścid anabhyupagatatvāt ‹|› tatra yadi nāmāhopuruṣikayā keścin [应为 *kaiścin*?] *na ○ gṛ‹hī›ta āgamo neyatā vicakṣaṇair apy agrāhyo* (')*bhyudayani‹ḥ›śreyasasampatphalatvāt svayaṃ tadanusaraṇāsāmarthye vā laṅkāvatārādau bhagavatā vyākṛta○syāryanāgārjunasya sūktaṃ kin nānugamyate* [...]

4.《经庄严论修学疏》(*Sūtrālaṃkāraparicaya*)，12叶

加纳和雄（2008）曾以“未知《经庄严论》注释”为名报告过这一写本，现在根据藏研写本和北大写本（表2），可以确定其题名为《经庄严论修学疏》。

表2　*Sūtrālaṃkāraparicaya*的写本对照表

叶码	包含偈颂		照片出处
	《修学疏》品号	对应Lévi本品号	
2（?）	2.8—13	1.8—13	北大写本第10号 = 图齐照片MT 42 Ⅱ /01-7, 02-8
?	3.9—11	2.9—11	北大写本第15号
?	3.11—12	2.11—12	北大写本第17号
5	4.1—13	3.1—13	藏研写本第100号（30/31, 第2叶）
7	5.6—11	4.5—11	北大写本第15号
8	5.12—26	4.12—26	北大写本第15号
9	5.26—7.2	4.26—6.2	北大写本第15号
10	7.3—8.4	6.3—7.4	北大写本第15号
11	8.5—10	7.5—10	北大写本第15号
12	9.1—12	8.1—12	藏研写本第100号（32/33, 第5叶）
14	9.19—10.10	8.19—9.10	藏研写本第100号（34/35, 第1叶）
?	10.78, 82—86	9.78, 82—86	北大写本第15号

（接上页）*yin na ni* | [...] (a6) *gal te bdag nyid de la brten mi nus su chug na'ang* | *'on kyang 'phags pa Klu sgrub kyi zhal snga nas* | *rigs pa'i sgron ma'i tshogs rnam pa du mas 'di gsal rab tu brjod na de'i stobs kyis kyang ci'i* (a7) *phyir khas mi len* | *de nyid kyi phyir slob dpon de ni bcom ldan 'das kyis de ston pa'i phyir dan* | *sa dang po thob pa'i phyir 'phags pa Lang kar gshegs pa la sogs pa las lung bstan to* || *gal te 'dis 'di log par ston par 'gyur na ni bcom ldan 'das kyis de ltar lung* (b1) *ston par yang mi 'gyur ro* ||

这部写本有可能是作者的创作草稿，因为叶面上有大量涂改、删除和插入的勾画痕迹，有些叶面还没有写满就被废弃，继而另起一叶重新撰写相同的内容。作品的标题出现在品题之中：

(4?)v8: *sūtrālaṃkāraparicaye śaraṇagamanādhikāraparicayas [tr]tīyaḥ* || ||
9r2: *sūtrālaṅkāraparicaye cittotpādā*(r3)*dhikāraḥ pañcamaḥ* || ◦ ||
9v6 : *sūtrālaṃkāraparicaye pratipattyadhikāras ṣaṣṭhaḥ* || ◦ ||
10v5: *sūtrālaṅkāraparicaye tattvādhikāras saptamaḥ* || ◦ ||
11v10: *sūtrālaṃkāraparicaye prabhāvādhikāro (')ṣṭamaḥ* || ||
14r9: *sūtrālaṃkāraparicaye paripākādhikāro navamaḥ* || ◦ ||
xv4: *sūtrāla(ṃ)kāraparica○(ye) bodhyadhikāro daśamaḥ* || ||

值得一提的是，该本上的品目编号与《经庄严论》的列维刊本（Sylvain Lévi 1907）不同。列维所依据的梵文写本（Nepal-German Manuscript Preservation Project, Reel No. A114/1）抄写于尼泊尔纪元798年，即公元1677或1678年。《经庄严论修学疏》将列维本中的第一品拆分为二，第1—6颂是一品，第7—20颂是第二品。这种分品方法体现在《经庄严论》第10.1颂（列维本编号）的摄颂之中（*ādiḥ siddhiḥ śaraṇaṃ gotraṃ citte tathaiva cotpādaḥ*），也与《经庄严论》的汉译（T. 1605）、藏译（D. 4020）以及传为安慧所作的注释（D. 3034）一致①。

《经庄严论修学疏》与后面将要说到的《宝性论修学疏》风格体例类似，都是全文引用本颂。这样，这批散叶之中保存了约100余颂，有助于我们修订和补充《经庄严论》梵文偈颂。例如，列维本的第二品《皈依品》（*Śaraṇagamanādhikāra*，即《修学疏》的第三品）由于写本缺少一叶，缺少了第4—11颂共8颂，由《经庄严论修学疏》则可以补出第9—11颂的梵本：

① 参能仁正顕、荒牧典俊2009: 24–27。

第3？页正面第6行：

mahāpuṇyaskandhaṃ tribhuvanagurutvaṃ bhavasukhaṃ
mahāduḫkhaskandhapraśamam api buddhyuttamasukham |
mahādharmaskandhaṃ pravaradhruvakāyaṃ śubhacayaṃ
nivṛttiṃ vāsāyā bhava○śamavimokṣaṃ ca labhate || (格律：*Śikhariṇī*)

第3？页正面第8～9行

śubhaudāryād dhīmān abhibhavati sa śrāvakagaṇaṃ
mahārthatvānantyāt satatasamitaṃ cākṣayatayā |
śubhaṃ laukyālaukyan tad api paripākapraka (r9) *raṇaṃ*
vibhutvenāvāptan tad upadhiśame cākṣayam api || (格律：*Śikhariṇī*)

第3？页背面第1行，第4？页正面第1行

tadbhāvaprārthanāto (')bhyupagamanam idan tanmataṃ ca kṛpātas
sarvākārajñatāto hitasukhakaraṇaṃ duṣkareṣv apy akhedaḥ |
niryāṇe sarvayānaiḫ pratiśaraṇaguṇenānvitatvaṃ ca nityaṃ
saṃketād dharmatātas śaraṇagamanatā dhīmatām uttamāsau || (格律：*Sragdharā*)

5. 萨遮那著《经庄严论总义》(*Sūtrālaṃkārapiṇḍārtha*)，2叶

这两叶萨遮那（Sajjana）所著《经庄严论总义》全部包含在图齐照片之中（加纳和雄2008），也出现在北大写本之中。

第1叶：图齐照片（MT 42 Ⅱ/01–3, 02–3），北大梵本第16号
第4叶：图齐照片（MT 42 Ⅱ/01–6, 02–6），北大梵本第16号

这部偈颂体文献的标题——“经庄严论总义”①，以及萨遮那的名字，出现在题跋中：*sūtrālaṅkārapiṇḍārthaḥ* || *kṛtiś śrīmatsajjanapādānām* ||。萨遮那活跃

① 应注意区别于智吉祥（Jñānaśrī）的同名著作。

于克什米尔地区，曾帮助俄译师（rNgog Blo ldan shes rab，约1059—1109）在1076—1092年的某个时间将《宝性论》（*Ratnagotravibhāga*）译成藏文。萨遮那存世的著作还有《宝性论教授》（*Mahāyānottaratantraśāstropadeśa*），其梵本也出现在图齐照片之中，而另一部著作《告子书》（*Putralekha*）则唯存藏译。[①]

在《经庄严论总义》的开头两颂中，萨遮那将烈维本中的第一品分为"初品"（**ādyadhikāra*,第1—6颂）与"成就品"（**siddhyadhikāra*，第7—20颂）两部分，这点与前揭《经庄严论修学疏》是一致的。

ādis siddhiś śaraṇaṃ gotraṃ sabodhaye[②] *cittam*
prasthānaṃ tattvārthaḥ prabhāvapākau tathā bodhiḥ ||（格律：Upagīti）

dharmādhimuktiparyeṣṭideśanāpratipattayaḥ
yathāvad avavādaś ca sopāyaṃ karma ca tridhā ||（格律：Anuṣṭubh）

6. 摩诃遮那著《经庄严论品题集》（*Sūtrālaṃkārādhikārasaṃgati*），1叶

这部只有一叶的短篇作品是首次发现，其中简略概括了《经庄严论》各品大义：

第（1）叶：全，北大写本第15号

此叶背面第7行有题跋：*sūtrālaṃkārādhikārasaṃgatis samāpt[ā] kṛtiḥ paṇḍitaśrīmahājanasy[e]ti* ‖ ‖。萨遮那的《告子书》说到其子为摩诃遮那，《告子书》即给他的信，其中也提到摩诃遮那是《般若波罗密多心义遍知》（*Prajñāpāramitāhṛdayārthaparijñāna*，D 3822）的作者。摩诃遮那也曾参与西藏译经，很可能是在阿里一带。

---

① 关于萨遮那的生平及其《宝性论教授》与《告子书》，参见加纳和雄2006。加纳和雄正在准备发表《宝性论教授》的梵文精校本和英语译注。

② 疑为*saṃbodhaye*之误。

7.《宝性论修学疏》(*Mahāyānottaratantraparicaya*)，11叶

这批贝叶中有11叶属于一部首次发现的著作——《宝性论修学疏》，是对《宝性论》(梵本见Johnston 1950，中村瑞隆 1961)颂文的注释：[①]

第1叶：藏研写本(照片34/35，第3叶)[注《宝性论》第1.1～2颂]

第3？叶：北大写本第17号[注《宝性论》第1.3–? 颂]

第(4？)叶：藏研写本(照片28/29，第5叶)[注《宝性论》第1.4颂]

第(5？)叶：藏研写本(照片34/35，第2叶)[注《宝性论》第1.5～9？颂]

第x叶：北大写本第15号，[注《宝性论》第1.10？～12颂]

第y叶：藏研写本(照片32/33，第1叶)[注《宝性论》第1.12～19？颂]

第6叶：藏研写本(照片30/31，第4叶)[注《宝性论》第1.23～28？颂]

第7叶：藏研写本(照片30/31，第3叶)[注《宝性论》第1.28～29颂]

第9叶：北大写本第15号[注《宝性论》第1.37？～47颂]

第14叶：北大写本第17号[注《宝性论》第1.79～97颂]

第z叶：北大写本第15号[注《宝性论》第1.134？～152颂]

该写本的末叶没有找到，因此未见题记。但是，很多叶面左端有“*mahā pari*”两个缩略词，据此推测其题名为*Mahāyānottaratantraparicaya*“宝性论修学疏”。这批写本中的另外两部作品的标题——《经庄严论修学疏》(*Sūtrālaṃkāraparicaya*)和《相属成就修学疏》(*Pratibandhasiddhiparicaya*)也支持这一推测。目前还不知道该文献的作者。

8.《文殊真实名经》(*Nāmasaṅgīti*)的注释，5叶

这部《文殊真实名经》的注释共存5叶[②]：

① 由于照片较为模糊，这里对叶码和内容的比定是暂时性的，有待进一步核查。

② 目前我们只是勘查了每叶的首尾，并比对藏译(D 2535)，具体信息有待进一步核实。

第（2）叶：北大写本第17号［注第4～25颂］≈D 2535，3a3～5b4？
第（3）叶：北大写本第17号［注第26～38颂］≈D 5b4～8b4
第（4）叶：北大写本第17号［注第39～53颂］≈D 8b4～11b1
第（5）叶：北大写本第17号［注第54～70颂］≈D 11b1～14a2
第（6）叶：北大写本第15号［正面注第70～74颂；背面注第86～94颂］D 14a2～7（第86～94颂与D 2535无法对应）

这部注释与藏译《文殊真实名经注》（Zla ba bzang po grags pa'i dpal著[①]，D 2535）非常接近。《文殊真实名经注》由摩诃遮那与帕巴协热（'Phags pa shes rab）合作翻译[②]，摩诃遮那也就是前述《经庄严论品题集》的作者。

9.《阿阇世王经》（*Ajātaśatrukaukṛtyavinodanā*）摘录，2叶

《阿阇世王经》是一部早期大乘经典，现存最早的汉译本是2世纪后半的支娄迦谶译本（T. 626），其次为3世纪后半的竺法护译本（T. 626），还有一部10世纪的法天译本（T. 628）[③]。藏译本译出于9世纪（D 216）。多部印度著作引用了这部佛经，可惜这些著作都只有译本，而没有留下梵文原本（宫崎展昌2012）。近年来发现了出自阿富汗的14件此经的梵文残片，以西北笈多字体写成，应不晚于5世纪，收于斯奎因藏品（Schøyen Collection）之中[④]。这里报告的两叶包含了《阿阇世王经》的大段摘录。

第2叶：藏研写本（照片28/29，第3叶）［≈T. 15, 394a23～398a26］

① 参见题跋（D 2535, 27a4）：*slob dpon chen po zla ba bzang po grags pa'i dpal gyis mdzad pa rdzogs so || ||* 这一题跋也提及了其传承（27a3—4）：*jam dpal sangs rgyas ye shes dang || padma yan lag med pa dang || sgeg pa bzhad pa'i rdo rje dang || gsung gi myu gu mgrin gsum dang || aindra po dhi legs gsungs dang || chos skyong dang ni dpal sbas dang || ye shes bshes gnyen ye shes grags || tri bi dra ma chos dbang po || skal ldan dbang phyug zla bzang dpal || 'di skad brgyud pa'i rim pa las || bdag gis 'grel pa 'di brtsams pas || 'jam dpal go 'phang thob par shog |*

② D 2535, 27a5: *rgya gar gyi mkhan po paṇḍita chen po śrī mahādzana dang | sgra bsgyur gyi lo tsā ba chen po dge slong 'phags pa shes rab kyis bsgyur cing gtan la phab pa'o ||*

③ Harrison & Hartmann 2000，宫崎展昌 2012: 50。

④ Harrison & Hartmann 1998, 2000, 2002，宫崎展昌 2012: 34–35。

第3叶：藏研写本（照片28/29, 第4叶）[≈T. 15, 398a26～403a23]①

虽然只是摘录，这两叶文本却可以将斯奎因写本中的多个残片上的行文连缀起来。

六、总　结

本文报告了一组夏拉达体写成的梵文贝叶，其中包含很多重要文献。这批写本的书写者很可能属于萨遮那和摩诃遮那所在的尼泊尔班智达家族。这批文献为我们提供了12世纪前后克什米尔地区的佛教经典传播与研习的信息，其中所包含的著作虽大多不完整，却几乎都是首次发现的珍贵文本。今后我们将致力于校勘这些文献，并继续比定余下的未知著作。

转写所用符号

( )	重构的字
[ ]	不确定的释读
‹ ›	抄手遗漏的字
+	一个缺失的字
..	一个无法辨识的字
.	无法辨识的字的一部分
(’)	*avagraha*（写本中未用）
○	穿绳孔
ḫ	*upadhmānīya*
ẖ	*jihvāmūlīya*

缩略语

北大写本	北京大学藏原中国民族宫梵本照片
《罗炤目录》	罗炤：《布达拉宫所藏贝叶经目录》，1985年。

① 根据宫崎展昌的分品（2012: 34–35），相当于第3—11a品。

《桑德目录》　桑德 :《中国藏学研究中心收藏的梵文贝叶经(缩微胶卷)目录》,1987年。

《王森目录》　王森 :《民族文化宫藏梵文贝叶经目录》,1985年。见Haiyan Hu-von Hinüber, "Some Remarks on the Sanskrit Manuscripts of the Mūlasarvāstivāda-Prātimokṣasūtra found in Tibet." In: Ute Hüsken, et al (eds.). *Jaina-itihāsa-ratna: Festschrift für Gustav Roth zum 90. Geburstag*. Marburg: Indica et Tibetica Verlag, 2006, 283–337.

藏研写本　中国藏学研究中心藏布达拉宫梵本照片

D　德格版,目录 :《西藏大蔵経總目録東北帝国大学蔵版》,東北帝国大学法文学部,1934年。

T.　大正新修大藏经

参考文献

叶少勇

2011　《〈中论颂〉与〈佛护释〉—— 基于新发现梵文写本的文献学研究》,上海 :中西书局。

一郷正道

1993　「カマラシーラ著『中観の光』和訳研究(2)」,『京都産業大學論集』20, 104–125.

加纳和雄

2006　「サッジャナ著『究竟論提要』—著者および梵文写本について—」,『密教文化研究所纪要』19,28–51.

酒井真典

1959　「龍樹に帰せられる讃歌 : 特に四讃について」,『日本仏教学会年報』24, 1–44.

塚本啓祥等

1989　『梵語仏典の研究 IV 密教經典篇』,京都 :平樂寺書店.

中村瑞隆

1961　『梵漢対照究竟一乗宝性論研究』,東京 :山喜房.

能仁正顕，荒牧典俊

2009 『「大乗荘厳経論」第 1 章の和訳と注解：大乗の確立』，京都：自照社出版.

宮崎展昌

2012 『阿闍世王経の研究—その編纂過程の解明を中心として—』東京：山喜房.

李学竹

2011 「Abhidharmasamuccayaおよびその注釈（Vyākhyā）の新出梵文写本について」，『印度學佛教學研究』60–1，153–156.

2012 「Munimatālaṃkāraの梵文写本について」，『密教文化』229，25–35.

Deambi, B. K. Kaul

1982 *Corpus of Śāradā Inscriptions of Kashmir, with Special Reference to Origin and Development of Śāradā Script.* Delhi: Agam Prakashan.

dGe 'dun chos 'phel

1939–40 *rGyal khams rig pas bskor ba'i gtam rgyud gser gyi thang ma.* Ed. Zam gdon pa Blo bzang bstan 'dzin, Varnasi, 1986.

Harrison, Paul & Hartmann, Jens-Uwe

1998 "A Sanskrit Fragment of the Ajātaśatru-kaukṛtya-vinodanā-sūtra." In: Paul Harrison and Gregory Schopen (eds.), *Sūryacandrāya, Essays in Honour of Akira Yuyama on the Occasion of His 65th Birthday*. Swisttal-Odendorf: Indica et Tibetica Verlag, 67–86.

2000 "*Ajātaśatrukaukṛtyavinodanāsūtra*." In: Jens Braarvig (ed.), *Manuscripts in the Schøyen Collection Ⅰ, Buddhist Manuscript Ⅰ*. Oslo: Hermes Academic Publishing, 167–216.

2002 "Another Fragment of the *Ajātaśatrukaukṛtyavinodanāsūtra*." In: Jens Braarvig (ed.), *Manuscripts in the Schøyen Collection Ⅲ*,

Buddhist Manuscript Ⅱ. Oslo: Hermes Academic Publishing, 45–49.

Johnston, E.H.

1950 *Ratnagotravibhāga-Mahāyānottaratantraśāstra*. Patna: The Bihar Research Society.

Kano Kazuo 加纳和雄

2008 "A Preliminary Report on Newly Identified Text Fragments in Śāradā Script from Źwa lu Monastery in the Tucci Collection." In: Francesco Sferra (ed.), *Manuscripta Buddhica, Vol.* Ⅰ*: Sanskrit Texts from Giuseppe Tucci's Collection, Part* Ⅰ. Roma: IsIAO, 381–400.

van der Kuijp, Leonard W. J.

2009 "On the Vicissitudes of Subhūticandra's Kāmadhenu Commentary on the Amarakoṣa in Tibet." *Journal of the International Association of Tibetan Studies* 5, 1–105.

Lévi, Sylvain

1907 *Mahāyāna-Sūtrālaṃkāra, exposé de la doctrine du Grand Véhicule selon le système Yogācāra*, tome Ⅰ. Paris: Librairie Ancienne Honoré Champion (repr. Kyoto: Rinsen Book Co., 1983).

Sander, Lore

1968 *Paläographisches zu den Sanskrithandschriften der Berliner Turfansammlung*, Verzaichnis der Orientalischen Handschriften in Deutschland, Supplementband 8. Wiesbaden: Franz Steiner Verlag.

2007 "Confusion of Terms and Terms of Confusion in Indian Palaeography." In: Karin Preisendanz (ed.), *Expanding and Merging Horizons: Contributions to South Asian and Cross-Cultural Studies in Commemoration of Wilhelm Halbfass.*

Vienna: Austrian Academy of Sciences Press, 121–139.

Sāṅkṛtyāyana, Rāhula

1935 "Sanskrit Palm-Leaf Mss. in Tibet." *Journal of the Bihar and Orissa Research Society* 21–1, 21–43.

1937 "Second Search of Sanskrit Palm-leaf Mss. in Tibet." *Journal of the Bihar and Orissa Research Society* 23–1, 1–53.

Sferra, Francesco

2008 "Sanskrit texts from Giuseppe Tucci's collection. " In: Francesco Sferra (ed.), Manuscripta Buddhica, Vol. Ⅰ: Sanskrit Texts from Giuseppe Tucci's Collection, Part I. Roma: Istituto Italiano per l'Africa e l'Oriente, 15–78.

Sterns, Syrus

2010 *The Buddha From Dolpo: A Study Of The Life And Thought Of The Tibetan Master Dolpopa Sherab Gyaltsen* (revised version). New York.

Vogel, Jean Philippe

1911 *Antiquities of Chamba State: Part I, Inscriptions of the Pre-Muhammadan Period.* New Delhi: Archaeological Survey of India. Reprinted, 1911.

Ye Shaoyong 叶少勇

2007 "The *Mūlamadhyamakakārikā* and Buddhapālita's Commentary (1): Romanized Texts Based on the Newly Identified Sanskrit Manuscripts from Tibet." *Annual Report of the International Research Institute for Advanced Buddhology at Soka University* 10, 117–147.

2008 "The *Mūlamadhyamakakārikā* and Buddhapālita's Commentary: Romanized Texts Based on the Newly Identified Sanskrit Manuscripts from Tibet (2)." *Annual Report of the International Research Institute for Advanced Buddhology at Soka University*

11, 105–151.

2012 “A folio of the *Yuktiṣaṣṭikāvṛtti* and Some Other Sanskrit Manuscripts Newly Found in Tibet: A Preliminary Report.” (Handout, CTRC conference, August 2012, Beijing).

2013 “A Sanskrit folio of the *Yuktiṣaṣṭikāvṛtti* from Tibet.” *Annual Report of the International Research Institute for Advanced Buddhology at Soka University* 16, 233–240.

补充书目

本文英文版发表于2013年，其后出版的相关文献有：

加納和雄,「Mahāyānottaratantraparicaya—カシュミール由来の新出の『宝性論』注梵文断片—」,『印度學佛教學研究』62–2（2014）：152–158.

加納和雄，李学竹，叶少勇,「『菩薩律義二十』の梵文断片」,『密教学会報』53（2015）：17–24.

加納和雄,「阿闍世王経抄本の梵文写本」,『印度學佛教學研究』64–1（2016）：170–176.

Kano Kazuo 加納和雄, “Sajjana’s *Mahāyānottaratantraśāstropadeśa*: Annotated Translation and A Reading Text.” *Kōyasandaigaku daigakuin kiyō* 14, 2015, pp. 1–46.

van der Kuijp, Leonard, The **Madhyamakālokabhāṣyatattvapradīpa*: An Indic Commentary on Kamalaśīla’s *Madhyamakāloka* (*Dbu ma snang ba*). *China Tibetology* 22 (2014): 1–3.

叶少勇，北京大学南亚学系副教授
李学竹，中国藏学研究中心研究员
加纳和雄，日本驹泽大学准教授

印度学者师觉月的汉学研究*

尹锡南

内容提要： 师觉月是在法国汉学传统的影响下进行印度学研究的，由此过渡到汉学研究和中印文化关系（中印学）研究。他主要聚焦于印度佛教在中国传播的问题，其汉学研究和中印学研究成果是以印度学、佛学为基础而衍生的。他的研究特色、优势与遗憾、不足，对于当代印度的汉学研究者和中国研究者均有重要的启示意义。

关 键 词： 师觉月　印度汉学　中国研究　佛学

作者简介： 尹锡南，四川大学南亚研究所教授，四川大学文学与新闻学院比较文学与世界文学专业博士生导师。2008年7月—2010年3月，在王邦维教授指导下，于北京大学东方文学研究中心进行博士后研究。

印度国际大学中文教授那济世（Arttatrana Nayak）在为《中印文化交流百科全书》撰写有关印度学者师觉月（Prabodh Chandra Bagchi，1898—1956）的条目时指出："印度中印学家。为20世纪中印古典学以及中印文化交流史的研究作出了具有原创性的贡献。"[①]应该说，这种评价基本上合适，因为它大体上概括了师觉月涉及汉学研究的两个基本方面，不过，如果对其著述进行全

---

* 本文为2015年教育部重点研究基地重大项目"20世纪以来印度的中国学研究史"的阶段性成果，原刊于《国际汉学》2018年第2期。

① 中印联合编审委员会编，那济世撰，张忞煜译：《中印文化交流百科全书》，"详编上"，北京：中国大百科全书出版社，2015年，第583页。

面、深入的分析，我们会发现，师觉月的身份的确远非汉学家（或中国学家）这一标签所能囊括。本文在介绍师觉月的汉学研究成就前，先对现代印度汉学萌芽的时代背景作一简介。

一、现代印度汉学萌芽及其时代背景

放眼当今学术界，虽然印度汉学无法像德国、法国、美国、俄罗斯等西方汉学或日本等东方国家的汉学那样，成为一门显学，但印度文明的悠久历史与中印文化的千年关系又使人难以释怀：印度应该也有自己悠久的汉学研究传统。非常遗憾的是，印度没有类似法国汉学、德国汉学、美国汉学的前现代传统。例如，印度学者戴辛卡（Giri Deshingkar，1932—2000）指出："在印度的中国学研究迎来自己的时代以前，还有很长的路要走。印度从来没有自己的汉学传统……印度中国研究最大的弱点是，印度学者的语言能力很差。"[①]印度学者的内部视角肯定了印度汉学缺乏近代基础的尴尬事实。那么，如何解释这一看似反常、实则合理的学术现象呢?

历史上的中印交流要早于中国与欧美各国的交流。从历史记载看，近代以前中印文化交流的一大特点是，印度对中国的影响一直处于"贸易出超"的状态。因此，欲了解中国的印度记载或汉译佛经概况并不困难，但想观察印度的中国记载却非常不易。某些学者将之归结为印度来华僧人的文化优越感或宗教使命感所致，这也并非"空穴来风"。[②]在中国长达千年的弘法传教史上，有名或无名的天竺高僧不计其数，当其回到印度后，并未留下多少关于中国历史、文学、哲学、宗教的心得体会。印度历史学家罗米拉·塔帕尔（Romila Thapar）说："众所周知，与中国或地中海世界的古代历史相比较，印度早期的历史记载是模糊的。印度的文献资料只能确认归属于某一段

---

① Tan Chung,ed., *Indian Horizons*, Vol.43, New Delhi: Indian Council for Cultural Relations, 1994, pp. 500–501.

② 这方面的分析，参阅周宁：《"我们的遥远的近邻"——印度的中国形象》，《天津社会科学》2010年第1期。

时期而非某个准确的年代。”①我们自然可以印度人自古不好历史记载等表面因素进行解释，但或许可以这样说，印度古人具有文化优越感或宗教优越意识，这也在很大程度上束缚了他们对中国文化精髓的译介。印度学者D.M.达塔（Dhirendra Mohan Dutta）指出："文化傲慢（cultural vanity）不是一种真正文化的标志，自负会导致停滞不前。到了我们该发自肺腑地扪心自问的时候了：千余年之间，当中国与日本以自己的语言翻译了我们如此之多的作品、西方学者翻译了许许多多此类经典而丰富他们的语言和文化时，我们又以自己的印度语言翻译了哪怕一种中国、日本的巨著吗？然而，谁能否认孔子、墨子、杨朱、孟子、老子，卓越的禅宗大师和其他人智慧学说的全部内在价值？这些智者矗立在人类文明的真正高峰上。”②没有译介，自然没有研究。虽然有些学者勉力搜寻古代印度自动接受、传播中国文化的例子且略有收获，但从整体来看，并不足以完全推翻这样一种基本判断：以弘法高僧为代表的印度古人对于向天竺国传播中国文化兴趣不大，否则，车载斗量的印度梵文古籍中一定会留下足够令人惊喜的蛛丝马迹。关于这一点，师觉月指出："古代中国文献揭示了悠久的中印关系。奇怪的是，印度方面的文献对两国的交流记载甚微。不过，考底利耶的《政事论》提到了中国丝与中国布，印度史诗《摩诃婆罗多》提到了中国（Cina）。我们不能确定这些作品的成型时间。”③

随着近代时期的印度、中国相继沦为西方列强的殖民地或半殖民地，中印知识分子直面交流的机会几乎断绝。在新的历史条件下，亡国灭种的民族忧患，加上西方文化的特殊魅力，自然使得中印两国知识精英对对方的研究受到极大的限制。

由此可见，无论是古代来华后返回印度的高僧，还是近代文化交流几乎隔

① Romila Thapar, *The Penguin History of Early India from the Origins to AD 1300*, "Chronology",New Delhi: Penguin Books, 2003.

② Kshitis Roy, ed., *Sino-Indian Studies*, Santiniketan: Visva Bharati, Vol.5 Parts 3 & 4, 1957, p. 39.

③ Prabodh Chandra Bagchi, *India and China:Interactions through Buddhism and Diplomacy (A Collections of Essays by Professor Prabodh Chandra Bagchi)*, compiled by Bangwei Wang and Tansen Sen, London, New York, Delhi: Anthem Press,2011, p. 205.感谢王邦维先生于2018年向笔者赠阅此书，提供宝贵的学术信息。

绝条件下的印度知识精英，他们限于各种主观的、客观的因素，缺乏足够的汉学研究动力和兴趣，自然也就难以留下多少有价值的汉学研究著述（当然不能排除由于历史资料匮乏而未进入世人视线内的极少数例外）。因此，戴辛卡所谓“印度从来没有自己的汉学传统”，确属正见。

国内外学界几成达成共识的是，现代意义或曰欧美意义上的“印度汉学”萌芽、草创于20世纪初，它与新时期的中印文化互动、西方东方学家造访印度和印度学者远涉重洋学习包括汉学在内的东方学以探究印度古代文明的世界地位及其“含金量”等因素密切相关。

印度学者雷易指出：“1918年，加尔各答大学为印度历史文化专业的研究生开设了一门‘中国语言文学’课程，为将东亚研究提升到学术高度迈出了坚实的第一步。”[①]中国学者林承节认为：“1918年加尔各答大学开设了中国语言和文学课，这是近代印度大学里研究中国学的第一个步骤。”[②]两位学者在论及印度的中国研究和中文教学时，不约而同地提到“1918年”这个关键时间点。尽管加尔各答大学的中文课影响不大，但它毕竟是印度汉学萌芽期第一声清脆的独立鸣叫，因此将其称为印度现代汉学的萌芽似不为过。与师觉月师承的法国汉学相比，印度汉学的萌芽可谓姗姗来迟。1688年，法国的耶稣会传教士奉命来华，拉开了法国汉学的序幕，由传教士转为汉学家的包括洪若翰（Jean de Fontaney，1643—1710）和李明（L. D. Le Comte，1655—1729）等多人。1814年12月11日，雷慕沙（Jean Pierre Abel Rémusat，1778—1832）的汉语讲座被视为西方汉学的开始。[③]由此可见，印度汉学比之法国汉学的开端，至少晚了二百多年。对于人文学科而言，两百年的距离不是一个小数。这也是当今印度汉学始终难与法国、德国、美国等西方国家汉学相提并论的重要前提之一。

印度作为中国文明的伟大邻居，其汉学研究之所以出现这种“怪象”，某

---

① 哈拉普拉萨德·雷易著，蔡晶译：《印度的中国学研究概览》，蔡枫、黄蓉主编：《跬步集：深圳大学印度学研究文选》，北京：北京大学出版社，2011年，第231页。

② 林承节：《中印人民友好关系史（1851—1949）》，北京：北京大学出版社，1993年，第229页。

③ 何培忠主编：《当代国外中国学研究》，北京：商务印书馆，2009年，第164—165页。

些关键因素亦如前述。19世纪中后期至1920年左右，中印之间的交流非常稀少。20世纪初，虽然中国知识界已经开始译介印度文学作品，中印文化界人士仍旧缺乏正常的面对面交往。自1924年泰戈尔访华后，中印两国文化交流才得以逐渐恢复和开展。

20世纪初，中国人对印度历史、文学、哲学、佛学等知识领域所进行的现代学术意义上的研究已经开始。印度方面，直到1921年国际大学创办之前，对中国文化和历史的研究几乎一片空白。这说明了印度汉学缺乏前现代积累的真实一面。鉴于此，国际大学鼓励和支持西方学者来印教学和研究，鼓励师觉月等印度学者远涉重洋求取东方学的"真经"。"国际大学的创办，在促进印度的中国研究方面起了重要作用。中国学在该校课程中占特殊重要的地位。"[①]这便是师觉月开启汉学与印度学研究之路的时代背景。

二、师觉月的学术生涯

对一般中国人而言，师觉月可能是一个非常陌生的名字，甚至对许多研究南亚现实问题的专家而言，都显得有些陌生，但对研究中印文化交流的学者而言，他的名字不可谓不响亮。

1898年11月18日，本名Prabodh Chandra Bagchi的师觉月出生于当时属于印度、现属孟加拉国的杰索尔（Jessore）。师觉月的印度原名之姓Bagchi属当地望族婆罗门阶层。他自幼天资聪颖，成绩优异。他在加尔各答大学学习古代史，于1920年获得硕士学位。校长A.穆克吉（Asutosh Mukherjee，1864—1924）聘其为加尔各答大学研究生系讲师。[②]

---

① 林承节：《中印人民友好关系史（1851—1949）》，第229页。

② 此处关于师觉月生平的介绍，参考以下几书相关内容：Haraprasad Ray, ed., *Contribution of P.C. Bagchi on Sino-Indo Tibetology*, Kolkata: The Asiatic Society, 2002, pp. 111-115；师觉月著，姜景奎等译：《印度与中国：千年文化关系》，北京：北京大学出版社，2014年，第204—206页；金克木：《金克木集》（第一卷），北京：生活·读书·新知三联书店，2011年，第524—525页；郁龙余等：《梵典与华章：印度作家与中国文化》，银川：宁夏人民出版社，2004年，第481—490页。

1922年，师觉月被A.穆克吉派往圣蒂尼克坦，即泰戈尔创办的国际大学所在地，跟随法国著名东方学家烈维（Sylvain Levi，1863—1935）学习汉语、藏语和法语等东西方语言。烈维当时受泰戈尔之邀，来国际大学做客座教授。和烈维建立师生关系，成为师觉月学术研究的重要起点。

1923年7月，师觉月受印度政府奖学金资助，赴法国进行为期三年的高级研究，随烈维和法国东方学家伯希和（Paul Pelliot，1878—1945）、马伯乐（Henri Maspero，1883—1945）等学习东方学。1926年秋，师觉月获巴黎大学文学博士学位。在法国的四年留学，对师觉月的印度学研究、中印文化交流研究等产生了巨大的影响。[①]向达先生评价伯希和等师觉月的导师时说过："法国的汉学家因能运用比较语言学的工具，加上对于中亚、印度、波斯、阿拉伯以及中国的渊博的历史、地理知识，所以在汉学研究上能有光辉灿烂的成就。他们所用的比较研究的方法，以及对于一个问题的新的看法，新的解释，这都不是我们的乾嘉学者所能办得到的。"[②]师觉月的印度学研究便带有明显的烈维式和伯希和式风格。他所继承的法国汉学传统使其受益匪浅。

1927年，师觉月关于中国汉译佛经的两卷本法语博士论文《中国佛教藏经：译者与译文》（*Le Canon Bouddhique en Chine les traducteurs et les traductions*）出版（共742页），这可视为现代印度中国学（汉学）研究的正式开端。根据相关记载，师觉月的重要代表作之一《印中千年文化关系》（*India and China: A Thousand Years of Cultural Relations*，以下简称《印中》）的初稿首次发表于《大印度学会》（Greater India Society）杂志1927年（第2期），而非一般认为的1944年。因此，将1927年视为印度汉学研究或"中印学"正式诞生或正式开端之年似不为过。[③]

① 关于师觉月接受法国东方学传统影响的具体分析，参见王琼林：《师觉月的汉学研究》，"第三章：法国东方学对师觉月的影响"，四川大学硕士学位论文，2016年，第48—60页。

② 向达：《悼冯承钧先生》，邬国义编校：《冯承钧学术论文集》，上海：上海古籍出版社，2015年，第680—681页。

③ 有学者指出："可以说，《印度与中国：千年文化关系》于1944年的出版正式确立了'中印学'这一新的研究领域。"由上可见，这一论断似乎值得商榷。参见师觉月：《印度与中国：千年文化关系》，第198页。

1926—1945年，师觉月供职于加尔各答大学。近二十年里，他积极参与印度语言学会的工作，被任命为孟加拉亚洲学会研究员和印度文学院（Sahitya Academi of India）的成员。师觉月还分别于1929、1937年在巴黎和加尔各答先后出版了法语版的两卷本《两部梵汉词典：利言〈梵语杂名〉与义净〈梵语千字文〉》（*Deux Lexiques Sanskrit Chinois Fan Yu Tsa Ming De Li Yen et Fan Yu Ts'ien Tsen Wen de Yi-Tsing*），该书计559页。

1945年，中华民国政府在国际大学设立中国文化研究项目，师觉月回到阔别二十余年的国际大学，出任项目主任。“泰戈尔是国际大学中国学院的灵魂和源泉，紧随其后的便是谭云山和师觉月。如果说谭云山建构了物理形态上的中国学院，那么师觉月则以其持之以恒的学术研究充实了中国学院。”① 在师觉月的主持下，《国际大学年刊》（*Visva Bharati Annals*）第一卷即创刊号如期出版，该卷刊载了几篇佛经和中国文化典籍的英译，其中包括《撰集百缘经》（*Avadanasataka*）和《义足经》（*Arthapadasutra*）选译，《瀛涯胜览》、《星槎胜览》、《西洋朝贡典录》、《殊域周咨录》和《明史》选译。该期还刊载了论文《浅议〈撰集百缘经〉及其汉译》（*A Note on the Avadanasataka and Its Chinese Translation*）和《帕坦时期的孟加拉与中国政治联系》（*Political Relations between Bengal and China in the Pathan Period*），它还介绍了两部佛藏中的药书及其选译。该卷作者、译者包括白乐天（Prahlad Pradhan，1910—1982）、巴宙、师觉月、泰无量（Amitendranath Tagore）和沈兰真（Satiranjan Sen）等。②

1945年，师觉月创办了以中印文化关系史和佛教研究为主要探索对象的期刊《中印研究》（*Sino-Indian Studies*）。根据季羡林于1947年撰写的《期刊简介：〈中印研究〉》一文可以发现，它主要登载佛教研究与中印文化关系研究相关的论文或译文。季先生指出，中国学者很少注意欧洲和日本学者关注的中印文化关系领域，印度更无人关注。这是一大遗憾，师觉月的出现改变了这一局面。“他（师觉月）在1945年创办了《中印研究》（*Sino-Indian Studies*），是

---

① 郁龙余等：《梵典与华章：印度作家与中国文化》，第485页。

② Prabodh Chandra Bagchi, ed., *Visva Bharati Annals*, Vol.1, 1945, Santiketan: The Visva Bharati.

季刊，每年一、四、七、十月出版。主要目的是介绍中国关于印度历史和文化的材料，翻译印度已经佚失而在中国译文里还保存着的典籍，此外当然也涉及到中印关系的各方面。根据我上面所谈的，这刊物本身已经有很大的意义，尤其是当中印两方面都正在努力恢复以前的文化关系的时候，更值得我们特别注意。”[①]

1947年，独立后的印度政府在北京大学设立印度讲席，师觉月获聘，成为在北京大学担任讲席教授的第一位现代印度学者。1948年，师觉月回国，继续任教于国际大学。1952年，师觉月随印度独立后的首个访华代表团访问中国。1954年4月，他出任国际大学校长。1956年1月19日逝世。1959年，遗稿英译本《释迦方志》由国际大学出版社出版。

三、《印中千年文化关系》概述

谭中认为，师觉月于1926年在法国获得博士学位后回到印度，成为现代印度的第一位汉学家。[②]之所以称其为“第一位汉学家”或曰现代印度汉学鼻祖，是因为以《印中》为代表的师觉月著作可以视为现代印度中国研究的开山之作、拓荒之作和划时代标志。

《印中》这本两百来页的小书，主体部分自1927年首次在刊物发表以来，先后于1944年（印度）、1950年（印度）、1951年（美国）、1971年（美国）、1975年（美国）、1981年（印度）和2008年（印度）出版七次。印度学者评价该书说：“这是一部开创性的作品，它首次向通晓英语的学者展现了许多甄选自原始中文文献以及法德专家著述的重要资料。”[③]日本学者中村元（Ten Nakamura）认为，该书“不愧是博学的师觉月博士的著作，虽是小册子，但内容详实有趣。遗憾的是，书中的引证均未注明出处。书的主要内容是叙述两

① 季羡林：《季羡林全集》（第十三卷），北京：外语教学与研究出版社，2010年，第2页。
② 谭中：《现代印度的中国学》，《南亚研究季刊》2011年第1期，第89页。
③ 师觉月：《印度与中国：千年文化关系》，“引言”，第1页。

国历史上的交往”[①]。如视其为该书的一个瑕疵，似不为过。因此，该书的几位汉译者不得不大量地以“译者注”的方式代为疏解。

《印中》主要涉及以佛教为沟通媒介的中印古代文化交流史。具体涉及中印古代物质交流、人员往来，佛教在中国传播和影响的概况，印度接受中国文化影响与中印文明的共同点和差异处等重要方面。师觉月利用丰富的中文和梵文资料，围绕佛教这条文化“红线”，对中印古代文化交流进行了前所未有的仔细梳理。师觉月的这本书使印度的中印文化交流史研究站在一个理想的起点上，其灼见对后世学者影响深远。[②]

全书分八章。第一章介绍古代中印交通路线和历史接触。作者具体叙述了三条陆上通道和海上通道，还重点介绍了龟兹、敦煌、室利佛逝等地的简况及其在中印文化交流中的具体贡献。第二章介绍古代印度来华传教高僧。第三章介绍古代赴印取经的高僧，主要介绍法显、玄奘和义净三位著名高僧的事迹和中国官员王玄策四次出使印度的史实。师觉月评价道："不仅在唐朝，而且在所有时代的中印文化关系史上，都扮演了最重要角色的人是玄奘。"[③]第四章介绍佛教在中国的历史传播，亦即佛教中国化历程。第五章介绍卷帙浩繁的中国佛教典籍。师觉月认为："不求助中国如此热心保存给后代的文献，不仅是佛教历史，就连印度文明史的各个方面都无法得以合理地研究。"[④]第六章介绍印度艺术和科学在中国的传播情况。师觉月注意到佛教艺术在华传播中的变异现象，即印度元素、西域元素和中国本土文化的融合。

就师觉月的中印文明融合说而言，第七章《两大文明的融合》和第八章《中国和印度》非常重要。在第七章的开头，师觉月提出了中印文明融合说："中印两个民族住在不同的地域，说着不同的语言，拥有不同的文化和宗教传

---

① 转引自何兆武、柳卸林主编，方广锠译：《中国印象：世界名人论中国文化》，桂林：广西师范大学出版社，2001年，第376页。

② 参阅拙著：《印度的中国形象》，北京：人民出版社，2010年，第176—180页。

③ Prabodh Chandra Bagchi, *India and China: A Thousand Years of Cultural Relations*, New York: Philosophical Library, 1951, p. 68.

④ Prabodh Chandra Bagchi, *India and China: A Thousand Years of Cultural Relations*, p. 145.

统。设若这样的两个民族可以在一个共同的平台（common platform）上对话，并为创造一个共同文明（common civilization）而齐心协力，它们这么做，或许有比我们平常想象的还要深刻得多的缘由。两个民族的文化和社会观念存在许多共同之处……同样信仰某种神圣的秩序，依赖相同的传统力量和奉行相似的社会观念，这是中印两大文明的历史特征。”①这里所谓“共同的文明”，其实便是中印文明融合说的代名词。关于“共同文明”的概念，师觉月继而举出一些例子加以说明。如中国的“天”和印度的伐楼那（Varuna）都与神圣秩序有关。他指出，佛教对于缔造中印“共同文明”贡献甚多。

在印度汉学界，师觉月有一个开创性的理论建树即中印文化双向交流说。他指出：“印度与中国的文化联系似乎纯粹的单向度（one-way traffic），因此没有谁认真尝试寻觅中国对印度生活与思想的影响……不过，即使稍微留意一下，也能发现中国对印度生活与思想的影响。”②为此，他在第八章着力探讨中国对印度的文化影响。同时，他说：“印度极大地帮助了中国文明的发展。”③他还发展了这一视角。他同意玄奘在《大唐西域记》里的观点，即梨和桃来源于中国。他还补充说，朱砂（硫化汞）、瓷器、蚕丝（cinamsuka）以及茶和荔枝的种植都应该来源于中国。他还探索了中国哲学家老子的《道德经》对印度宗教哲学思想的深刻影响。尽管这些结论甚或探索本身也许还存在学术观点的分歧，但它的确已为师觉月的中印文明融合说亦即“共同文明”说成功奠基。

吹毛求疵地看，师觉月的《印中》在中文文献和其他文献的引证注解方面相当粗疏，这给研究者、翻译者带来了理解和查证的极大困难。此外，师觉月的某些译文与中文原著如《法显传》存在明显差异，说明他在理解原著方面或许还存在不足，解读古代汉语的功力稍欠火候。作为国外汉学家，这种现象并非个案，因此并非不可理解。

---

① Prabodh Chandra Bagchi, *India and China: A Thousand Years of Cultural Relations*, p. 174.

② Prabodh Chandra Bagchi, *India and China: A Thousand Years of Cultural Relations*, p. 197.

③ Prabodh Chandra Bagchi, *Indological Studies: A Collection of Essays*, Santiniketan:Visva Bharati Research Publications, 1982, p. 95.

四、佛教探索与中印交流研究

国内学者一般将师觉月称为汉学家或佛学家，但少数中国学者和部分印度学者并不如此认为。例如，金克木说过："本世纪（20世纪）初期，印度有三位'汉学'博士，都不是到中国学习汉文得学位的，而且学习目的也不是研究中国而是研究印度本国，学汉文为的是利用汉译的佛教资料……他们不是'汉学'博士而是印度学博士。"[①]印度学者认为："师觉月的著作为印度学家的研究开创了一条新的道路。"[②]两位学者的身份界定，对师觉月而言是基本合适的。因此，另一位印度学者的评述较为契合师觉月的学术身份："迄今为止，在印度，师觉月在印度学领域所展示的特殊才能是非凡的，这便是关于印中关系的研究。在现代印度学者中，师觉月的学术成就近似于联结印度学（Indology）和汉学（Sinology）的一座桥梁。"[③]事实上，师觉月用力最多的两个研究领域确属印度学与佛学（主要包括印度佛教经典与中国汉译、藏译佛经），而其汉学研究大体上是围绕这两个领域衍生的结晶。从研究所涉及的地理范围看，他跨越了中国、中亚国家和印度等南亚国家，有时甚至超越了上述范围，这显示他的学术视野之广。这与他师承烈维为代表的法国汉学传统不无关联。

师觉月的佛学研究涉及印度佛教和中国佛教。就印度佛教研究而言，师觉月既探索佛教的源头，也考察佛教衰落之因（应属印度佛教史范畴），还研究佛教的微观细部，并英译部分巴利语和梵语佛经。例如，他在写于1946年的《原始佛教经典和语言》（*On the Original Buddhism, Its Canon and Language*）一文中，先结合佛经的汉译和藏译，对大众部、根本说一切有部、上座部等部派佛教的发展演变进行介绍，再对佛教原典采用何种语言传播、梵语和巴利语关系如何、佛教原典的外延和内涵、原始佛教的内涵等重大理论问题

① 金克木：《金克木集》（第一卷），第524页。

② 哈拉普拉萨德·雷易，蔡晶译：《印度的中国学研究概览》，蔡枫、黄蓉主编：《跬步集：深圳大学印度学研究文选》，第231页。

③ Prabodh Chandra Bagchi, *Indological Studies: A Collection of Essays*, "In Memoriam", Ⅸ.

进行探索。他大量引用德国学者盖格（Wilhelm Geiger，1856—1943）、奥登伯格（Hermann Oldenberg，1854—1920）、吕德斯（Heinrich Lüders，1869—1943），英国学者里斯·戴维斯（T.W.Rhys Davids，1843—1922）和法国学者烈维等西方的东方学家观点，再融合自己的思考，形成最后的结论。他认为："因此，毋庸置疑的是，佛教的原始语言就是摩揭陀语（Magadhi）。巴利语能否代表摩揭陀语？斯里兰卡的传统说法使我们以为巴利语确属摩揭陀方言，不过，因为几个非常重要的原因，巴利语不能视为摩揭陀语。"[①]他的一个重要结论是："佛教代表了印度文明的国际化……因此显而易见，没有任何一种印度的文化重建（Cultural reconstruction），可以忽视佛教文明（Buddhist Civilisation）的研究。"[②]

在汉译、藏译佛经研究方面，师觉月也有不凡造诣。如将这一领域归入印度学研究或印度佛教研究范畴，似无不可，因为它们的源头正是印度梵语、巴利语佛典。这或许是金克木先生称师觉月等三人为"印度学博士"的原因之一。师觉月的法语版博士论文便是这方面的典型代表。师觉月涉及藏译佛经的论文有《彰所知论》（*Chang So Che Lu, Jneya Prakasa Sastra*），涉及汉译佛经的论文包括《佛说八大灵塔名号经》（*The Eight Great Caityas and Their Cult*）、《无畏三藏禅要》（*Bodhisatttva-sila of Subhakarasimha*）、《汉译〈迦叶仙人说医女人经〉残卷》（*A Fragment of the Kasyapa Samhita in Chinese*）、《佛说十二游经》（*Twelve Years of the Wandering Life of Buddha*）等。师觉月充分发挥自己擅长母语即梵语和巴利语的天然优势，结合自己熟悉汉语、藏语、日语、法语等外来语言的优势，对上述印度佛经的中国译本进行全方位、多角度探索。

在佛教与中国关系的研究方面，师觉月的成果值得关注，除了前述的标志性著作《印中》外，相关论文包括《安息早期在华佛教弘法僧》（*Some Early Buddhist Missionaries of Persia in China*）、《印度对中国思想的影响》（*Indian Influence on Chinese Thought*）和《佛教在中国的发端》（*The Beginnings of*

① Prabodh Chandra Bagchi, *Indological Studies: A Collection of Essays*, p. 8.

② Prabodh Chandra Bagchi, *Indological Studies: A Collection of Essays*, p. 23.

Buddhism in China）等。他认为："印度佛教对中国人生活与思想的影响是非常巨大的……印度对中国思想的影响，首先表现在它主动适应中国人的思维方式。"[①]在中印古代交流领域，师觉月发表了一些重要的论文，如《帕坦时期孟加拉与中国的政治联系》、《坦焦尔的中国钱币》（*Chinese Coins from Tanjore*）等。

作为一位倾心佛教研究的学者，师觉月对汉译佛经的利用达到了出奇、出新的效果。例如，在《罽宾与迦湿弥罗》（*Ki-Pin and Kashmir*）一文里，师觉月利用汉译佛经和中文史料如《前汉书》与《后汉书》等，对克什米尔在中国史书中的各种称呼进行考证，最后确认罽宾与迦湿弥罗等是同一个地名。[②]在发表于1946年的论文《禁蜜舍与德米特流士》（*Krmisa and Demetrius*）中，师觉月还利用《大方广菩萨文殊师利根本仪轨经》和《天譬喻经》等汉译佛经，对禁蜜舍和德米特流士这两位东西方历史人物所负载的印西古代交流进行文化考古。

顺便提一下，师觉月与同时代以及后来的许多印度学者一样，在参考和利用伯希和、斯坦因等西方的东方学家的研究成果时，并未深究这些西方人如何不择手段，在敦煌等地骗取、掠夺中国古代文化宝藏的卑劣行径。例如，斯坦因对自己在敦煌藏经室诱骗王道士而取得中国经卷过程的自叙是："到了半夜，忠实的蒋师爷自己抱着一大捆卷子来到我的帐篷之内，那都是第一天所选出来的，我真高兴极了。他已经同道士约定，我未离中国国土以前，这些'发现品'的来历，除我们三人之外，不能更让别人知道。于是此后单由蒋师爷一人运送，又搬了七夜，所得的东西越来越重，后来不能不用车辆运载了……因此我们立约，用施给庙宇作为修缮之需的形式，捐一笔款给道士作为酬劳。到最后他得到很多的马蹄银，在他忠厚的良心以及所爱的寺院的利益上，都觉得十分满足，这也足以见出我们之公平交易了。"[③]或许是师觉月当时并未读到或知悉斯坦因、伯希和等人的自叙，或许是他的选择性遗忘，他在著述中从未提

---

① Prabodh Chandra Bagchi, *Indological Studies: A Collection of Essays*, p. 78.

② Prabodh Chandra Bagchi, *Indological Studies: A Collection of Essays*, p. 406.

③ 斯坦因著，向达译：《西域考古记》，北京：商务印书馆，2016年，第204—205页。

及此类让中国人痛彻心扉的故事。这一点在后来接续师觉月学术血脉和理路的印度著名学者、印度文化国际学院（International Academy of Indian Culture）主任、印度文化关系委员会（Indian Council for Cultural Relations, ICCR）副主席洛克希·钱德拉（Lokesh Chandra）的著述中依然如故。他们还在著述中不约而同地、错误地将西藏视为独立的“国家”，且在20世纪50至70年代仍然如此。例如，巴帕特（Purushottam Vishvanath Bapat，1894—1991）主编的《佛教通史》的目录第一、二页均将中国西藏放在Northern Countries（北方国家）的标签下，与中国、韩国、日本、尼泊尔等主权国家相提并论。[①]这是主编巴帕特和执笔者郭克雷（Vasudev Vishvanath Gokhale，1901—1991）等人对中国西藏地区归属问题的错误认知与错误判断。无独有偶，师觉月的文中也有类似表述，他将Tibet（西藏）归入all these countries（所有国家）之列。[②]当代中印关系曲折坎坷，以上几位现代著名学者的历史地理书写，从一个人们很少注意的角度，形象而有力地说明了许多问题，也迫使我们思考未来的中国学者在这一方面如何与印度学者对话沟通。由此可见，通过对对象国进行研究而升华为文化认同、情感共鸣，对于师觉月、巴帕特、郭克雷和洛克希·钱德拉等许多印度学者而言，是一个永远在路上且无法抵达终点的过程。

综上所述，就学术而论，师觉月担得起“汉学家”这一美誉。尽管金克木断言其为“印度学博士”，印度学者首先将其视为印度学家而非汉学家，但并不妨碍我们将其纳入汉学家的视野进行考察和研究。从印度学、佛学到汉学，师觉月不仅搭建了一座成功跨越了喜马拉雅的文化桥梁，也成功地自我摆渡为印度现代学术史上的第一位汉学家。王邦维先生指出：“师觉月研究的范围很广，如果要对他的研究做一个全面的评价，可以看到，他不仅仅是一位‘汉学家’，也不仅仅是‘印度学家’，他也不仅仅是研究佛教，而是跨越多个方面，只有一个词，‘中印文化研究’，大概可以概括研究的领域。他在这方面研究的

---

① P.V. Bapat, ed., *2500 Years of Buddhism*, New Delhi: Publications Division, Ministry of Information and Broadcasting, Government of India, 1971.

② Prabodh Chandra Bagchi, *Indological Studies: A Collection of Essays*, p. 8.

特点，其实值得我们仿效和学习。"[①]总之，师觉月的创见和研究特色，在缺乏前现代深厚汉学基础的20世纪印度汉学界显得尤为突出，并在某种程度上映照出20世纪中后期印度学界研究中国的某些不足或空白。个中原因，耐人寻味，笔者将另文探讨。

① Prabodh Chandra Bagchi, *India and China:Interactions through Buddhism and Diplomacy*, "Introduction"，采用王邦维先生自译。

楚王刘英与中国早期佛教*

于怀瑾

内容提要：东汉初年的楚王刘英是中国史载最早的佛教信徒，他在特殊的时代、地区和历史背景下，完成了中国佛教发轫的伟业，对中国早期佛教的发展作出重要贡献。海上丝绸之路的开通对于作为皇室贵胄的刘英从事佛教活动具有决定性的影响，他所兴建的“浮屠之仁祠”乃至阿育王寺当为中国最早的僧舍寺院，在中国佛教史和佛教建筑史上也占据着不容忽视的地位。

关 键 词：刘英　阿育王寺　佛教

作者简介：于怀瑾，文学博士，中国社会科学院外国文学研究所助理研究员。2008年9月—2013年1月，在王邦维教授指导下，于北京大学外国语学院南亚学系攻读梵语言文学专业博士学位。

关于楚王刘英与中国早期佛教的关系，很少有学者关注，即使偶有涉及，也只是浅尝辄止、语焉不详。刘英是史载最早信奉佛教的东汉皇室贵族，他兴建浮屠仁祠，相传曾于彭城（治今江苏徐州市）建阿育王寺，此寺遗踪何在，已成千古之谜。作为皇室贵胄的刘英为何会崇信佛教呢？其宗教活动和所建佛寺规模如何？其谋反一案牵连人数众多，是否与他崇佛有关呢？这些在中国佛教史上意义重大的问题，颇值得全面展开探讨。

---

* 本文原刊于《世界宗教文化》2019年第5期。

一、刘英建阿育王寺之谜

今存徐州方志中，最早提到阿育王寺的是同治十三年（1874）修《徐州府志》，该书卷十八只有寥寥数语："阿育王寺，《水经注》：或言楚王英所造。今废。"[①]此说源自郦道元《水经注·获水》："获水自净净沟东迳阿育王寺北，或言楚王英所造，非所详也。盖遵育王之遗法，因以名焉。"[②]

郦道元幼随其父郦范"临抚东秦，道光海岱"[③]，北魏孝昌初年（525）又奉诏"持节，兼侍中、摄行台尚书，节度诸军"[④]，到彭城一带镇压叛乱的徐州刺史元法僧，多有斩获。他宦游淮海，对彭城周边的地理人文、历史掌故比较熟悉。由《水经注》所载可知：他经过彭城时，此地确有阿育王寺在。北齐天保二年（551），魏收奉诏修《魏书》，其《释老志》称："今洛阳、彭城、姑臧、临淄皆有阿育王寺。"[⑤]魏收去世八年，隋立，故彭城阿育王寺可能至隋唐仍在。李映辉据文献统计，唐前期徐州有著名寺庙四座，在全国并不算少。[⑥]虽不知其中是否包括阿育王寺，但即使它破败荒落，难以被历史文献提及，却未必不存在。

据《法苑珠林》卷三十八《西晋会稽鄮县塔》条载，阿育王"一日夜于天下造佛骨宝塔八万四千"，"晋沙门竺慧达云：东方两塔，一在于此，一在彭城。今秣陵长干又是其一，则有三矣。"[⑦]慧达俗名刘萨诃（《南史》作"何"），西晋太康二年（281）"暂死"复苏后，发愿出家，巡游各地，礼忏阿育王所造佛塔。据《南史》记载，慧达在丹阳登越城四望，见长干里有异气，果然找到

① 赵明奇主编：《徐州古方志丛书》，北京：中华书局，2014年，第3009页。
② 王国维校，袁英光、刘寅生整理标点：《水经注校》，上海：上海人民出版社，1984年，第759页。
③《魏书》卷四十二《郦范传》，北京：中华书局，2018年，第1051页。
④《北史》卷二十七《郦道元传》，北京：中华书局，1974年，第995页。
⑤《魏书》卷一百一十四《释老志》，第3290页。
⑥ 李映辉：《唐代佛教地理研究》，长沙：湖南大学出版社，2004年，第89页。
⑦ 释道世撰，周叔迦、苏晋仁校注：《法苑珠林》，北京：中华书局，2003年，第1209—1210页。

阿育王塔处所，掘地丈深，觅得铁、银、金三套函所“盛三舍利及发爪各一枚，发长数尺”，于是建塔一层藏之，后又经晋武帝和沙门僧尚改造增建。[①]剔除神话传说的神秘因素，慧达在彭城礼忏的阿育王塔也应是类似的佛教建筑，可能是阿育王寺的重要组成部分。然而，刘英和阿育王寺的历史真相已成难解之谜。

二、浮屠之仁祠与阿育王寺

刘英在建武十五年（39）被封为楚公，十七年（41）晋爵楚王，二十八年（52）始就国。到永平十三年（70）遭人告发谋反被废徙丹阳泾县，总共在彭城生活了十八年。其间，他在彭城一带弘扬佛法，留下创建阿育王寺的传说。《后汉书·楚王英传》称：

> 英少时好游侠，交通宾客。晚节更喜黄老，学为浮屠斋戒祭祀。八年，诏令天下死罪皆入缣赎。英遣郎中令奉黄缣白纨三十匹诣国相曰：“托在蕃辅，过恶累积。欢喜大恩，奉送缣帛，以赎愆罪。”国相以闻，诏报曰：“楚王诵黄老之微言，尚浮屠之仁祠，絜斋三月，与神为誓，何嫌何疑，当有悔吝？其还赎，以助伊蒲塞、桑门之盛馔。”因以班示诸国中傅。英后遂大交通方士，作金龟玉鹤，刻文字以为符瑞。[②]

“伊蒲塞”，梵文upāsaka（动词词根ās加上前缀upa和表示“行动者”的后缀aka构成），原意为“坐近旁者”，又译“近事男”，引申为佛教信徒；“桑门”，梵文śramaṇa（动词词根śram加上后缀ana构成），原意为“苦行者，修道人”，佛教中指出家的僧人。这是正史中最早记载王室贵族崇信佛教的史料，楚王刘英也是国人信奉佛教而见诸可靠记载的第一人。当明帝开始关注西来

① 《南史》卷七十八《海南诸国传》，北京：中华书局，1975年，第1954—1955页。
② 《后汉书》卷四十二《光武十王列传》，北京：中华书局，1965年，第1428—1429页。

佛教时，楚王刘英的佛事活动早已颇具规模，影响甚广，所以《后汉书·西域传》有云：“楚王英始信其术，中国因此颇有奉其道者。”[①]《资治通鉴》卷四十五也早有定论：“中国始传其术，图其形像，而王公贵人，独楚王英最先好之。”[②]

何谓“浮屠之仁祠”？《三国志·刘繇传》有载：笮融，丹阳（今当涂东北丹阳镇）人。公元193年，笮融聚众数百人投靠老乡徐州刺史陶谦，被任命督理广陵、彭城漕运。笮融放纵擅杀，贪占连同下邳共三郡的委输之资。“乃大起浮图祠，以铜为人，黄金涂身，衣以锦采，垂铜槃九重，下为重楼阁道，可容三千余人。”[③]而《后汉书·陶谦传》则说：“初，同郡人笮融……大起浮屠寺，上累金盘，下为重楼，又堂阁周回，可容三千许人。”[④]范晔在此已将“浮图祠”径改称“浮屠寺”，可见刘英所尚的“浮屠之仁祠”即佛教寺院。如果把“楚王诵黄老之微言，尚浮屠之仁祠，絜斋三月，与神为誓”仅仅理解为推崇佛教的斋戒仪式，那么明帝诏所谓“助伊蒲塞、桑门之盛馔”，便无所着落了。既然明帝已明确指出刘英“尚浮屠之仁祠”，可知刘英当时确实在彭城建造了许多供养“伊蒲塞”“桑门”的寺院。《水经注》所言相传阿育王寺为楚王刘英所建，断非空穴来风。

阿育王寺的规模格局，肯定与刘英的财力有极大关系。《后汉书》说刘英“母许氏无宠，故英国最贫小。三十年，以临淮之取虑、须昌二县益楚国”[⑤]。除此之外，史籍不见对刘英楚国疆域的详细记述。但所谓楚国最贫小，是与刘秀另九子封国相较而言。刘英自杀国除。章帝崩，刘恭奉“遗诏徙封彭城王，食楚郡”[⑥]，《后汉书·郡国志三·彭城国》云：“高祖置为楚，章帝改，洛阳东千二百二十里。八城，户八万六千一百七十，口四十九万三千二十七。”八城乃彭城、武原、傅阳、吕、留、梧、甾丘、广戚。[⑦]大概这八城属于楚郡

① 《后汉书》卷八十八《西域传》，第2922页。
② 《资治通鉴》卷四十五，北京：中华书局，1987年影印本，第303页下栏。
③ 《三国志》卷四十九《刘繇传》，北京：中华书局，1959年，第1185页。
④ 《后汉书》卷七十三《陶谦传》，第2368页。
⑤ 《后汉书》卷四十二《光武十王列传》，第1428页。
⑥ 《后汉书》卷五十《孝明八王列传》，第1670页。
⑦ 《后汉书》志第二十一《郡国志三》，第3460页。

疆域。再加上原先光武帝为刘英增益的取虑、须昌，楚国所属应是十城，人口近六十万。疆域范围：西北接沛县城，东南包括睢宁，西南靠近淮北、宿州，东北到武原山下，西邻萧县，东临邳州。[①]据《汉书·地理志》，西汉时楚国户十一万四千七百三十八，人口四十九万七千八百四。而楚都彭城就拥有四万零一百九十六户，占全楚国总户数的三分之一强，仅次于长安、洛阳等大都邑。甚至在东汉末战乱中，"是时徐方百姓殷盛，谷食甚丰，流民多归之。"[②]可见刘英的楚国彭城不仅是战略要地，也是经济比较发达、实力相当可观的地区。所以戴密微（Paul Demiéville）认为东汉时彭城是重要的商业中心，繁荣富庶。[③]与刘英相隔仅百余年的笮融在战乱中搜刮贪占三郡委输之资，也未必会比刘英的财力更雄厚。因此从笮融所建佛寺，我们不难想象，刘英所建寺院的规模格局应不输笮融。吕澂认为，明帝感梦求法事皆由刘英崇佛虚构而来，却暗示"首先传来中国的不是佛经，而是佛像，所谓'金人'，指的就是佛像"[④]。按前引《资治通鉴》楚王最先"传其术，图其形像"之说，其所建浮屠祠中亦应有依图塑造的金铜佛像。而为刘英传入佛教图像的也只能是被他供养的来汉胡僧。

还须补充说明，《后汉书》称刘英所建寺院为"浮屠之仁祠"，并未称"寺"，可知其时尚无佛"寺"之名。一般认为，佛"寺"之名最初源于接待西域僧侣的鸿胪寺。范晔叙笮融事又以"寺"代"祠"，可知晋宋时二词同义，不致误解。其实"祠"本是东土固有的祭祀庙堂建筑，《史记·封禅书》有："而雍有日、月、参、辰……之属，百有余庙，西亦有数十祠。"[⑤]云云，"庙""祠"互文，而后世民间则往往称"寺"为"庙"，或合称"寺庙"，这种由"祠"而"寺"而"庙"和"寺庙"的名称演化过程，恰恰真实反映了儒释道文化融合的历史轨迹。当然，名词的"祠"动词化之后，也可用作动

① 参见谭其骧主编：《中国历史地图集》第二册，上海：地图出版社，1982年，第19—20页。

②《后汉书》卷七十三《陶谦传》，第2367页。

③ 崔瑞德、鲁惟一编：《剑桥中国秦汉史》，北京：中国社会科学出版社，1992年，第794—795页。

④ 吕澂：《中国佛学源流略讲》，北京：中华书局，1979年，第20页。

⑤《史记》卷二十八《封禅书》，北京：中华书局，1959年，第1375页。

词。《后汉书·桓帝纪》:“饰芳林而考濯龙之宫，设华盖以祠浮图、老子。”此“祠”作动词，祭祀之义，与刘英的“浮屠之仁祠”，自然不是一回事。

史述笮融兴建的佛教建筑说明，至东汉末江淮一带的佛教事业仍非常兴盛。僧祐《出三藏记集》卷五载长安叡法师《喻疑》说:“汉末魏初，广陵、彭城二相出家，并能任持大照，寻味之贤，始有讲次。”①可见东汉末达官显贵崇信佛教风气之盛，且须具备相当学识素养的高僧，才有资格宣讲佛法。刘英崇佛流风余韵影响深远，可见一斑。徐州旧称有七十二庵八大寺，足证其地崇佛传统之久远及繁盛。可断言，古彭城是中国佛教重要发祥地之一。

三、刘英崇佛与汉代的中印文化交流

身处江淮重镇彭城的刘英，为何会成为史载东汉王室贵族崇信佛教的第一人呢？这应与他所处时代中外文化交流的大背景密不可分。

2009年初，江苏盱眙大云山惊现西汉江都王刘非墓。刘非是景帝与程姬所生第三子。吴楚七国乱起，刘非时年十五，主动请缨平叛，功成封江都王，在位27年，卒于元朔元年（前128）。这时武帝所派、第一次出使西域的张骞尚未还朝。但刘非墓出土的文物中，却有一组鎏金大象和驯象人，一组鎏金犀牛和驯犀人，以及骆驼形编钟底座。象、犀形态逼肖，犀牛明显属苏门答腊种的亚洲犀，而骆驼形编钟底座则形似马。这说明江都国工匠见到过犀牛、大象，却未见过真正的骆驼，只能据传闻塑造。这些现象透露出东西方交通的重要信息：早在张骞开通西域之前，海上丝路的影响极有可能已经波及江淮地区。冯承钧曾推测：中印“两地交通为时必更古也。当时通道有二,一为西域道，一为南海道,南海道之开辟或在西域道之先”②。刘非墓的出土文物资料足以证明冯承钧所言非虚。

梁启超也认为:“举要言之，则佛教之来，非由陆而由海；其最初根据地，

① 释僧祐:《出三藏记集》，北京：中华书局，1995年，第234页。

② 冯承钧:《中国南洋交通史》，上海：上海古籍出版社，2005年，第7页。

不在京洛而在江淮。"[①] 据《汉书·两粤传》，自汉高祖时期南粤即与汉王朝频繁交往，吕后曾一度阻绝"金铁田器"等贸易，文帝赐赵佗书招抚，佗即去帝号，贡献白璧、翠鸟、犀角、紫贝等珍奇。《汉书·地理志》记载武帝时，由广东徐闻、合浦出海，航行数月可达谌离、夫甘都卢、黄支等国。黄支即《大唐西域记》所载印度东南部达罗毗荼国的都城建志补罗城[②]。黄支国"自武帝以来皆献见。有译长，属黄门，与应募者俱入海市明珠、璧流离、奇石异物，赍黄金杂缯而往……平帝元始中，王莽辅政，欲耀威德，厚遗黄支王，令遣使献生犀牛"[③]。这些说明,广东自西汉初已成为中印交通贸易的重要枢纽。不过佛教借由中印海上交往可能带来的影响，却因"其时粤人太蒙昧，未能任此高尚教理之媒介"[④]而无从扩展。南粤相吕嘉作乱，汉武帝令粤人及江淮以南楼船十万师往讨之。南粤平定后，东粤举国迁徙至江淮地区。其后东粤江淮之间交通往来甚多。[⑤]此外，江淮地区北接琅琊，东南近吴郡、会稽，这些都是海上贸易中心，并经由番禺与印度和马来亚的贸易港连接。[⑥]所以从海路移植来的佛教，有条件很快传播到江淮楚乡，并扎根扩散开来。而从地方思想熏染的角度来看，自先秦起，我国的学术思想就明显分成南北两大系统。北方以孔墨为代表，比较重视现实和实行；南方则较为崇尚谈玄论道。相较而言，江淮人对于佛教的理论说教更易于了解、接受。[⑦]据《后汉书·楚王英传》，刘英也确实是来到彭城之后才接受黄老，并在此基础上顺理成章崇信佛教，大规模弘扬佛教文化，甚至建造阿育王寺的。

其实早在公元前3世纪孔雀王朝的阿育王时代，印度佛教就已经开始向本土之外传播。阿育王进行第三次佛教结集后，就派遣上座到四方传法。在阿育

① 梁启超：《佛学研究十八篇》，天津：天津古籍出版社，2005年，第26页。

② 参见玄奘、辩机原著，季羡林等校注：《大唐西域记校注》（下），北京：中华书局，2000年，第854页注2。

③ 参见《汉书》卷二十八下《地理志》，北京：中华书局，1962年，第1671页。

④ 梁启超：《佛学研究十八篇》，第26页。

⑤ 参见《汉书》卷九十五《西南夷两粤朝鲜传》，第3860—3863页。

⑥ 许理和：《佛教征服中国》，李四龙、裴勇等译，南京：江苏人民出版社，2003年，第29页。

⑦ 梁启超：《佛学研究十八篇》，第26页。

王后期，佛教不仅遍布全印度，而且西及地中海东岸，北到克什米尔，南达斯里兰卡和东南亚。经过阿育王的努力和此后数百年的推广，中国江淮地区的王室贵族应该已从海路接受古印度文化的影响。阿育王的名声在江淮大地上一定非常响亮，这也许就是刘英以“阿育王”之名建寺的缘起。

这样，我们便很容易理解，距离洛阳白马寺那么遥远的连云港孔望山下，为何会有一座东汉时代的石雕大象在那里踞守两千年，并且留下那么多摩崖佛像。

四、阿育王寺遗址的位置

郦道元所见过的彭城阿育王寺，虽是相传为楚王刘英所建，但是相对于他建的“浮屠之仁祠”，却不妨视之为一个符号或标志。退一步说，即使仅仅把阿育王寺作为中国早期的佛寺建筑，探寻其遗踪仍非毫无意义。《水经注·获水》云：

> 获水又东迳同孝山北……获水又东，净净沟水注之，水上结（宋本作承）梧桐陂，西北流。即刘中书澄之所谓白沟水也。又北入于获，俗名之曰净净沟也。
>
> 又东至彭城县北，东入于泗。（桑钦《水经》原文）
>
> 获水自净净沟东迳阿育王寺北，或言楚王英所造，非所详也。盖遵育王之遗法，因以名焉。与安陂水合，水上承安陂余波，北迳阿育王寺。侧水上有梁，谓之玄注桥……获水于彭城西南回而北流，迳彭城。[①]

根据这段记载，我们可以把阿育王寺的位置大致确定在从同孝山（楚王山）到古彭城之间的这片区域。获（汴）水流经楚王山北之后，向东有从梧

① 王国维校，袁英光、刘寅生整理标点：《水经注校》，第759—760页。

桐陂[1]向西北方向流的净净沟（白沟）水注入获水。由净净沟水注入处再向东，获水流经阿育王寺北，与向北流的安陂[2]水合流。我们只要能够找准净净沟（白沟）水入获水处和安陂水与获水合流处，就基本可以确定阿育王寺的位置了。

尽管历史上行政区划和地名、河道等屡有变迁，但是山的位置不会移动，河道的大致走向也往往会留下遗痕。明代嘉靖修《徐州志·州境之图》城西部分，还绘有获水流过楚王山之后流向东南方向，然后再转折向北的河道，与郦道元所述获水曾流经彭城西南的走向大致相合。但万历间修的《徐州志》州境图城西部分，获水先南流再向北折回的痕迹则全然消失，只留下今天的黄河故道。

经过实地考察，我们发现，《水经注》所说的净净沟（白沟）水，即由今淮北市东北梧桐陂近旁的梧桐花园小区流过，穿过楚王山东田巷村向北流去再向东拐的那条河道。此河在今徐州技师学院西不足一公里处、群英村北，汇入黄河故道（即汴水，亦称古获水）。但据《水经注》及嘉靖修《徐州志》地图，当年的净净沟入汴处，大概在今天的田巷村向东北一点。明正统《彭城志》卷一《乡村》载："四乡，古名延寿，去城之西。凡十二村，今为十六里。"[3]其十二村中有名清水沟村者。"清水沟"这个地名在顺治、康熙年间修的《徐州府志》均有保留。所谓"清水沟"，应是昔日"白沟"或"净净沟"名称演变讹传的结果。四乡十二村基本上就是今天的大彭镇辖区。田巷村应是当年清水沟村的故址。

由净净沟再向东，至安陂沟入汴处，即阿育王寺遗址所在地。后世的徐州地方志里早已不见安陂沟之名，但嘉靖修《徐州志》卷四《山川》云：汴河"至州城西九里受响水沟水（有金家桥，徐州卫指挥金聚建，又有太平桥），二

---

① 《水经注·睢水注》云："睢水又左合白沟水，水上承梧桐陂，陂侧有梧桐山。"山在今淮北市东北梧桐村附近。

② 即安王陂，《宋书·武三王·江夏文献王义恭》云：元嘉二十八年（451），魏军过彭城，"民有告：'虏驱广陵民万余口，夕应宿安王陂，去城数十里，今追之，可悉得。'"安陂在今徐州市铜山区东南。《读史方舆纪要》误作"在州西"。

③ 赵明奇主编：《徐州古方志丛书》，第19—20页。

里受旱陂沟水（并由南岸入。景泰间，徐州卫人谭敬兄弟建石桥其上，名大安桥，大学士淳安、商辂为记），自城西汇于东北，合泗水南下”[①]。康熙六十一年修《徐州志》卷四、乾隆修《铜山县志》卷一、道光修《铜山县志》卷二均沿袭其说，记载旱陂沟在城西二里。

从嘉靖修《徐州府志》的地图可以看到，徐州城西确实有一段由南护城河流过来向北拐的河段，标明河上还架有一座大安桥。显然，这就是旱陂沟。不过，而今它已改称奎河。沿奎河向其上游寻访，在安徽省宿州市今栏杆镇西南约2.5公里有安北村，位于奎河西岸。安北村仍保留着“安陂”的读音。安、旱叠韵，故讹作“旱陂”。“安陂水”“安北沟”乃至“旱陂沟”之得名应缘于读音之讹误谬传。

清代一里路，据光绪三十四年（1908）测定，大约是576米。从徐州城老西门（通汴门）所在处，即今徐州医科大学附属医院西门北侧向西走大约1 200米，即将至段庄西头。今矿山路徐州出入境管理处东侧向南，20世纪七八十年代还残留着一段南北走向的河道，河面宽10余米。河道向北被故黄河大堤阻断，形成大片水塘，村中妇女常来此洗衣。这段河道应当就是旱（安）陂沟与响水沟合并之后入汴河口残存的遗痕。阿育王寺遗址应该就在由此向西一带地方。无独有偶，清末著名历史地理学者杨守敬等编绘《水经注图·泗水图》所标注的阿育王寺的位置，竟与我们的分析判断完全一致。[②] 据《史记·项羽本纪》载，项羽曾在此处屠杀汉卒10余万人。而阿育王早年好杀戮，发兵攻打羯陵伽时死伤惨重，使他有所忏悔，晚年遂放下屠刀，转而弘扬佛法。刘英选择此地建阿育王寺，或许隐藏着他内心深处戒杀的慈悲心肠。

自北魏杨衒之《洛阳伽蓝记》卷四有“白马寺，汉明帝所立也。佛教入中国之始”[③]之说，洛阳白马寺遂号称“僧寺之始”，成了中国佛教的圣地。而《水经注》《后汉书》既称刘英曾在彭城修建过阿育王寺之类的浮屠仁祠，遂对白马寺在中国佛教史上的地位形成挑战。

---

① 赵明奇主编：《徐州古方志丛书》，第257页。

② 参见杨守敬等编绘：《水经注图》，北京：中华书局，2009年，第295页。

③ 杨衒之撰，周祖谟校释：《洛阳伽蓝记校释》，北京：中华书局，2013年，第129—130页。

关于汉明帝夜梦金人的传说、白马寺的建立乃至蔡愔和摄摩腾的事迹，很多学者都认为是虚构的。即便是真的，据周祖谟先生考订，“白马负经至洛阳，事在明帝永平十年（67）”[①]，而永平八年（65），明帝复刘英赎罪之请的诏报早已称他“尚浮屠之仁祠”。这些佛教建筑的兴建肯定要比洛阳白马寺早许多年。故堪称“僧寺之始”者，并非白马寺，而应是刘英所建的佛寺，郦道元、魏收所见阿育王寺或亦在其中。

五、刘英是否因崇佛获罪？

周叔迦先生在述及楚王刘英大狱时说：

> 由于楚王英宣传佛教而交通了不少豪杰，刺激了明帝……终于永平十三年冬，明帝对楚王英兴起了大狱……根据史书上这样的记载，可以想见楚王门下信佛之徒全成了缧绁之人了。楚王英既被消除，所以西行求法回来以后，虽然译出经书，也只是藏在兰台石室（见《出三藏记集》），而不再向民间推广，并且禁止汉人出家（见《高僧传·佛图澄传》）。民间也鉴于楚狱之祸，不敢再谈佛教。自汉明帝求法之后，八十年间佛教反寂寞无闻，直到桓帝信奉释老，佛教才再兴起的原因，正在于此。[②]

将刘英狱案归因于崇佛，并非始自周氏。同治三年修《增修酉阳直隶州总志》卷二十即径称“楚王英亦以酷信浮屠获罪”，学界多有信之者。至于“交通豪杰”，依《刘英传》所说，“英少时好游侠，交通宾客”，则与他后来崇佛全无关系。

刘英谋反案发，其本传称：“楚狱遂至累年，其辞语相连，自京师亲戚诸

---

① 杨衒之撰，周祖谟校释：《洛阳伽蓝记校释》，第130页。
② 周叔迦：《周叔迦佛学论集》，贵阳：贵州大学出版社，2013年，第112—113页。

侯州郡豪杰，及考案吏阿附相陷，坐死徙者以千数。”[①]《鲍昱传》也说：“臣前在汝南，典理楚事，系者千余人。”[②]甚至牵连宗室列侯及功臣后裔封侯者十余人。其影响至深至广，民间因此不敢谈佛，也完全可以理解，但却很难归咎于刘英崇佛。

刘英入缣赎罪时，明帝已经明确表示崇佛无罪而对刘英予以宽宥，又岂可出尔反尔，言而无信？其实，刘英获罪另有更深远的历史积淀、地缘关系、时代因素和社会背景。

汉初以来，西楚彭城就动荡频仍。这里虽是高祖龙腾发迹之地，却也是楚汉争战、汉军惨败之处。后楚王韩信谋反被诛，楚王刘戊发动七国之乱，宣帝时楚王刘延寿勾结广陵王刘胥被告发治罪；西汉末，刘永占据楚郡在内的东部二十八城自称天子，与刘秀争帝；直至建武十六年（40）秋，楚地大姓还曾武力反抗度田。因此汉廷一直把楚地视为政治敏感地区。虽说朝廷对藩王一直心存戒备，并非仅仅盯着楚国，但楚国尤其值得关注。

周末以来养宾客、交游侠之风相沿成习，至东汉未衰。《后汉书·第五伦传》和《马援传》都记载过达官显贵借侠客清除政治对手的实例。所以侠客以武犯禁，一直是朝廷的心腹大患。刘英虽然地位孤弱，却非平庸之辈，“英少时好游侠，交通宾客”说明他一直努力谋求扩张势力。《后汉书·刘辅传》说：“时禁纲尚疏，诸王皆在京师，竞修名誉，争礼四方宾客。”[③]至于其政治目的，《史记·春申君列传》有云：“方争下士，招致宾客，以相倾夺，辅国持权。”[④]故沛献王刘辅（郭后之子）纵容刘鲤结交侠客仇杀刘恭之后，刘秀更加意识到诸藩王结交侠客发展势力的政治危险性，立即采取措施，在建武二十八年（52）“夏六月丁卯，沛太后郭氏薨，因诏郡县捕王侯宾客，坐死者数千人”[⑤]。随即又令刘英和郭皇后四子就国。永平时，政策大变，明帝对诸侯王监控更严。而刘英自知“交通宾客”触犯朝廷大忌，却仍不收敛，“喜黄老”，

① 《后汉书》卷四十二《光武十王列传》，第1430页。
② 《后汉书》卷二十九《鲍昱传》，第1022页。
③ 《后汉书》卷四十二《刘辅传》，第1427页。
④ 《史记》卷七十八《春申君列传》，第2395页。
⑤ 《后汉书》卷一下《光武帝纪》，第80页。

“学浮屠”，召聚人众。故永平八年（65）他才会敏感地以为“诏令天下死罪皆入缣赎”是为他而发，遂主动入缣赎罪。所谓“讬在蕃辅，过恶累积”云云，即指“交通宾客”而言。

北海敬王刘睦早年也曾招贤纳士，扩充势力，并积极投靠东宫。但袭封后，深知法宪颇峻，乃谢绝宾客，韬晦锋芒，故得善终。[①]而阴兴既能为刘秀预防刺客，又不豢养侠客，才被信用。[②]但刘英得到宽免之后，不仅毫不收敛，反倒变本加厉，更加肆无忌惮。有司奏刘英“大交通方士，作金龟玉鹤，刻文字以为符瑞……招聚奸猾，造作图谶，擅相官秩，置诸侯王公将军二千石”[③]。又《后汉书·天文中》载：（十三年）“其十二月，楚王英与颜忠等造作妖［书］谋反，事觉，英自杀，忠等皆伏诛。”[④]《后汉书·独行列传》亦云：“是时楚王英谋反，阴疏天下善士。及楚事觉，显宗得其录，有尹兴名。”[⑤]

故王充《论衡·恢国篇》断言：“《春秋》之义，君亲无将，将而必诛。广陵王荆迷于蘖巫，楚王英惑于狭（侠）客，事情列见，孝明三宥，二王吞药。”黄晖《校释》云：“将，将为逆弑。”[⑥]归纳而言，刘英罪状大约有三。一、交通方士、侠客、善士，有严密组织，并登录在册。由阴兴“门无侠客”而获宠信，可知《论衡》所言的为确论。无论光武帝还是明帝，都把结交侠客视为危险的不轨行为。而据《后汉书·独行列传》，尹兴、陆续等受刘英牵连的人都不过是施粥放粮的良善之辈，[⑦]故所谓“善士”亦非佛教信众。二、伪造符瑞、图书、图谶，制造谋反舆论。三、擅相官秩，置诸侯王公将军二千石。这些均与崇佛无关。

僧祐《出三藏记集》说《四十二章经》“藏在兰台石室第十四间中，其经今传于世”[⑧]，但并未如周叔迦所言不再向民间推广。相反，《四十二章经序》

---

① 参见《后汉书》卷十四《刘睦传》，第556—557页。
② 参见《后汉书》卷三十二《阴识传》，第1130页。
③《后汉书》卷四十二《光武十王列传》，第1429页。
④《后汉书》志第十一《天文中》，第3230页。
⑤《后汉书》卷八十一《独行列传》，第2682页。
⑥ 黄晖：《论衡校释》，北京：中华书局，2018年，第727页。
⑦ 参见《后汉书》卷八十一《独行列传》，第2682—2683页。
⑧ 释僧祐：《出三藏记集》，第23页。

则说经“在第十四石函中，登起立塔寺。于是道法流布，处处修立佛寺，远人伏化愿为臣妾者，不可称数，国内清宁，含识之类蒙恩受赖于今不绝也”[①]。

《出三藏记集》卷七《般舟三昧经记》载：“又言，建安（十）三年，岁在戊子，八月八日于许昌寺校定。”[②]法国汉学家马伯乐（Henri Maspero）推测，此寺用刘英舅子龙舒侯许昌的名字命名，应是公元1世纪许昌后人所建，为了在楚国被废、刘英自杀后，安顿那些来自彭城的僧侣。[③]戴密微和许理和（Erik Zürcher）均曾引用其说。许理和认为“马伯乐的解释简单而令人信服”[④]。另外，彭城阿育王寺、阿育王塔得以流传后世，也可见刘英死后，佛教的传播和影响并未在民间断绝。否则，古寺古塔八十年无人照管早就化作废墟瓦砾了。

楚王刘英在特殊的时代、特殊的地区、特殊的历史背景下，完成了中国佛教发轫的伟业，对中国佛教史的发展作出了重要贡献。他所兴建的浮屠之仁祠乃至阿育王寺，在中国佛教史和佛教建筑史上都占据着十分重要的地位。也许他当初确实是怀着叵测的政治野心召集信众、弘扬佛法的，甚至可能是假借佛教的宗教形式来组织他的政治力量，但是他在客观上的贡献却远远超出了他的主观意愿。从目前所能看到的文献史料，我们还无法相信刘英是因崇佛而获罪。本作不过是尽可能客观如实地还原出历史真相而已。

---

① 《大正新修大藏经》第17册，第784经，第722页上栏。

② 释僧祐：《出三藏记集》，第268页。

③ 参见伭晓笛、盛丰等译：《马伯乐汉学论著选译》，北京：中华书局，2014年，第266—267页。

④ 许理和：《佛教征服中国》，第83页注57。

认识与想象：中国古代地图中的“女国”*

乐　恒

内容提要：“女国”作为一个历史与传说、真实与幻想交织的产物，不论古今中外，都别具魅力和吸引力。学界关于“女国”的研究，大多以文献和考古材料为主，对于我国古代地图等图像方面的材料缺乏关注。本文拟从中国古代地图的角度出发，对绘有“女国”相关信息的古地图进行初步整理和分析，试图探究地图直观形象背后所折射出的有关“女国”的知识构架与传承关系。

关 键 词：古地图　女国　羊同　苏毗

作者简介：乐恒，北京大学外国语学院南亚学系博士研究生。

一、史料梳理及问题的提出

有关“女国”的传说与史料记载，在世界范围内均有流传[①]，直到今天仍

---

* 本文收录于北京大学东方文学研究中心、东方学研究院编：《东方研究（2015—2017）》，银川：阳光出版社，2018年，第53—65页。本文是2017年上王邦维教授“《大唐西域记》导读”的课程论文，也是笔者第一篇正式发表的论文。不过，回头来看还是有很多不足之处，借此机会将“东海女国”部分的论述重新调整。不求完美，但求每次总比过去进步一点点，不辜负王老师的谆谆教诲！

① 有关世界范围内女国的传说与史料，可以参看季羡林等：《大唐西域记校注》，北京：中华书局，2000年，第408—410页、943页。Paul Pelliot. *Notes on Marco Polo* Ⅱ. Paris: Imprimerie Nationale/Librairie Adrien-Maisonneuve, 1963: 671-725. Friedrich Hith, William （转下页）

为人们所津津乐道[①]。总体而言，中国古代史籍中记载的“女国”可以分为以下四类：一是大致位于东海、日本海、太平洋一带的“东海女国”（主要见于《通典》卷一百八十六“东夷下·女国”、《梁书》卷五十四“东夷”、《太平寰宇记》卷一百七十五“东夷四·女国”，以及赵汝适《诸蕃志》“阇婆国”（今爪哇）条等）；二是相传位于拂懔国西南海域的海岛“西海女国”（主要见于玄奘《大唐西域记》卷十一、道宣《法苑珠林》卷三十七所引《梁职贡图》、《新唐书》卷二百二十一、杜环《经行记》等）；三是位于葱岭以南的“藏西女国”（主要见于《隋书·西域传》、《通典》卷一百九十三“西戎传·女国”、《大唐西域记》卷四的“苏伐剌拏瞿咀罗国”条、道宣《释迦方志·遗迹篇第四》、慧超《往五天竺国传》中的“苏跋那具怛罗”条等）；四是位于川西雅州、茂州一带的“川西女国”（主要见于《唐会要》卷九十九、《旧唐书》卷一百九十七等）。

近年来，西藏自治区日喀则地区吉隆县县城附近的唐代王玄策出使碑铭的发现[②]，与四川省阿坝州金川县“东女国”王城遗址的发现[③]，为女国相关研究提供了新的考古材料方面的参考。不过，对于历史上有关女国记载的史料杂糅问题、“女国”与“苏毗”“羊同”的关系[④]等问题，学界尚无定论。

（接上页）W. Rockhill. *Chau Ju-kua: his work on the Chinese and Arab trade in the twelfth and thirteenth centuries, entitled Chu-fan-chi*. St. Petersburg: Imperial Academy of Sciences, 1911: 151-152. 佐藤长：《古代チベット史研究》卷一，京都：东洋史研究会，1958年，第122—157页。山口瑞凤：《吐蕃王国成立史研究》，东京：岩波书店，1983年，第225—234页，第242—245页，第262—265页。

① 2018年2月16日在中国内地上映的《西游记女儿国》电影曾在广州举办的“2017年电影之夜”上获封“年度最受期待系列电影奖”。http://ent.sina.com.cn/m/c/2017-12-18/doc-ifyptkyk5064800.shtml.

② 霍巍：《从新出唐代碑铭论“羊同”与“女国”之地望》，《民族研究》1996年第1期。

③ 参见相关媒体报道，如刘忠俊：《四川金川发现东女国王城遗址》，中国新闻网，2013年5月24日；安源：《探访四川金川县古东女国遗迹》，中国新闻网，2013年8月7日等。

④ 关于羊同与女国的关系，参见霍巍：《从新出唐代碑铭论“羊同”与“女国”之地望》。关于苏毗与女国的关系，参见石硕：《女国是苏毗吗？——论女国与苏毗之差异及女国即苏毗说之缘起》，《西藏研究》2009年第3期；力新加：《古代苏毗研究》，中央民族大学2013年藏学研究院藏学专业硕士学位论文。

值得注意的是，石硕在对史料的传承与演变进行梳理的基础上，指出“东女国”这一指称在唐代前期和后期有一个明显的转换过程，即唐前期“东女国”一名普遍用以指称葱岭之南的藏西女国，而到了唐德宗朝苏冕撰《会要》期间，“东女国”一名则开始被移用于川西女国之上。[①]

下面，笔者将从目前所搜集到的绘有“女国”相关信息的中国古地图着手，考察不同历史时期人们对上述四类“女国”的认知情况、“东女国”指称的变化是否在古地图中有所体现，以及“羊同”“苏毗”与“女国”之间的关系等问题。

二、绘有“女国”相关信息的中国古地图梳理及分析

宋以前存世的古代地图十分稀少，再加上中国古舆图的收藏散落世界各地，很多机构又并不乐意公开和分享所藏地图；即便公开出来，印刷的地图册往往清晰度不够，细节难以辨认。上述种种原因，导致古地图研究这一领域尚处于起步阶段。[②]其实从史料记载来看，隋唐时期绘制或从西域进贡而来的地图并不在少数，只是可惜基本都未能流传到今天。[③]就目前笔者能力所及，整理出的绘有“女国”相关信息的中国古地图有十幅，主要为宋、明、清时期所绘制。有关“女国”的古地图应该不只这些，疏漏之处，还请诸位方家批评指正。

现按绘制或刊印时间的先后顺序列举如下：

---

① 见石硕《〈旧唐书·东女国传〉所记川西高原女国的史料篡乱及相关问题》,《中国藏学》2009年第3期。

② 参见成一农：《“非科学”的中国传统舆图：中国传统舆图绘制研究》，北京：中国社会科学院出版社，2016年，第1页。

③ 参见陈正祥：《中国地图学史》，北京：商务印书馆，1979年，第15—16页。

表1　绘有“女国”相关信息的中国古地图一览表

标号	图名	与“女国”有关的信息	地图出处	图中“女国”地望
[1]	石刻《华夷图》①	图左侧，“西域诸国”注记中列有“苏毗”“东女”国名，右侧“东夷海中之国”的注记中列有“女国”国名。	图纵79厘米，横78厘米，北宋政和七年至宣和七年（1117—1125）间绘制②，图石现藏陕西省博物馆。	只有国名，图中并无标识。
[2]	《唐史西南夷弱水图》《今定黑水图》《九州山川实证总图》③	东女国	出自［南宋］程大昌编《禹贡山川地理图》，该书于淳熙四年（1177）编纂，淳熙八年（1181）刊刻于泉州学宫。	《唐史西南夷弱水图》中记“东女国”位于四川西部，西倾山以南，吐蕃西南，显然指的是川西“东女国”。 《今定黑水图》中将唐史记载流经东女国的“弱水”判定为黑水。 《九州山川实证总图》中将“东女国”放在西南夷的范围内，东接茂州、岷山。
[3]	《西土五印度之图》④	西女国、东女国、金氏	出自［南宋］志磐《佛祖统纪》，成书于景定年间（1260—1264）。	“西女国”在拂懔国西南，波斯之西北，位于大陆的西海岸岸边。 “东女国”东接吐蕃、南接尼波罗、西南接末罗娑。 “金氏”国北接于阗、东接蜀西南、西接尼波罗和弗栗恃等国。
[4]	《日本国图》	东女国	出自［明］郑若曾撰《筹海图编》卷二。⑤	

① 曹婉如等编：《中国古代地图集（战国—元）》，北京：文物出版社，1990年，图62。

② 参见曹婉如：《华夷图和禹迹图的几个问题》，《科学史集刊》1963年第6期。

③ 中国测绘科学研究院：《中华古地图珍品选集》，哈尔滨：哈尔滨地图出版社，1998年，第35页。

④ 曹婉如等编：《中国古代地图集（战国—元）》，北京：文物出版社，1990年，图154。

⑤ 郑若曾《筹海图编》，中国兵书集成编委会编：《中国兵书集成》第15册，北京：解放军出版社，沈阳：辽沈书社，1990年，第274—275页。

（续表）

标号	图名	与“女国”有关的信息	地图出处	图中“女国”地望
［5］	昆山郑子若著《日本图》①	东女国	出自［元］朱思本撰、［明］罗洪先增补《广舆图》下卷，海虞钱岱刊本（重刻本）②，明万历七年（1579）刊，第九十二页。	
［6］	《四海华夷总图》	西女国	出自［明］章潢编《图书编》卷二十九，《钦定四库全书》。	西女国为拂懔国西边西海中的一个岛屿。
［7］	《唐西域沿革图》③	西女岛	出自［清］魏源编《海国图志》卷三，成书于道光二十二年至二十八年（1842—1848）。	西女岛绘于拂林西北方向“西海”之中。旁有注记“汉唐所谓西海者，皆以此地中海为西海也”。
［8］	《日本西界图》④		出自［清］魏源编《海国图志》卷三，光绪二年（1876）重刊本。	
［9］	《隋四夷图》	女国	出自［清］杨守敬《历代舆地沿革图》，光绪三十二年（1906）九月重校，观海堂。	此图有经纬线标记。“女”国位于当时于阗以南，位于清末“和阗”一带，在“附国”以西。

① 杨平考证认为明刻本《广舆图》中的这幅题记为“昆山郑子若”所作的《日本图》，应为明代著名舆地学家郑若曾，参考杨平《考明刻〈广舆图〉中所附〈日本图〉的作者》，《文物》1989年第6期，第57页。

② 初刻本中无此图。

③ 魏源编：《海国图志》卷三，光绪二年重刊本，早稻田大学图书馆藏，第13页。

④ 魏源编：《海国图志》卷三，第40—41页。

（续表）

标号	图名	与“女国”有关的信息	地图出处	图中“女国”地望
［10］	《唐四夷图》	东女国、大羊同、小羊同、西女国	出自［清］杨守敬，《历代舆地沿革图》，光绪三十二年（1906）九月重校，观海堂。	此图有经纬线标记。“东女”在于阗以南，东接吐蕃，西接未俱波、越底延。大羊同西接小羊同，均位于东女国以南，吐蕃以西。小羊同西接大勃律。婆罗吸摩补罗国位于小羊同以南。 “西女国”并未在图中标出地望，只有文字注记“西女国，今西里亚”。

下面结合上述古地图针对第一部分中提出的问题做简要分析。

（一）古地图中的“东海女国”

表1中［1］石刻《华夷图》、［4］《筹海图编》中的《日本国图》、［5］《广舆图》中的《日本图》、［8］《海国图志》中的《日本西界图》等四图中标注有“东海女国”相关信息，时间跨度是宋初到清末，四幅图间有着明显的传承和演变轨迹。

石刻《华夷图》，其实是以中国为中心的“天下大势图”系列之一①，该图注记称“其四蕃夷之地，唐贾魏公图所载，凡数百余国，今取著闻者载之，又参传记以叙其盛衰本末”②。大部分学者都认可此图是以唐代贾耽的《海内华夷图》为底本绘制。曹婉如通过黄河下游河道与行政区名不一致的矛盾，揭示出绘图者为了尽可能不改动底图甚至不惜将地名与河道线路的更新限制在庆历、皇祐年间黄河改道之前。贾耽《海内华夷图》涉及“数百”“四方藩夷之地”，且范围远至大秦、奄蔡、骨利干、流鬼等地，辛德勇认为《华夷图》以《海内华夷图》为底本，绘制时所使用的参考底图与贾耽原图相比恐怕不会有太多

① 管彦波：《中国古代舆图上的“天下观”与“华夷秩序”——以传世宋代舆图为考察重点》，《青海民族研究》第28卷第1期。

② 曹婉如等编：《中国古代地图集（战国—元）》，图62。

减省。[①]由此看来，石刻《华夷图》尽可能地传承了贾耽所绘《海内华夷图》，尤其是“四方藩夷”部分，虽有所省略，但留下的都是有名且重要的地名，这其中就包括属“东夷海上之国”的“女国”。这里需要指出的是，与石刻《华夷图》同时期出现的同类型地图，如《历代地理指掌图》中的《古今华夷区域总要图》[②]和石刻《地理图》[③]等图中，并没有在东夷海域附近注记“女国”的位置。成一农在研究《古今华夷区域总要图》对《华夷图》的传承关系时也指出了《华夷图》所存在的问题，“即在贾耽《海内华夷图》演变为《华夷图》过程中，为什么内地的行政建置被不断地替换为当时的行政建置，而周边地区依然保存了唐代甚至唐代之前的历史地名”[④]。

到了明朝中期，发生了嘉靖倭难，当时国内仅有薛俊的《日本考略》可供参考，然而“挂纤漏巨，无关成败，咸以为恨”[⑤]。为了解决日益严峻的倭患，增强海防实力，昆山人郑若曾在多年搜集史料档案并实地调查的基础上，多方向熟悉日本情况的各阶层人士了解情况，并参考了奉化人宋文复提供的《南奥倭商秘图》(《日本国图》)，首先编订出了《日本图纂》，后来又在此基础上进一步补充校订，最终在当时负责沿海七省防楼的最高军事指挥官胡宗宪的主持和大力支持下，才有了囊括《日本图纂》的《筹海图编》。[⑥]而有意思的是，在如此追求实用和精确宗旨下绘制的《日本国图》，在其6个边角上用于定位的地理

① 参见曹婉如：《华夷图和禹迹图的几个问题》。辛德勇：《说阜昌石刻〈禹迹图〉与〈华夷图〉》，《燕京学报》2010年第1期。不过，对于《华夷图》与《海内华夷图》之间的传承是否有这么深，成一农的意见有所保留。参见成一农：《浅析〈华夷图〉与〈历代地理指掌图〉中〈古今华夷区域总要图〉之间的关系》，《文津学志》2013年。

②《古今华夷区域总要图》中东夷海域上的国家，从北至南依次为倭奴、日本、毛人、琉球和虾姨。参见管彦波：《中国古代舆图上的“天下观”与“华夷秩序”——以传世宋代舆图为考察重点》。

③ 该地图东北角注记国名有“高丽、新罗、女真、渤海四属之地”。南宋淳熙七年（1180）刻制，现存苏州市碑刻博物馆。

④ 成一农：《浅析〈华夷图〉与〈历代地理指掌图〉中〈古今华夷区域总要图〉之间的关系》。

⑤ 郑若曾：《刻筹海图编引》，《中国兵书集成》第15册，第28页。

⑥ 参见王守稼、顾承甫：《研究明代中日关系史的珍贵文献——兼评复旦藏嘉靖本〈筹海图编〉》，《史林》1986年第1期。郭渊：《〈筹海图编〉与明代海防》，《古代文明》2012年第3期。

名称，竟然分别是“东南至东女国界、南至大琉球国界、西南至福建界、西北至朝鲜国界、北至月氏国界、东北至毛人国界”。后来被《广舆图》（重刻本）收录的《日本图》基本与《筹海图编》中的一致，只在地图篇幅上有所压缩，将《筹海图编》中的6页压缩到了2页。6个地理方位的标识也基本一样。[①]

如果与成一农所指出的石刻《华夷图》的问题联系在一起，不禁令人思索历史或者说想象中的“四方藩夷地名”在中国古代天下大势图中所具有的意义。对于东海上的“女国”而言，不论宋明两代的地图制作者是如何理解“女国”这一性质的，似乎对当下地理的描绘和刻画都需要放在一个由“女国”或“东女国”这类象征东海方位的地名组成的框架下，才能获得某种正当性或者说传承性。也许从这个角度，才能理解石刻《华夷图》的怪异之处以及郑若曾旨在指导实用的《日本国图》用一个“历史”的“东女国”来限定其空间位置的原因。

到了清末，魏源在编《海国图志》的“日本国西界图”时，虽然引入了经纬度概念（该概念与现在地图使用的经纬度不同），但在日本地形上仍然沿用了郑若曾的旧例，似乎无甚新意。但值得注意的是，魏源将“东女国”“毛人国/矮人国”这类属于历史想象的地名从地图的边角上删去了，全部替换成了“闽浙、朝鲜、台湾、琉球”等实际存在的地名。笔者以为，这一举措可以视作魏源在接触西方科技理念后，对中国地图制作的一大突破，也是对过去由现实和想象共同构成的“天下华夷”制图理念的重要突破，其意义也许更胜于对经纬度的运用。

（二）古地图中的“西海女国”

表中，属于“西海女国”的古地图，包括［3］南宋志磐《佛祖统纪》里的《西土五印度之图》、［6］明代章潢《图书编》里的《四海华夷总图》、［7］清代魏源《海国图志》里的《唐西域沿革图》、［10］清代杨守敬《历代舆地沿革图》中的《唐四夷图》。

---

① 唯独东北方“毛人国”在《广舆图》（重刻本）中被印做“矮人国”。由于与本文论题无关，暂且按下不表。

《西土五印度之图》的绘图参考材料中显然包括了玄奘的《大唐西域记》。[①] 而《四海华夷总图》则是在《佛祖统纪》所载《东土震旦地里图》《汉西域诸国图》《西土五印度之图》三幅图的基础上，参考其他相关史料，综合改编而成的。[②]《海国图志》里的《唐西域沿革图》左侧题记[③]中也指出《大唐西域记》是其绘图的重要参考之一。杨守敬《历代舆地沿革图》中的《唐四夷图》右下角的题记[④]中显示出其与《海国图志》之间的继承关系。由此可见，玄奘在《大唐西域记》中对海岛“西女国”的描述[⑤],应该是上述这4幅古地图在绘制海岛“西女国”时的重要参照。

不过，即便运用的是同一数据来源，在不同的时代背景和知识架构之下，“西女国”在古地图中的表现也是不一样的。下面将对上述四幅古地图中的“西女国”部分做一个对比（图1）：

从下面的对比图中，我们不难看出章潢《四海华夷总图》里的“西女国”无论是周边国家的名称还是方位，都是最贴近玄奘在《大唐西域记》卷十一中“拂懔国西南海岛有西女国”这一描述的。魏源《唐西域沿革图》里的“西女国”虽然被表现为海岛，但却位于“拂菻”的西北方。杨守敬的《唐四夷图》中，“西女国”与拂菻的位置应该是参考了《海国图志》，虽然只有题记，没有画出地形，却增加了对“西女国”地望的说明，认为其位于清代“西里亚”的

---

① 《西土五印度之图》左下方题记：“此依《西域记》所录。诸国方向，最难排比，当观大略，莫疑失次。”

② “某禅暇，检阅三藏，至《统纪》中，有震旦图、汉西域诸国图、盘师西土五印图，三图参合，道里略备，但形势失次，览者茫然。于是再探诸经图洲潭之形势，及考诸师西域等列众国名，又采摭《洪范》等书，参倂海中诸国以妥方向，然图所列者，亦百分之一耳。要之一世界中，山之大者莫若须弥，境之大者莫若四洲，其余海岛拳石之国，或千里万里，如星罗棋布，为人仙神鬼龙兽异类所居，不可胜记。其南洲大略如此。按此图与，说出于释氏，虽不可尽信，然览此亦可以知地势之无穷尽云。”《钦定四库全书》卷二十九，《图书编》（章潢编），第50—51页。

③ 题记：“葱岭以东，略同汉书，不复图。今专图葱岭以西，兼取《西域记》。”（《海国图志》卷三，《唐西域沿革图》。）

④ 题记：“东南洋及天竺等国自唐书始有崖略，今据铉寅（？）考及《海国图志》，图其可信者。”（《历代舆地沿革图》，图62。）

⑤ “拂懔国西南海岛有西女国，皆是女人，略无男子。”（《大唐西域记校注》卷十一，第943页。）

（a）南宋志磐《佛祖统纪》里的《西土五印度之图》

（b）明章潢《图书编》里的《四海华夷总图》

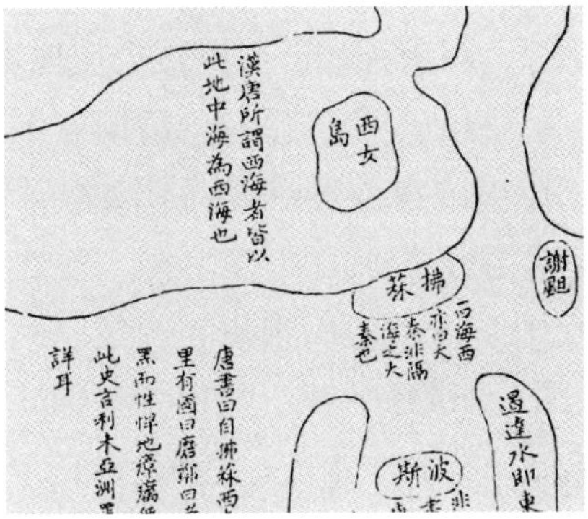

（c）清魏源《海国图志》里的《唐西域沿革图》

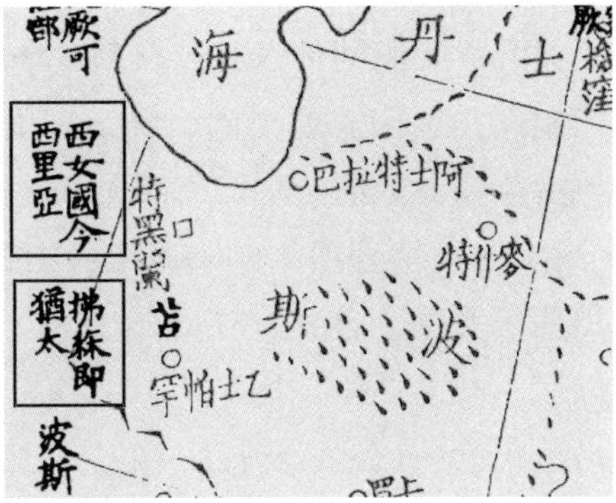

（d）清杨守敬《历代舆地沿革图》里的《唐四夷图》

图1　古地图中的海岛“西女国”对比

位置。而志磐作为佛教徒，所描绘的“西女国”位置却是与玄奘的描述相差最大的，从岛国变成了陆地临海国家。

究其原因，笔者认为图像的变化反映了绘图者的目的、知识架构与时代背景的变化。志磐绘制《西土五印度之图》已经不是为了展现真实的地理风貌或者再现玄奘、义净等求法僧的取经路线，而是为了强调“此方居东，天竺居中……儒家谈地止及万里，则不知五竺之殷盛西海之有截也。道家谈天止及三境，则不知六欲四禅四空之高远无色之无极也。……是则谈天地之极际者。非凭佛经，不足以尽其致也”[①]。因此，《西土五印度之图》的绘制是为了强调印度的中心位置，填充以各种复杂的地名而凸显其神秘与神奇，从而贬斥儒家和道家的自以为是，令观者产生对佛教的向往。这么看来，将小小的“西女国”画到印度大陆之外，显然会分散上述主题的表达。而明代章潢显然发现了志磐的问题，认为志磐的图“形势失次，览者茫然”[②]，于是通过多方考证，对志磐的图进行了改编，其所绘“西女国”自然也是最接近玄奘所描述的。至于魏源和杨守敬给“西女岛”或“西女国”的定位，显然还参考了当时来自西方知识体系的内容。

（三）古地图中的“东女国”

关于藏西和川西两个“东女国”的指称转换，“苏毗”与“羊同”“女国”之间的关系，我们则可以通过石刻《华夷图》，南宋程大昌《禹贡山川地理图》中的三幅图，南宋志磐《佛祖统纪》里的《西土五印度之图》，清杨守敬《历代舆地沿革图》里的《隋四夷图》和《唐四夷图》来分别考察（图2）。

《禹贡山川地理图》的《唐史西南夷弱水图》提到的“东女国”显然指的就是川西东女国。首先，在此图中，“东女国”位于四川雅州和茂州以西，西倾山以南、吐蕃西南的区域上。其次，在图后所附的一段“东女弱水辩”中，程大昌也明确写道：“《唐书》：‘东女居康延川，有弱水南流，缝革为船’。此水在唐方名‘弱水’，前此未之闻也。臣案：‘东女之地，正东以及东南皆与今蜀茂、雅州接，则正在越雟滇池上流……’”[③]程大昌乃南宋《禹贡》研究的集大成者，曾于经筵讲黑水，对黑水考订甚详。[④]他以“东女国”为坐标，考证东女弱水实乃黑水，并特地在其“九州山川实证总图”的黑水旁标注出“东女国”位置。程大昌的研究对后世《禹贡》研究颇有影响，但后人在继承其“黑水”说的时候却似乎很少再以“东女国”为参照，诸如南宋傅寅的《禹贡说

① 志磐：《佛祖统纪》卷三十二，《大正新修大藏经》第四十九卷，第313页上栏。
② 章潢编：《四库全书·图书编》卷二十九，第50—51页。
③ 程大昌：《禹贡山川地理图》卷下，上海：商务印书馆，1936年，第116页。
④ 王小红：《试论程大昌的〈禹贡〉学成就》，《宋代文化研究》第十八辑，第24页。

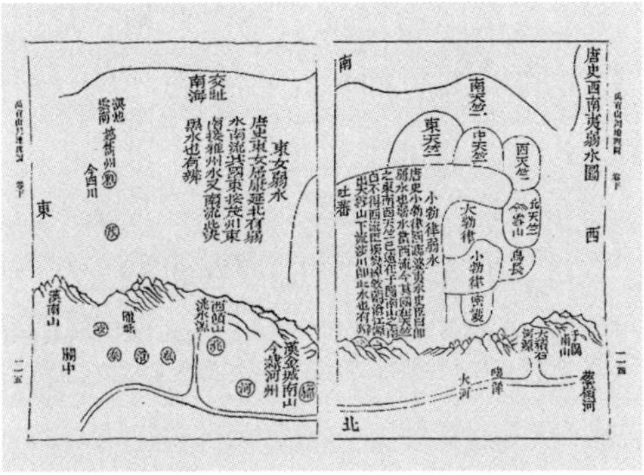

（a）南宋程大昌《禹贡山川地理图》里的《唐史西南夷弱水图》

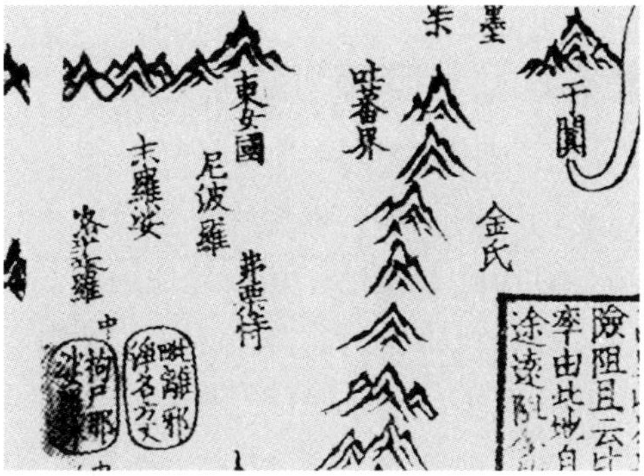

（b）南宋志磐《佛祖统纪》里的《西土五印度之图》

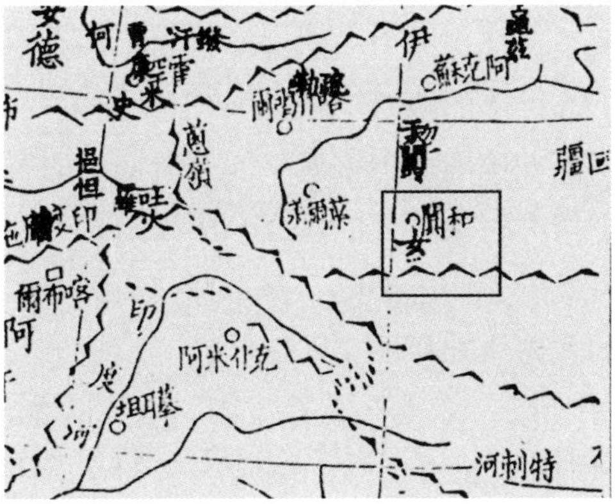

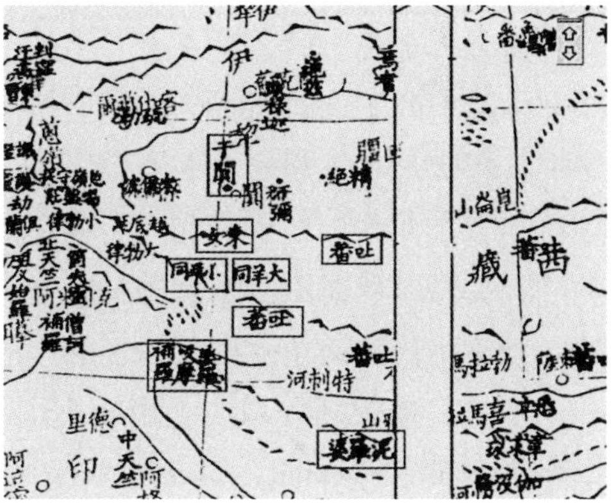

（c）清杨守敬《历代舆地沿革图》里的《隋四夷图》（左）和《唐四夷图》（右）

图2　东女国在古地图中的体现

断》里的《禹贡山川总会之图》[①]虽然沿用了程大昌对黑水的判断，却并未在图中标注出“东女国”作为参照。

南宋志磐《佛祖统纪》里的《西土五印度之图》中既有“东女国”又有“金氏”国。不过，志磐的“东女国”与玄奘、慧超记录的“东女国”所指的却并不是同一个地方。《佛祖统纪》卷三十二中，“东女国”位于“弗栗恃（北

① 中国测绘科学研究院：《中华古地图珍品选集》，哈尔滨：哈尔滨地图出版社，1998年，第61页。

印境）西北至尼波罗”的北境，“与吐蕃接，人来国命往还，率由此地，唐梵相去万里，自古取道迂回致成远阻”。[①]玄奘的《大唐西域记》和慧超的《往五天竺国传》，在提到尼波罗（今天的尼泊尔加德满都一带）时均不曾提到过这一国家的存在。根据《佛祖统纪》中对“东女国”的描述，该地在尼波罗北境，且与吐蕃相接，是唐梵通道上的重要关口，其具体位置应该在霍巍先生考古发现唐代碑铭的吉隆县附近，也就是《释迦方志·遗迹篇第四》中所描述的唐梵东道上的“小羊同”附近。

而《佛祖统纪》里的“金氏”国，“婆罗补（此系北印）北雪山中有金氏国（女为王，夫亦为王，不知政事。此国东接吐蕃，北接于阗，西接末罗婆）”[②]，这里的末罗婆就是《大唐西域记》中的“秣罗娑”[③]，即三波诃国。显然，这个“金氏”国才是玄奘、慧超，甚至《释迦方志·遗迹篇第四》在介绍唐梵中路上的于阗时所提到的那个位于于阗以南的藏西“东女国”。

从程大昌和志磐对“东女国”就是川西女国的认识来看，前文所提到的石硕认为“东女国”在唐初和之后存在一个指称对象转变的过程，应该是有道理的。程大昌显然对藏西东女国的存在毫无概念，而志磐则干脆选择“金氏”国这一别称指代藏西东女国，以免和当时的普遍认知相冲突。

不过，清代杨守敬在《唐四夷图》中所绘“东女”北接于阗，东临吐蕃，南距大羊同和小羊同，位于婆罗吸摩补罗国境北雪山中，倒确实指的是《隋书》以及玄奘、慧超所记录的藏西“东女国”。由于杨守敬在《隋书》的考证方面是很有成就的，因此《唐四夷图》中“东女”地望的判断也许继承自他在《隋四夷图》中的女国判断。

最后，关于“苏毗”与“羊同”“女国”之间的关系，鉴于石刻《华夷图》是以唐代贾耽的《海内华夷图》为底图绘制的，那么《华夷图》注记中的“东女”与“苏毗”应该也能一定程度上反映出唐代士人阶层对这两个西域国家应该区别看待的认知。而从清代杨守敬所作《唐四夷图》来看，他将“东女国”

---

① 志磐：《佛祖统纪》卷三十二，《大正新修大藏经》第四十九册，第315页上栏。
② 志磐：《佛祖统纪》卷三十二，《大正新修大藏经》第四十九册，第315页上栏。
③ 季羡林等：《大唐西域记校注》，第374页。

与“小羊同”“大羊同”同时绘制出来，表明至少他认为在唐代存在一个时期是这三个国家独立地同时存在的。至于是否还能有其他古地图对于苏毗、羊同和女国的关系能够做出更深层次地揭示，还有待更进一步的研究和考察。

三、小　结

地图相较于文字材料，具备更加直观、形象等特点。古地图作为我国古代文献资料的重要组成部分，以图鉴史，往往能够更直观地表现出很多隐藏在文字背后的意图与倾向。而“女国”问题又向来是一个集想象与真实于一体的复杂议题，因此笔者希望能够借助古地图作为“图像”的直观性，来从另一个角度对一些“女国”研究中的问题进行探讨和考察，同时反观地图背后所折射出来的地图绘制者的知识体系与传承。

“女国”作为一个特定历史时期的异域存在，在古地图中的体现其实与绘图者所处的时代氛围、政治或宗教的需要、科学技术的发展等因素都是分不开的。虽然隋唐时期的地图基本已散佚，但从文字记载来看，那个时期与西域相关的丰富的地图资料正是当时开拓和经营西域的政治需要与军事诉求的重要体现。而盛唐时期的气度与野心，在北宋《华夷图》中却变成了有名无形的几列国名，陈列在地图边角的注记中，这与北宋疆土相对于前朝的大幅收缩不无关系。不过为了地理考据等原因，“女国”的名字与地理位置仍然被仔细描绘在了南宋其他地图中。到了明清之际，“女国”这一地名更多地成为“幽思怀古”的寄托，随着测绘科技的发展、全球交流的深入，渐渐淡出了现代地图绘制者的视野。

唐代西明寺与仁王会*

—— 以敦煌写本P.3808长兴四年中兴殿应圣节讲经文为线索

湛　如

内容提要： 作为唐代重要法会之一的仁王会，与其相关的研究却不多。本研究选择以唐代宗时期西明寺的仁王会为研究对象，对法会的仪轨过程进行探讨：首先是其建立的因缘，其次是法会的过程，最后是法会结束后的活动。通过这三方面内容的考察，可以得知当时的仁王会，实际上是一场上到帝王下至百姓的盛会。在这个过程中，帝王借助佛教满足其政治宣传需求，百姓借助佛教得到抚慰，同时法会中的各种活动又是唐代社会生活的一个重要缩影。

关 键 字： 西明寺　仁王会　仪轨

作者简介： 湛如，北京大学南亚系教授、博士生导师。1997年9月—1999年7月，在王邦维教授指导下，于北京大学外国语学院东语系从事博士后研究。

一、问 题 所 在

本研究以前人对敦煌《长兴四年（933）中兴殿应圣节讲经文》这一文本研究为线索，结合其他记载，研究唐代西明寺的仁王会。

* ［基金项目］国家社科基金重点项目“唐代长安佛教与丝绸之路”（15AZJ003）。
本文原发表作《唐代长安西明寺与仁王会——以敦煌写本P.3808长兴四年中兴殿应圣节讲经文为线索》，《世界宗教研究》，2020年第4期，第59—64页。略有修订。

仁王会是中唐后一个重要的法会，传播至高丽、日本后也深受重视。在日本，针对平安时代的仁王会研究众多[①]，中国的仁王会研究却寥寥无几，仅见《〈仁王经〉与唐代社会生活》[②]一文涉及仁王会，但该文也侧重于对译经过程和护国思想的探讨，并未对仁王会这一法会进行详细分析。

众所周知，中国的敦煌学至今已经是一门庞大的学科，涉及考古、地理、宗教、文学等各个方面内容。收录近百年研究成果，并对其分类编辑而成的《中国敦煌学百年文库》[③]一书，也已经出版二十余年。在这期间，对敦煌学的研究深入到各个方面，先有《敦煌学博士文库》出版，后有《中国敦煌学论著总目》总结一百年间中国敦煌学研究的众多成果。[④]这些丰富的研究成果为现在乃至将来的敦煌学研究打下了深厚的基础。在这些研究成果的基础上，本文将对仁王法会仪轨部分进行简要的梳理。

唐代长安是当时东方的文化中心，可以说几乎每一位见载于史册的唐代高僧都和长安有因缘，长安也成为佛教的中心。西明寺是长安的主要寺院之一，与同在右街的大庄严寺及位于左街的慈恩寺、荐福寺齐名。自落成之日起，西明寺便迅速成为长安的佛教文化中心，其影响力与渗透力也遍及整个东亚地区。西明寺日常还承担着皇室的礼仪祷告活动。仁王会作为护国法会，是西明寺在此时期经常举行的重要法会。本研究选择唐代宗时期西明寺举行的一次仁王经法会进行一些探究。这次法会大约持续了一个半月，上到帝王下至百姓都

---

① 日本有关仁王法会的研究非常多，有探讨其与王权关系的，如井原今朝男：「王権と儀礼–天皇一代一度と田舎の仁王会」『中世の国家と天皇・儀礼』校倉書房，2012，pp. 173–210。中林隆之：「日本古代の仁王会」『正倉院文書研究』(6)，1999，pp. 124–145。垣内和孝：「一代一度仁王会の再検討」『仏教史学研究』40（1），1997，pp. 51–63。瀧川政次郎：「践祚仁王会考（上）」『古代文化』40（11），1988，pp. 17–31。瀧川政次郎：「践祚仁王会考（下）」『古代文化』41（1），1989，pp. 8–21。也有探讨仁王会仪轨的，如野田有紀子：「平安中後期の仁王会と儀式空間」『工学院大学共通課程研究論叢』43（2），2006，pp. 149–135。此外还有研究朝鲜、高丽的仁王会，如二宮啓任：「朝鮮における仁王会の開設」『朝鮮学報』(14)，1959，pp. 155–164。安田純也：「高麗時代における恒式仁王会の成立」『アジア文化交流研究』(3)，2008，pp. 267–280。

② 夏广兴《〈仁王经〉与唐代社会生活》，《华东师范大学学报》2010年2期，第65—69页。

③《中国敦煌学百年文库》，兰州：甘肃文化出版社，1999年，共35册。

④ 郑炳林、樊锦诗主编：《敦煌学博士文库》，北京：民族出版社，2005—2010年，共18册。樊锦诗、李国、杨富学编：《中国敦煌学论著总目》，兰州：甘肃人民出版社，2010年。

参与其中，是一次国家规格的大型祈福法会。探讨这次法会，不仅能明了仁王会的仪轨，也能对中古的社会生活有一个深入的了解，因此具有重要的研究价值。

二、因缘肇始：法会建立过程

现有文献中，《大唐贞元续开元释教录》（略称《续开元释教录》）关于此次仁王法会的记载最为详细。永泰元年（765）四月，不空认为之前所翻译的《仁王般若经》义理不足，希望能依梵文重译，获得批准后至四月十五日重翻完毕，到八月八日，大安国寺乘如上书，希望能依经所说置百座请百法师共讲《仁王般若经》，代宗批复于八月二十三日在资圣、西明二寺依经仪轨建立仁王法会，因雨延期为九月一日开启，至九月十六日结束，西明寺沙门怀感上书感谢皇恩。在法会期间，仆固怀恩谋反，九月十七日西明寺的百座法师赶赴资圣寺继续进行仁王法会，叛乱平定后，闰十月二十二日设无遮大会。[①]

九月二日送《仁王经》到资圣寺和西明寺。根据《续开元释教录》对送经的详细记载[②]，此次仁王会开启之时，主要仪式为僧俗迎经。迎经动用了大量官属部门，使得此次盛会不仅是一个佛教仪式，更带有强烈的国家色彩。接下来对此段文献记载逐一引用，以便复原仪式过程。

---

① 圆照：《大唐贞元续开元释教录》卷一："新翻译《仁王护国经》者，昔永泰元年状请也。仁王经望依梵夹再译旧文，右兴善寺三藏沙门不空奏：伏以：如来妙旨，慧洽生灵，仁王宝经，义崇护国，前代所译，理未融通，润色微言，事归明圣。伏惟：宝应元圣文武皇帝陛下，睿文启运，浚哲乘时，弘阐真言宣扬像教，皇风远振，佛日再明，每为黎元俾开讲诵。其《仁王经》，望依梵夹，再译旧文，贝叶之言，永无漏略，金口所说，更益详明。仍请僧怀感、飞锡、子邻、建宗、归性、义崇、道液、良贲、潜真、应真、慧灵、法崇、超悟、慧静、圆寂、道休等，于内道场共翻译，福资圣代，泽及含灵，寇盗永清，寰区允穆，传之旷劫。救护实深。中书门下牒、祠部牒、奉敕宜依牒至准敕。故牒。永泰元年四月二日牒。"《大正新修大藏经》（以下简称《大正藏》）第55册，东京：大藏出版，1950年，第751页。

② 圆照：《大唐贞元续开元释教录》卷一："是日也，两街大德，严洁幡、花、幢、盖、宝车。太常音乐梨园仗内及两教坊，诣银台门，百戏系奏……天龙众八部鬼神，护送新经出于大内，其经适出，彩云浮空，郁郁纷纷，昭彰异瑞，洎乎已午，两寺开经，万姓欢心，祥云方隐，缁素瞻仰，获庆非常。"第751—752页。

仪式开始，两街大德及众多官属部门以宝车前往宫廷迎经。两街大德，是指左右两街的临坛十大德僧。宝车，是指羊车、鹿车、牛车[①]，此处应是为配合大乘佛法中的“三车”之说。参与的官属部门有太常寺、梨园、仗内、教坊等。太常寺是掌管国家祭祀的礼乐等事的机构[②]。梨园为玄宗时期设立的戏园。[③]仗内教坊是中唐出现的，独立于太常寺、教坊和梨园之外的宫廷音乐、机构。[④]护送经书的则是天龙众八部鬼神，《资治通鉴》的记载对此有一些补充：天龙鬼神由人化装而成。其余的记载则较为简略，只说有音乐卤簿——即仪仗队或士兵举甲楯在外围前行引导[⑤]，百官从光顺门迎接，送至西明寺[⑥]。宫廷送经的起点是翰林院附近的银台门[⑦]，经从光顺门出来后，天空现五色祥云，百官护送佛经到西明寺，正午时分西明寺开始讲解经典。遇荣在《仁王经疏法衡抄》中则说众僧到光华门迎经，游行至望仙门天空现五色彩云，经文先

---

① 王钦若等编：《册府元龟》卷五十二：“永泰元年九月，于京城资圣、西明两寺置百高座讲《仁王经》，内出二宝舆，中命有力者衣金甲舁出。又结彩为菩萨、神王及八部鬼神，羊车、鹿车、牛车。内侍鱼朝恩获送，宰臣及百官列班于光顺门观礼。宰臣等表请依班序节级率钱以资僧供二七日而罢。又诏宰臣及两省五品已上官，尚书省四品已上官，御史大夫中丞，诸司长官，并于西明寺行香修斋奏乐，竟日而罢，俄以吐蕃回纥入寇罢百高座讲经。”南京：凤凰出版社，2006年，第546页。

② 李林甫等编：《唐六典》卷十四：“太常卿之职，掌邦国礼乐、郊庙、社稷之事，以八署分而理焉：一曰郊社，二曰太庙，（开元二十四年，敕废太庙署，令少卿一人知太庙事。）三曰诸陵，四曰太乐，五曰鼓吹，六曰太医，七曰太卜，八曰廪牺。”《景印文渊阁四库全书》第595册，台北：商务印书馆，1986年，第140页。

③ 宋祁等编：《新唐书》卷二十二：“玄宗既知音律，又酷爱法曲，选坐部伎子弟三百教于梨园，声有误者，帝必觉而正之，号皇帝梨园弟子。”北京：中华书局，2012年，第476页。

④ 柏红秀：《唐代仗内教坊考》，《中国戏曲学院学报》第26卷第3期，2006年，第43—46页。

⑤ 封演：《封氏闻见记》卷五：“舆驾行幸，羽仪导从谓之卤簿，自秦汉以来始有其名。”《丛书集成初编》第275册，上海：商务印书馆，1937年，第51页。叶梦得：《石林燕语》卷四：“唐人谓卤，橹也，甲楯之别名。凡兵卫以甲楯居外为前导，捍蔽其先后，皆着之簿籍，故曰‘卤簿’。因举南朝御史中丞、建康令皆有‘卤簿’，为君臣通称，二字别无义，此说为差近。”《丛书集成初编》第2755册，第32页。

⑥ 参见司马光编：《资治通鉴》卷二百二十三：“九月，庚寅朔，置百高座于资圣、西明两寺，讲《仁王经》，内出经二宝舆，以人为菩萨、鬼神之状，导以音乐卤簿，百官迎于光顺门外，从至寺。”北京：中华书局，1956年，第7176页。

⑦ 参见李肇：《翰林志》：“唐时翰林院，在银台门内、麟德殿西重廊之后，为待诏之所。”《景印文渊阁四库全书》第595册，第295页。

送到资圣寺，分出一半后送到西明寺[①]。

通过上文对仁王会建立过程的一一探讨，可知这一次法会的建立是以国家为基础，在法会过程中，大量宫廷人员充当仪式中的演出者，掌管音乐的太常寺等官属部门更是直接参与其中，由此可见仁王会的重要性。

三、与民同乐：寺院之中的仁王会

经文送到寺院之后，法会则从国家祭祀转变为民间聚会，具体记载很少。《仁王经疏法衡钞》中言及此次法会是西明寺和资圣寺各自五十位法师升座说法[②]，以达成《仁王经》中所记载的“百座法师”要求。西明寺怀感表中简略记载该法会持续了将近半个月[③]。资圣寺的法会，不空的上表也有详细记载[④]。对比两寺记载，大致相同。以下对这些记载进行梳理。

文献中的两上讲经者，是指资圣寺的良贲和西明寺的道液[⑤]。良贲在《宋

① 遇荣：《仁王经疏法衡钞》卷五：“九月一日，京城释子并集于光华门迎经，其日卯时，经从内出，忽尔晴开，澄空如镜，百寮庆贺，敕诸近臣宰相已下，与朝仕九品，皆悉迎经至望仙门。南北长街，车骑圆噎，歌乐沸天，日边五色云现，广十余顷，千变万化，绘画不及，道俗士庶数十万众观云礼经，涕泪如雨，香华引前，经担徐徐，南行七八里至资圣寺，彩云漫覆宛转空中，经担入寺，云随经卷徘徊少顷，分一半经送西明寺，幡华出寺，人马翼从，至天门街日边彩云依前而现，术衢士庶无不睹之，经入寺已五色云收。”《卍续藏》第26册，京都：藏经书院，1905—1912年，第490页。

② 遇荣：《仁王经疏法衡钞》卷五：“敕于资圣西明两寺各五十人，共成百座而讲读之。”第490页。

③ 圆照：《大唐贞元续开元释教录》卷一：“从是初日至白月终，两上讲经，二时行道，饮食茶药，并出有司，六律五声，昼夜不绝。”第752页。

④ 圆照：《大唐贞元续开元释教录》卷一：“永泰元年九月十七日，高品、李希逸宣尔时两街大德百座法师，准敕咸皆萃资圣寺，二时讲唱，两上转经行道，午时及与日暮，供设音乐，无易于初，夜后悉集大讲堂内，举众齐声称念摩诃般若波罗蜜多，为国为家，愿无忧惧，京城寺观转念亦然。”第752页。

⑤ 遇荣：《仁王经疏法衡钞》卷五：“时寇盗侵逼，内出天香，诏良贲法师于讲堂中，依旧讲经，道液法师于西明寺般若院讲经，其诸大德，宜加精诚转念读诵。时诸大德，每夜集于讲堂中，念摩诃般若波罗蜜多，众意虔诚而愿蕃军退散。”第491页。

高僧传》中有传[1]，因此次讲经退寇有功，永泰二年（766）被命在大明宫桃园写《仁王经疏》，书成之后获得代宗的赞赏[2]。道液法师在大历四年到六年（769—771）之间曾为西明寺寺主[3]，参与《虚空藏菩萨念诵法》的翻译，亦曾书写《仁王经疏》，书目见存于日僧求法录中[4]。两次讲经的目的不同，西明寺讲经祈福性质居多，资圣寺讲经退敌护国之心强烈。可以推测西明寺的讲经为偏向民众的俗讲形式。关于俗讲以及讲经的仪轨，今人已有相关研究，此处不再赘述。二时行道，是指午时及日暮之时，众法师经行之事。此处令人疑惑，《仁王般若念诵法》中说是四时[5]，二者之间的差异如何产生不得而知。

供设音乐一事，在怀感表中则说为六律五声，此处疑指六律五音，语出《尚书》，用以代指音乐。以音乐供佛，此事较为少见，佛典中虽然多有天人以伎乐供养佛陀之事，现实较为少见。此处应是仿《仁王经》经首中众王以音乐供佛之事[6]。两上讲经的具体设立方法，参照《仁王护国般若波罗蜜多经陀罗尼念诵仪轨》，其过程大体可知：以安息香等众香建立坛场后，坛场上方悬挂五方菩萨及种种供养具，在坛场的四门烧香供养诸佛菩萨。二七法会中，每日要供养八碗乳粥、八碗酪饭、八碟珍果、八碟甜脆，以及众多香花。[7]因在资圣寺举行时逢吐蕃入侵，所以夜晚加念摩诃般若波罗蜜多。此法门出自《观佛三昧海经》讲述的帝释天与阿修罗王战斗之时，兵败不敌，有部属教念般若波

---

① 赞宁：《宋高僧传》卷五“唐京师安国寺良贲传”，《大正藏》第50册，第735页。

② 圆照：《大唐贞元续开元释教录》卷二：“时永泰二年缮写云毕。修表进上请以流行。词曰。沙门良贲言。伏奉今年二月十一日恩命。令在内于南桃园修撰新译《仁王般若经》疏。”第758页。

③ 圆照：《贞元新定释教目录》卷十六：“时大历四年十二月十九日……西明寺主沙门道液，西明寺都维那沙门归性……兼译大虚空藏菩萨念诵法一卷，再三详挍刊削繁芜，函帙庄严光炫人目。至大历六年十月十二日。”《大正藏》第55册，第887—888页。

④ 圆仁：《入唐新求圣教目录》卷一：“《仁王护国般若经疏》二卷（沙门道液述）。”《大正藏》第55册，第1083页。

⑤ 不空译：《仁王般若念诵法》卷一：“如是五更至于晨朝以为初时。从日午后至于未时为第二时。从黄昏后至于中夜为第三时。从中夜后至于五更为第四时。”《大正藏》第19册，第521页。

⑥ 不空译：《仁王护国般若波罗蜜多经》卷一《序品1》：“波斯匿王等，承佛神力广作音乐。”《大正藏》第8册，第835页。

⑦ 不空译：《仁王护国般若波罗蜜多经陀罗尼念诵仪轨》卷1，第514页。

罗蜜退敌的故事。①

具体讲解《仁王经》的内容，现已不可知，但在敦煌文献中，有《长兴四年中兴殿应圣节讲经文》②一卷。此讲经文已有人研究，认为此文从洛阳流出，是一篇俗讲文，以爱国统一的思想鼓励瓜州军民。③此经文虽然晚出，但也可由此反推代宗朝寺院讲经内容。此卷讲经文依传统讲解方式，分为解经题、序分、正宗分、流通分四部分。解经题中，先赞叹皇帝为菩萨、转轮王，然后为皇帝、皇后妃子等祈福，最后说王法与佛法共化，如云龙相合。序分中围绕五成就讲解，虽然是五成就，实际还是以赞叹皇帝为核心。如处所成就中赞叹皇帝："吾皇福德重如山，四海无尘心自闲。"正宗分中，则向民众传达皇帝勤政爱民的形象，如饮食之时挂念农夫，选取贤才治理国家等。最后流通分部分，则是以诗歌形式告诫百姓，皇帝对万民有大恩，不可忘恩负义。总体而言，此卷讲经文已不单是一般意义上的传达佛理，而是起到一种政治宣传的作用。反观此经文成文年代，当时敦煌四面被六番围绕，饱受战火之苦，所以希望皇帝能肃清海内，还天下一片太平。这种殷切的愿望与永泰元年仁王会的情形同出一辙，因此，永泰元年的仁王会讲经内容也无非如此，以佛教强大的宣传力量，将王法和佛法结合，起到安定人心，抵御战乱的作用。

在仁王会的寺内举办过程中，不仅有诵经祈福的过程，还有俗讲、音乐、坛场等众多元素，值得进一步探究。

四、曲终人散：结束与斋会

最后是西明寺的散斋过程。"散斋"一词出自儒家，后为佛教所采用，根

① 佛陀跋陀罗译：《佛说观佛三昧海经》卷一《六譬品 1》："时宫有神白天王言：'莫大惊怖，过去佛说《般若波罗蜜》，王当诵持，鬼兵自碎。'"《大正藏》第15册，第647页。

② 杨家骆编：《敦煌变文》下，台北：世界书局，1989年，第411—425页。

③ 李明伟：《〈长兴四年中兴殿应圣节讲经文〉研究》，《甘肃社会科学》1988年3期，第89—95页。

据宋代人的注解，指讲经结束后的一系列活动[①]。以下对散斋的活动进行一些探讨。

长安城的散斋，贞观元年（627）在大兴善寺[②]，开元年间（713—741）则在开元寺[③]，此次仁王会散斋是在西明寺直接进行，因由难以得知。《唐六典》规定散斋之后要给行道的尼僧以香油和炭料。[④]结合资圣寺散斋的记载，以及近代寺院规约，散斋的第一个环节是给僧人以饮食，以及其他一些物品等供养。[⑤]西明寺的散斋中，还有鼓乐弦歌和百戏。姜伯勤先生在《敦煌艺术宗教与礼乐文明》一书中，专门有一节讨论寺院音乐，他认为唐代敦煌佛寺有自己的音声人，以满足寺院祭祀等活动中大量的表演需求。[⑥]以此而言，西明寺散斋的鼓乐，有可能是官属，也有可能是寺院所为。“百戏”一词产生于汉代，是指以杂记为主的民间艺术表演。[⑦]寺院百戏的表演不仅在国家性质的讲经法会中有，私人也有设百戏的。《太平广记》中有贞元年间中元日，番禺人在开元寺集设百戏之事的记载。[⑧]《尚书故实》中百戏还与壁画中鬼神相结合。[⑨]在

---

① 普观：《盂兰盆经疏会古通今记》卷一：“故祭统云君子之斋也，至其精明之德也，故散斋七日以定之，致斋三日以斋之。言斋之者，精明之至也，然后可以交神明也。又祭义曰，致斋于内，散斋于外（三日庙中故曰内斋，致谓精至七日，庙外静定其心故曰外定）。斋之日，思其居处，思其语笑，思其志意，思其所乐，思其所嗜，斋三日乃见其所为斋者（谓想其声容也）。释中设供，如今经讲经，如《梵网》父母死亡之日，应请法师讲菩萨戒，福资亡者，得见诸佛，生人天上，资其业报，即助所生处。”《卍续藏》第21册，第490页。

② 法琳：《辩正论》卷四：“京城僧尼，并于当寺七日行道，斋供所须有司准给，散斋之日，总就大兴善寺。”《大正藏》第52册，第512页。

③ 志磐：《佛祖统纪》卷五十二：“敕僧道遇千秋节，开元寺行道散斋。”第456页。

④ 李林甫等编：《唐六典》卷四：“道士、女道士、僧、尼行道散斋，皆给香油、炭料。”第50页。

⑤ 圆照：《贞元新定释教目录》卷十六：“取闰十月二十三日，设无遮斋以成庆散，是日也寺南门外，陈布道场，尽正一坊，东西街内，弈幕云布，幡花丽天，尊容焕然，光照人里，饭僧既毕，六乐争陈，百戏充衢，歌吹尽日，京城大德各䞋三十。”第886页。

⑥ 姜伯勤：《敦煌艺术宗教与礼乐文明》，第509—527页。

⑦ 萧亢达：《汉代乐舞百戏艺术研究》，北京：文物出版社，1991年，第269—358页。

⑧ 李昉：《太平广记》卷三十四：“时中元日，番禺人多陈设珍异于佛庙，集百戏于开元寺。”北京：中华书局，1961年，第216页。

⑨ 李绰：《尚书故实》：“章仇兼琼镇蜀日，佛寺设大会，百戏在庭。有十岁童儿一作女童。舞于竿杪。忽有物状如雕鹗，掠之而去。群众大骇，因而罢乐。后数日，其父母见在高塔之上，梯而取之，则神如痴，久之方语，云：‘见如壁画飞天夜叉者将入塔中，日饲果实饮馔之味，亦不知其所自。’旬日方精神如初。”《丛书集成初编》第2739册，第12页。

甘肃酒泉存有一幅北凉时代的《乐伎与百戏图》，虽非唐物，也可借鉴其中鼓乐歌弦与百戏的关系。其中百戏这一戏剧表演安排在寺院讲经活动后，已经有近现代庙会的雏形。在众多文献中有寺院戏场的记载，最出名的并非西明寺，而是慈恩寺和青龙寺。[①]宣宗时期万寿公主在慈恩寺戏场看戏之事更是载入《资治通鉴》。[②]由此，唐代寺院的讲经结束后的鼓乐与百戏应是一个固定仪式。

简而言之，西明寺仁王会的散斋，包含给僧尼供养和给俗人演出两部分。

五、小　结

通过对文献的梳理，此次法会的具体仪式可大致明了：两街大德用佛教的七宝车前往银台门迎接《仁王经》，七宝车内除了经典外还有人化装为护法菩萨和天龙鬼神，车前有太常雅乐和教坊俗乐同时演奏，仪仗队在两侧并行。行至光顺门，百官相迎，护送至资圣寺和西明寺门口。寺内仁王会的举行，分为建立坛场、音乐供养、讲经等方面。讲经内容因材料缺少不知，但是参照敦煌的讲经卷子，此次讲经是以宣扬皇帝恩德为主的一种政治宣传。西明寺讲经后，有盛大的散斋仪式，仪式的过程为先用食物供养僧人，而后以歌舞供奉佛陀，最后用戏剧表演结束。西明寺承担的这场仁王会，除了祈福之外，还是长安城从贵族到平民百姓的全体盛会。既有祭祀的严肃，又有庙会性质的表演，更是政府借助佛教进行政治宣传的一场大会，其目的有二：一是借助仁王会这种盛大的仪式，获得佛菩萨加持；二是通过出家僧人宣扬帝王的恩德，安抚因叛乱动摇的人心。本研究对西明寺仁王会的仪轨进行简要梳理，但是如宫廷仪仗与仁王法会的结合过程、仁王会坛场的具体布置、散斋中的歌舞内容等问题，仍然值得深入探讨。

---

① 钱易：《南部新书》卷五："长安戏场多集于慈恩，小者在青龙，其次荐福、永寿。尼讲盛于保唐；名德聚之安国；士大夫之家入道，尽在咸宜。"《丛书集成初编》第2847册，第46页。

② 司马光：《资治通鉴》卷248："颢弟觊，尝得危疾，上遣使视之。还，问'公主何在？'曰：'在慈恩寺观戏场。'上怒，叹曰：'我怪士大夫家不欲与我家为昏，良有以也！'亟命召公主入宫，立之阶下，不之视。"第8036页。

《秦王破阵乐》是否传入印度及其他*

——兼与宁梵夫教授商榷

张 远

内容提要： 历史上的中印交往，以印度单向输出为主；中土文化之逆向传入十分罕见。宁梵夫教授质疑玄奘自述面见戒日王的交谈是玄奘将中国的帝王崇拜置于印度文化框架之中的虚构。本文辩称，《秦王破阵乐》极可能在戒日王时期传入印度，且玄奘所述与戒日王会晤始末基本属实。

关 键 词：《秦王破阵乐》《大唐西域记》 玄奘 戒日王 中印交流

作者简介： 张远，文学博士，中国社会科学院外国文学研究所副研究员。2009年9月—2013年7月，在王邦维教授指导下，于北京大学南亚学系攻读博士学位。

* 本文获中国国家留学基金委“高水平”项目奖学金资助，项目编号：2011601181。原刊于《南亚研究》2013年第2期。在撰写时得到北京大学南亚学系王邦维教授的帮助和指导，特此感谢！

英国卡迪夫大学著名佛教史和《大唐西域记》研究专家宁梵夫教授，在《玄奘是否亲至马图腊？》一文中提出质疑，认为玄奘面见戒日王的交谈是玄奘将中国的帝王崇拜置于印度文化框架之中的虚构。[①]也有学者认为，玄奘出于争取唐王支持、弘扬佛法的目的，在这一段叙述中夸大其词地渲染了对唐王的赞美，与当时的真实情况不符。

历史上的中印交往，以印度单向输出为主，关于中土文化的逆向传入仅有极少记载，如鸠摩罗王遣使请老子像[②]、玄奘将老子《道德经》译为梵文[③]等。《秦王破阵乐》若真如玄奘所载，在戒日王时代的“印度诸国多有歌颂”，则为中印文化交流史又增添一值得欣喜之重要例证。

一、基本史料及四种假设

玄奘面见戒日王的交谈细节，所涉史料，有一致，也有相左。如下表所示：

---

① Max Deeg, “Has Xuanzang Really Been in Mathurā? Interpretatio Sinica or Interpretatio Occidentalia: How to Critically Read the Records of the Chinese Pilgrim,” in Wittern, Christian, & Shi Lishan, ed., *Essays on East Asian Religion and Culture: Festschrift in Honour of Nishiwaki Tsuneki on the Occasion of His 65th Birthday*. Editorial Committee for the Festschrift in Honour of Nishiwaki, Tsuneki: Kyoto, 2007, pp. 39–42. 宁梵夫提倡对《大唐西域记》进行批判性研究。他辩称：在《西域记》卷五玄奘会晤北印度戒日王的段落，虽然是《西域记》中极少的玄奘位于主角地位的段落，表面看来比其他段落更具有直接的史料价值，然而这并不是事实。这一段记述的意图不是客观地记录一段真实发生的历史（在记录的方式上的确非常逼真），而是用于大力宣传和针对中国听众（读者）。玄奘与戒日王会晤的交谈（《秦王破阵乐》及对唐太宗的赞美）仿佛是玄奘将中国的帝王崇拜（emperor-cult）虚构地放置于印度文化的框架之中。奇怪的是，在对话开始之时，戒日王对大唐仿佛一无所知，然而之后却开始称颂起秦王的美德。

② 《新唐书》卷二百二十一上《西域上》“天竺”条，北京：中华书局，1975年，第6238页，“（贞观）二十二年（648），……迦没路国献异物，并上地图，请老子象［像］。”

③ 道宣：《续高僧传》卷四《玄奘传》（简称《续·玄奘》），《大正新修大藏经》（简称《大藏经》）卷五十，T2060号，第455页中栏，“寻又下敕，令翻老子五千文为梵言以遗西域。”

表1 “玄奘面见戒日王”所涉史料对细节的记载

戒日王是否知晓	摩诃至那	《秦王破阵乐》	唐	秦王	功绩
《西域记》①	知	知	不知	知	知
《续·玄奘》②	知	知	不知	不知	不知
《慈恩传》③	知	知	不详	不知	不知
《开元录》④	知	知	不详	不知	不知

① 玄奘、辩机原著，季羡林等校注：《大唐西域记校注》（简称《西域记》）卷五，北京：中华书局，2000年，第436—437页，“戒日王劳苦已曰：‘自何国来？将何所欲？’对曰：‘从大唐国来，请求佛法。’王曰：‘大唐国在何方？经途所亘，去斯远近？’对曰：‘当此东北数万余里，印度所谓摩诃至那国是也。’王曰：‘尝闻摩诃至那国有秦王天子，少而灵鉴，长而神武。昔先代丧乱，率土分崩，兵戈竞起，群生荼毒，而秦王天子早怀远略，兴大慈悲，拯济含识，平定海内，风教遐被，德泽远洽，殊方异域，慕化称臣。氓庶荷其亭育，咸歌《秦王破阵乐》。闻其雅颂，于兹久矣。盛德之誉，诚有之乎？大唐国者，岂此是耶？’对曰：‘然。至那者，前王之国号；大唐者，我君之国称。昔未袭位，谓之秦王，今已承统，称曰天子。前代运终，群生无主，兵戈乱起，残害生灵。秦王天纵含弘，心发慈愍，威风鼓扇，群凶殄灭，八方静谧，万国朝贡。爰育四生，敬崇三宝，薄赋敛，省刑罚，而国用有余，氓俗无宄，风猷大化，难以备举。’戒日王曰：‘盛矣哉，彼土群生，福感圣主！”

② 道宣：《续·玄奘》，《大正藏》卷五十，T2060号，第453页中栏，“（戒日王）散花设颂无量供已，曰：‘弟子先请，何为不来？’答以‘听法未了，故此延命。’又曰：‘彼支那国有《秦王破阵乐》歌舞曲。秦王何人，致此歌咏？’奘曰：‘即今正国之天子也。是大圣人拨乱反政，恩沾六合，故有斯咏。’王曰：‘故天纵之为物主也。’”

③ 慧立、彦悰著，孙毓棠、谢方点校：《大慈恩寺三藏法师传》（简称《慈恩传》）卷五，北京，中华书局，2000年，第106页，“既至，顶礼法师足，散华瞻仰，以无量颂赞叹讫，谓法师曰：‘弟子先时请师，何为不来？’报曰：‘玄奘远寻佛法，为闻《瑜伽师地论》。当奉命时，听论未了，以是不遂参王。’王又问曰：‘师从支那来，弟子闻彼国有《秦王破阵乐》歌舞之曲，未知秦王是何人？复有何功德，致此称扬？’法师曰：‘玄奘本土见人怀圣贤之德，能为百姓除凶翦暴、覆润群生者，则歌而咏之。上备宗庙之乐，下入闾里之讴。秦王者，即支那国今之天子也。未登皇极之前，封为秦王。是时天地版荡，苍生乏主，原野积人之肉，川谷流人之血，妖星夜聚，沴气朝凝，三河苦封豕之贪，四海困长蛇之毒。王以帝子之亲，应天策之命，奋威振旅，扑翦鲸鲵，仗钺麾戈，肃清海县，重安宇宙，再耀三光。六合怀恩，故有兹咏。’王曰：‘如此之人，乃天所以遣为物主也。”

④ 智昇：《开元释教录》（简称《开元录》）卷八，《大正藏》卷五十五《目录部》，T2154号，第558页中栏，“戒日大王，五印臣伏。彼闻奘名，遣人要［邀］请。奘初至止，王即问云：‘闻彼支那国有《秦王破阵乐》歌舞之曲。秦王何人，致此歌咏？’奘曰：‘即今正国之天子也。未登皇极之前封为秦王。是大圣人，拨乱反正，恩沾六合，故有斯咏。’王曰：‘如此之人，故天纵之为物主也。’”另，圆照：《贞元新定释教目录》卷十一，《大正藏》卷五十五《目录部》，T2157号，第858页上栏至中栏，内容与《开元录》大致相同。此处从略。

（续表）

戒日王是否知晓	摩诃至那	《秦王破阵乐》	唐	秦王	功绩
《行状》①	知	知	不详	不知	不知
《新唐书》②	［知］	知	不详	不详	不知

从上表可知，所有文献一致指向戒日王知悉（摩诃）至那国，并且知悉《秦王破阵乐》，不知“（大）唐”国号。对于“秦王”和“功绩”则各有说辞。

玄奘是面见戒日王的当事人，也是这些史料的唯一来源。表中虽列出六种文献，事实上近乎孤证。通过其内在逻辑，这些孤证至少排除了玄奘记忆偏差的可能③，而留下仅仅两种可能：《秦王破阵乐》传入印度，确有其事；或则，玄奘妄语。

此处将“唯二可能”的历史事实进一步还原为如下四种假设：

假设一：宁梵夫质疑成立，玄奘见戒日王的交谈纯属虚构，无论戒日王或玄奘均未提及《秦王破阵乐》或唐太宗的美德。此说法暂未见于任一史料。

假设二：戒日王对唐太宗一无所知，玄奘述说了唐太宗的《秦王破阵乐》和美德。此说法暂未见于任一史料。

假设三：戒日王知《秦王破阵乐》，不知唐太宗美德；玄奘为之详说。

---

① 冥详：《大唐故三藏玄奘法师行状》（简称《行状》）卷一，《大正藏》卷五十，T2052号，第217页中栏至下栏，“王见法师，顶礼双足，散无量花，赞颂讫，言曰：‘弟子先遣请法师，何为不来？’法师答：‘当奉命时，听受未了，不获参王。’王曰：‘师从支那国来，彼有《秦王破阵乐》歌舞之曲。秦王者何人？有何功德，致此咏歌？’法师报：‘秦王者，即支那国今之天子也。本国见国王有圣德，能除凶禁暴，覆润群生者，则歌而咏之。秦王是大圣之人，为苍生拨乱反正，重安宇宙，再曜三光，六合怀恩，故有斯咏。’王曰：‘如此圣人，故天遗为物主也。”

② 《新唐书》卷二百二十一上《西域上》“天竺”条，北京：中华书局，1975年，第6237页，“会唐浮屠玄奘至其国，尸罗逸多召见曰：‘而国有圣人出，作《秦王破阵乐》，试为我言其为人。’玄奘粗言太宗神武，平祸乱，四夷宾服状，王喜，曰：‘我当东面朝之。’”

③ 古代信息的查询和传播极不发达。不是每个人都能看到《大唐西域记》，而玄奘也不会将自己写的书放在手边时时查阅。玄奘在不同场合讲述面见戒日王经过，由于时隔远近、记忆差异和叙述方式的不同，会产生复杂或简略的版本（这种不一致也可能是后人依据《西域记》等原始材料编纂时进行了“篡改”，此处暂且不论），而这些版本无一不准确无疑地宣称戒日王率先提及《秦王破阵乐》。这至少证明在《破阵乐》问题上不存在玄奘记忆偏差的可能。

《续·玄奘》《慈恩传》《开元录》《行状》《新唐书》持此说法。

假设四：戒日王知《秦王破阵乐》，率先称赞唐太宗美德；玄奘认同并再度赞美唐王。据《西域记》。

《秦王破阵乐》是否传入印度是亟待考证的核心问题。

二、论《秦王破阵乐》传入印度的可能性

《秦王破阵乐》传入印度，在时间、媒介等诸多元素的考量下实为可能。

（一）时间的考证

《秦王破阵乐》的雏形产生于武德年间。据《新唐书》："太宗为秦王，破刘武周，军中相与作《秦王破阵乐》曲。"[①]又据《新唐书》卷二《太宗本纪》："(武德）三年（620）四月，击败宋金刚于柏壁。……刘武周惧，奔于突厥，其将杨伏念举并州降。"[②]可知。贞观七年（633),《秦王破阵乐》始具宫廷雅乐规模。其传入印度的具体形态大略介于民间《破阵乐》与宫廷《破阵乐》之间。详见后文"传入印度之形态"。

玄奘于640—641年面见戒日王。[③]从时间上看,《秦王破阵乐》在这二十年间传入印度完全可能。

（二）流传的途径

西行道路无比艰险，"所经之苦，人理莫比"[④]，只有求法的僧人和逐利的商旅才会踏上此途。季羡林先生的论文《商人与佛教》，专讲商旅和佛教徒千

---

① 《新唐书》卷二十一《礼乐十一》，第467页；参见《旧唐书》卷二十八《音乐一》，北京：中华书局，1975年，第1045页，"贞观元年（627),（太宗）宴群臣，始奏《秦王破阵》之曲。太宗谓侍臣曰：'朕昔在藩，屡有征讨，世间遂有此乐。'"引文中的括号注释为笔者所加，下同。

② 《新唐书》卷二《太宗本纪》，第25—26页。

③ 杨廷福：《玄奘年谱》，北京：中华书局，1988年，第193—199页。

④ 章巽：《法显传校注》卷一，北京：中华书局，2008年，第11页。

丝万缕的联系。佛教徒和商旅常结伴而行，玄奘在阿耆尼国附近就曾与胡商数十人结伴。[①]据王邦维先生分析：唐太宗下令禁止出境，主要针对汉人；胡人则可随意出入。又例《慈恩传》卷一，胡翁先云“西路险恶，沙河阻远，鬼魅热风，遇无免者”，又说“师必去，可乘我马。此马往返伊吾已有十五度，健而知道”[②]。胡马往返伊吾十五次，最可能的目的就是商贸。《糖史》中“唐太宗与摩揭陀——唐代印度制糖术传入中国问题”一章，特别谈到太宗时制糖技术从印度传入中国。[③]

唐都长安是高度国际化的大都市。在长安可以见到世界各国各民族的商旅居民。中印民间物资、文化等各类交往频繁。现将619—642年有记载的中印交往列述如下[④]：

“隋炀帝时，遣裴矩通西域诸国，独天竺、拂菻不至为恨。”[⑤]然隋制设九部乐，一支即为《天竺伎》，还有《龟兹伎》《安国伎》等。[⑥]

“武德二年（619），（罽宾）遣使贡宝带、金锁、水精醆、颇黎状若酸枣。”[⑦]

贞观元年（627），“中天竺国三藏法师波颇蜜多罗……冒冰霜而越葱岭，犯风热而度沙河，时积五年，途经四万，以大唐贞观元年，顶戴梵文至止京辇”[⑧]，在京传译。

---

① 《慈恩传》卷二，第25页，“时同侣商胡数十，贪先贸易，夜中私发，前去数十里，遇贼劫杀，无一脱者。”

② 《慈恩传》卷一，第13页。

③ “贞观二十一年（647），始遣使者自通于天子，献波罗树，树类白杨。太宗遣使取熬糖法，即诏扬州上诸蔗，拃沈如其剂，色味逾西域远甚”，《新唐书》卷二百二十一上《西域上·摩揭陀》，第6239页；参见《季羡林文集》（第十卷）《糖史》（二），南昌：江西教育出版社，1998年，第83页。

④ 参见《季羡林文集》（第十卷）《糖史》（二），第80—81页。

⑤ 《新唐书》卷二百二十一上，第6237页；另见，《旧唐书》卷一百九十八，第5307页，“隋炀帝时，遣裴矩应接西蕃，诸国多有至者，唯天竺不通，帝以为恨。”

⑥ 《新唐书》卷二十一《礼乐十一》，第469—470页；又，《旧唐书》，第1069页。隋制九部乐为：《燕乐伎》《清商伎》《西凉伎》《天竺伎》《高丽伎》《龟兹伎》《安国伎》《疏勒伎》《康国伎》。后唐太宗平定高昌，尽收其乐，合为初唐十部乐。

⑦ 《新唐书》卷二百二十一上《西域上》，第6241页。

⑧ 道宣：《续高僧传》卷三《慧赜传》，《大正藏》卷五十，T2060号，第441页中栏。

贞观元年（627），玄奘西行求法。[①]

贞观十一年（637），（罽宾）遣使献名马，太宗嘉其诚款，赐以缯彩。[②]

贞观中（627—649），（太宗）遣果毅何处罗拔等厚赍赐其国，并抚慰天竺。处罗拔至罽宾，王东向稽首再拜，仍遣人导护使者至天竺。[③]

贞观十三年（639），有婆罗门将佛齿来。[④]

贞观十四年（640），“罽宾国并遣使贡方物”[⑤]。

贞观十六年（642），“（罽宾）又遣使献褥特鼠，喙尖而尾赤，能食蛇，有被蛇螫者，鼠辄嗅而尿之，其疮立愈”[⑥]。

印度幻戏在长安盛行，高宗深厌恶之，下令禁止“自断手足、割舌破肚”的天竺伎入境。[⑦]既然高宗特别下令，可见这种现象在高宗之前就早已形成规模。

中印官方往来，载入史籍已不罕见；民间往来，未被载录或史料丢失的情况可能更多。

因此，《秦王破阵乐》并不缺乏传播媒介：商旅或僧人都有可能在这二十年间将《破阵乐》带入印度。正如季羡林先生所指出的，“《秦王破阵乐》曾传入印度，其在李世民为秦王时流行于世，而戒日王于会见玄奘时闻之已久，足见当时中印之间交往频繁、消息灵通。”[⑧]

---

① 杨廷福：《玄奘年谱》，第89—101页。

② 《旧唐书》卷一百九十八，第5309页。

③ 《新唐书》卷二百二十一上《西域上》，第6241页。

④ 《资治通鉴》卷一百九十五《唐纪十一》“太宗贞观十三年（639）”条，北京：中华书局，1956年，第6150页，“有婆罗门僧（天竺，汉身毒国也，或曰摩伽佗，曰婆罗门），言得佛齿，所击前无坚物。”

⑤ 王钦若等编：《册府元龟》（第12册）卷九百七十《外臣部》朝贡三，北京：中华书局，1960年，第11399页上栏。

⑥ 《旧唐书》卷一百九十八，第5309页；参见《新唐书》卷二百二十一上《西域上》，第6241页。

⑦ 李昉等撰：《太平御览》（第3册）卷七百三十七《方术部》十八《幻部》，北京：中华书局，1960年影印，第3269页上栏，“显庆元年，上御安福门楼观大酺，胡人欲持刀自刺，以为幻戏，上不许之。乃下诏曰：‘如闻在外有婆罗门胡等，每于戏处，乃将剑刺肚，以刀割舌，幻惑百姓，极非道理。宜并遣发还蕃，勿令久住。仍约束边州，若更有此色，并不须遣入朝。’”参见《旧唐书》卷二十九《音乐二》，第1073页，“幻术皆出西域，天竺尤甚。汉武帝通西域，始以善幻人至中国。”又，《新唐书》卷二十二《礼乐十二》，第479页。

⑧ 《西域记》，第439页注释（九）。

（三）《秦王破阵乐》自身特点

1. 源流略考

《秦王破阵乐》，又名《破阵乐》《破阵舞》《破阵乐舞》，简称《破阵》；贞观七年（633）后更名《七德》，又称《七德舞》，与《破阵》等名并存。

唐太宗时《秦王破阵乐》源流概况，略如下表：

表2 唐太宗时《秦王破阵乐》源流概况

时间	名 称	曲	词	舞
武德年间	秦王破阵乐（民间破阵乐）	突厥传入或民间草创	朴素绝句	未知
贞观元年	秦王破阵乐（即位破阵乐）	吕才和谐音律	朴素绝句	简单舞蹈
贞观七年	七德、七德舞（宫廷破阵乐）	吕才和谐音律，混合龟兹乐	魏徵等改制	《破阵舞图》百二十人

武德年间，秦王军中已流传着一个民间版本的《秦王破阵乐》，此处简称“民间《破阵乐》”。《旧唐书》云“世间遂有此乐”①，“人间歌谣《秦王破阵乐》之曲”②；《新唐书》云“军中相与作《秦王破阵乐》曲”③，即为此意。

杨宪益认为民间《破阵乐》为突厥人所创，传入唐军中，不无可能；至于称其舞蹈来自罗马《突罗舞》或是希腊《霹雳戏》的武舞④，则值得商榷。民间《破阵乐》包含曲与词⑤，呈现出民谣形态，最初很可能并无舞蹈或仅有简单配舞。

贞观元年（627），太宗宴群臣，始奏《秦王破阵》之曲⑥，此处称之为

① 《旧唐书》卷二十九《音乐二》，第1045页。太宗亲言“岂意今日登于雅乐”也证明《破阵乐》原本并非雅乐。

② 《旧唐书》卷二十九《音乐二》，第1059页。

③ 《新唐书》卷二十一《礼乐十一》，第467页。

④ 杨宪益：《秦王〈破阵乐〉的来源》，《寻根》2000年第1期，第74—77页。

⑤ 《旧唐书》卷二十八《音乐一》曰“改制歌辞”，《新唐书》卷二十一《礼乐十一》曰“更制歌辞”，均证明之前流传的民间《破阵乐》有自己的歌词。

⑥ 《旧唐书》卷二十八《音乐一》，第1045页。

"即位《破阵乐》"。即位《破阵乐》经吕才和谐音律，沿用民间《破阵乐》的朴素歌词，具有简单的舞蹈形式[①]。

贞观七年（633），太宗制《破阵舞图》，命吕才依图教乐工一百二十人（一说"增舞者至百二十人"），被甲执戟而习之，数日而就，后令魏徵等改制歌词，更名《七德》之舞[②]，即所谓"宫廷《破阵乐》"。《旧唐书》云"《破阵乐》，太宗所造也"[③]即指宫廷版之主持修造。[④]"改制歌辞"，证明民间《破阵乐》（及即位《破阵乐》）已有歌词；"增舞者"，证明即位《破阵乐》已有舞蹈。

陈寅恪先生指出，唐朝宗庙雅乐中杂有胡声[⑤]，即龟兹乐。又据《旧唐书》卷二十九："自周、隋已来，管弦杂曲将数百曲，多用西凉乐，鼓舞曲多用龟兹乐。"《秦王破阵乐》为鼓舞[⑥]，因而可推知其乐曲确实混入龟兹乐元素。

民间《破阵乐》，或为外族传入，或源自民间《散曲》；即位《破阵乐》经汉地乐师吕才协调音律；宫廷《破阵乐》混入西域（龟兹）元素。《秦王破阵乐》的产生和沿革，包含了各族音乐风格，融入宫廷精英的音乐才华，又具有民间艺术的现实关怀和旺盛生命。这是《秦王破阵乐》广为流传的根本原因。

---

① 据《旧唐书》卷二十八，"增舞者至百二十人"，证明"始奏"之时有舞者。

② 《旧唐书》卷二十八《音乐一》，第1046页。据《旧唐书》卷二十八《音乐一》，第1045页，"贞观元年（627），（太宗）宴群臣，始奏《秦王破阵》之曲。……其后令魏徵、虞世南、褚亮、李百药改制歌辞，更名《七德》之舞。"据《新唐书》卷二十一《礼乐十一》，"乃制舞图，……命吕才……后令魏徵与员外散骑常侍褚亮、员外散骑常侍虞世南、太子右庶子李百药更制歌辞，名曰《七德舞》。"可知《旧唐书》之"其后"为《新唐书》之"乃制舞图"后。又，据《旧唐书》卷二十八《音乐一》，第1046页，"（贞观）七年（633），太宗制《破阵舞图》"。可知魏徵等改制歌词为太宗制《破阵舞图》之后，即633年之后。

③ 《旧唐书》卷二十九《音乐二》，第1059页。

④ 白居易在《新乐府·七德舞》序中写道："武德中，天子始作《秦王破阵乐》以歌太宗之功业"，云李渊为儿子李世民创作《秦王破阵乐》。见《全唐诗》（第七册）卷四百二十六《白居易》三，北京：中华书局，1999年，第4701页。此说法未见于其他史籍。

⑤ 陈寅恪：《陈寅恪集·读书札记一集》，北京：三联书店，2001年，第80页，"可知唐世庙堂雅乐，亦杂胡声也。"

⑥ 《旧唐书》卷二十八《音乐一》，第1053页，"凯乐用铙吹二部，笛、筚篥、箫、笳、铙、鼓，每色二人，歌工二十四人。乐工等乘马执乐器，次第陈列，如卤簿之式。鼓吹令丞前导，分行于兵马俘馘之前。将入都门，鼓吹振作，迭奏《破阵乐》等四曲。"

2. 目的

民间《破阵乐》的产生或许并没有很强的目的性，其最初的意图是否为赞颂秦王尚未可知[①]；而唐太宗即位后主持修造《破阵乐》的目的则是“功业由之”[②]，一者为庆祝战功，二者为政治宣传。如太宗所言：“朕虽以武功定天下，终当以文德绥海内。文武之道，各随其时。”[③]唐太宗平定天下依靠“武功”，稳固海内却要靠“文德”。《破阵乐》虽为歌颂统治者战功的武舞，却也是以文德的方式表现出来，符合唐太宗“文武之道”的双重目的，因而被改造为初唐第一大曲。

就创作目的而言，宫廷《破阵乐》与寻常的民间音乐不同，是唐太宗为夺取继承权制造舆论攻势的工具，又是即位之后加强王权合法性的自我包装，是一部政治宣传曲。因而其后来之流传，并不是纯粹的自然传播，而是具有很大程度的人为因素。

（四）小结

《秦王破阵乐》最初流传于世在公元620年前后；627年“登于雅乐”[④]；在633年制《舞图》、改制歌词，形成一百二十人的大型宫廷歌舞。

《旧唐书》记载了宫廷《破阵乐》初次上演的盛况：“（贞观七年）癸巳[⑤]，奏《七德》《九功》之舞，观者见其抑扬蹈厉，莫不扼腕踊跃，凛然震竦。武臣列将咸上寿云：‘此舞皆是陛下百战百胜之形容。’群臣咸称万岁。蛮夷十余种自请率舞，诏许之，久而乃罢。”[⑥]《新唐书》复记载道：“（《七德》）舞初成，观者皆扼腕踊跃，诸将上寿，群臣称万岁，蛮夷在庭者请相率以舞。”[⑦]在场十几个国家的外国人都情不自禁请缨共舞。可见“蛮夷”非常喜欢这部讲述战争

---

① 民间《破阵乐》词载于《旧唐书》和《乐府诗集》。其歌颂的对象并不一定为秦王。魏徵等改制的宫廷《破阵乐》词已失传。详见后文“传入印度之形态”。

② 《新唐书》卷二十一《礼乐十一》，第467页。

③ 《旧唐书》卷二十八《音乐一》，第1045页。

④ 《旧唐书》卷二十八《音乐一》，第1045页。

⑤ 据陈寅恪先生考证，“癸巳”为贞观七年正月十五。见《陈寅恪集·读书札记一集》，第78页。

⑥ 《旧唐书》卷二十八《音乐一》，第1046页。

⑦ 《新唐书》卷二十一《礼乐十一》，第468页。

胜利的乐舞的表现形式。这充分证明了《破阵乐》在艺术上的表现力和感染力。西域乐在隋唐时期颇为盛行，初唐九部乐多为西域乐。然而外族对中原歌舞喜爱的记载，却十分罕见。几乎仅有此例。

《破阵乐》来源或为突厥传入，或为民间草创，最初的乐曲即带有西域风格。“登于雅乐”后，《秦王破阵乐》糅合了龟兹乐鼓舞风格，西域元素更为浓重，增添了《破阵舞图》的宏大场面，“发扬蹈厉，声韵慷慨。享宴奏之，天子避位，坐宴者皆兴”①，气势恢宏，震撼人心，深得各族人民喜爱。

《破阵乐》的表演形式，虽然与宫廷华丽的装饰和强大的歌舞阵容结合，在本质上却颇似吟游诗人传唱英雄事迹，既有乐舞又有叙事，朗朗上口，易于传诵。这种形式正是印度人习惯的口口相传的唱诵的表现方式（梵僧往往用口头传诵的方式把佛经传入中国），其内容又是与战争胜利（破阵）相关（追求胜利、赞颂胜利，这正是传统印度教，尤其是湿婆派和毗湿奴派最为推崇的品质和行为），非常符合印度人的审美取向。

综上所述，无论是民间《破阵乐》还是宫廷《破阵乐》都具有相当的艺术魅力，且杂糅西域元素，适合各族传唱；极可能是“率舞蛮夷”或商人、僧侣将《破阵乐》及太宗美名传到海外，并用口头传诵的方式使之流入印度。

三、论《秦王破阵乐》传入印度的合理性

《秦王破阵乐》传入印度之可能性毋庸置疑；玄奘之如是记载，也完全具有合理性。

（一）关于“为求大义，不拘小节”

玄奘是一个一旦下定决心就坚定不移的人。西行之前，他一心求法；东归之后，他一心译经弘法。一路的艰难险阻，或是礼遇或是轻慢，或是挽留或是劝阻，玄奘宠辱不惊，坚若磐石。困难和诱惑，根本无法撼动他的终极理

① 《旧唐书》卷二十九《音乐二》，第1060页。

想。西行求法途中，玄奘可以触犯国法偷越国境，可以赌咒发誓安抚弟子石槃陀，可以声色俱厉斥责校尉王祥，可以昼伏夜出如同盗贼，可谓“为求大义，不拘小节”。与译经、弘法的“大义”相比，撰写《西域记》也不过是“小节”而已。然而，玄奘心目中的这些“小节”却不包括触犯佛教的戒律。佛教中的五戒是不杀生、不偷盗、不邪淫、不妄语、不饮酒。玄奘已受具足戒，要遵守《比丘戒本》中规定的全部戒律。五戒是根本。玄奘西行，虽然曾触犯世俗法律（偷越国境），却从未破戒。

玄奘西行至凉州时，有人告诉凉州都督李大亮：“有僧从长安来，欲向西国，不知何意。”李大亮害怕，追玄奘问来由。玄奘回答：“欲西求法。”李大亮听了这话便逼使玄奘返回长安。[①]至瓜州，凉州访牒至，云“有僧字玄奘，欲入西蕃，所在州县宜严候捉”。州吏李昌心疑法师，前来问询。玄奘先是“迟疑未报”，然后“乃具实而答”。[②]入莫贺延碛，“时行百余里，失道，觅野马泉不得。下水欲饮，袋重，失手覆之，千里之资一朝斯罄。又路盘回不知所趣，乃欲东归还第四烽。行十余里，自念我先发愿，若不至天竺终不东归一步，今何故来？宁可就西而死，岂归东而生！于是旋辔，专念观音，西北而进。”[③]

玄奘是一个原则性很强的人。在求法攸关之时，玄奘尚实语；在性命攸关之际，玄奘尚不违背誓言。对于如此虔信佛法的玄奘，在相比之下温和许多的环境里，又如何能轻易妄语？

《西域记》中值得商榷的记载，如设赏迦王和曲女城法会，玄奘并没有在叙述中强调自己亲临现场，而是将亲见与听闻混为一谈。然而在谈及面见戒日王之时，玄奘称自始至终亲历，并断言戒日王谈及《秦王破阵乐》（参见表1），没有为自己留下一点儿回旋的余地。

如果玄奘为满足自己弘扬佛法的理想，使唐太宗成为他兴建译场、译经弘法的坚实后盾而虚构了戒日王对唐太宗的赞美，那么玄奘完全可以说一些抽象的美德，而不必具体地说到《秦王破阵乐》而将自己置于妄语的境地。

---

① 《慈恩传》卷一，第12页。
② 《慈恩传》卷一，第12—13页。
③ 《慈恩传》卷一，第17页。

不仅戒日王知悉《破阵乐》，据《西域记》，鸠摩罗王也熟知《破阵乐》，云："今印度诸国多有歌颂摩诃至那国《秦王破阵乐》者，闻之久矣。"[①]假设玄奘确实作诳语，有戒日王知悉《破阵乐》并赞美和肯定业已足够，又何苦一而再再而三地重复不实之词？

由此可以推断，《秦王破阵乐》确实在戒日王时代的印度广为流传，并且戒日王确实知悉《秦王破阵乐》。

（二）关于戒日王口中的"秦王"和《秦王破阵乐》

戒日王提及《秦王破阵乐》的方式，与玄奘的记述中带给我们的直观感受可能不尽相同，戒日王不可能用中文逐字说出"秦王破阵乐"。

1."秦王"梵音

宁梵夫及其他学者质疑玄奘的一个主要原因是，既然戒日王不知道"大唐"，如何能知道《秦王破阵乐》，或者说，戒日王既然连唐太宗即位前的封号"秦王"都知道，如何能不知道摩诃至那国的新国号为"大唐"？再或者（在某些史料中所显示的），戒日王既然已经知道《秦王破阵乐》，如何不知道秦王是何人？

这些指摘并不确实。据《西域记》卷五，玄奘记载的逻辑非常清晰。戒日王一开始只知道玄奘是在那烂陀寺修行的远客沙门。戒日王问玄奘从何国来。玄奘回答从大唐。戒日王问大唐在哪里。玄奘说，我说的大唐就是印度人惯称的摩诃至那。戒日王恍然大悟，并且说到秦王。这只能证明，戒日王不太习惯摩诃至那的新国号：大唐。就像是旧时中国管日本叫倭或倭国。如果来了个日本人，说他来自Nihon（日本），中国人可能听不懂。如果他说，就是你们所说的倭，人们就懂了。

另一层次的疑惑，则源自对戒日王口中的"秦王"和《秦王破阵乐》以及玄奘"推波助澜"的翻译的误读。对于戒日王所说的"秦王天子"，玄奘澄清说："至那者，前王之国号；大唐者，我君之国称。昔未袭位，谓之秦王，今已承统，称曰天子。"[②]

---

① 《西域记》卷十，第797—798页。
② 《西域记》卷五，第436页。

戒日王和玄奘交谈的语言，很可能是梵文（戏剧中国王和僧侣说梵文），也不排除他们讲某种俗语的可能。

印度将中国称为摩诃至那（mahā-cīna）或至那/支那（cīna）由来已久。中国的今称China就是由此而来。至那（cīna）的称谓，可能来自秦朝之“秦”，可能来自丝绸之路之“锦”，可能来自古代繁盛之地荆楚之“荆”，尚无定论。不过至少可知，在玄奘的理解中，至那（cīna）与秦朝之“秦”相关。印度语言中的至那（cīna）与汉语中的秦（cīna）约略为同一个单词。

戒日王口中的秦王，对应的梵文为“cīna-rāja”（至那王）；戒日王口中的《秦王破阵乐》，对应的梵文大致为“cīna-rāja-vijaya-gītā”（至那王胜利歌）。戒日王并不知道唐太宗即位前叫“秦王”，而是笼统地称他为中国王（至那王，cīna-rāja）。而戒日王所说的“中国王”或者说“至那王”，恰好与玄奘翻译的“秦王”为同一个词，因而产生了混淆。

可以将玄奘与戒日王接下来的对话进一步还原为：

玄奘说：大唐（mahā-tang）就是印度所谓的摩诃至那（mahā-cīna，又译“大秦”）。

戒日王说：我曾听说摩诃至那（mahā-cīna）国有一个至那天子（cīna-rāja-deva-putra，又译“秦王天子”）。

玄奘说：是的。至那（cīna，又译“秦”）是以前帝王的国号（玄奘这里指秦始皇之秦），大唐（mahā-tang）是当今帝王的国号。我君即位前的封号也是秦王（cīna-rāja），现在继承了王位，就称为天子（deva-putra）了。

从玄奘的回答可见，戒日王所说的至那天子只是一个笼统的称谓，并不是指称唐太宗即位前的封号，戒日王也并不知道唐王、唐太宗、秦王、至那王的不同，因而玄奘在回答中予以详细解释。然而，唐太宗为皇子时的封号恰好是秦王，所以玄奘将戒日王的问话也就索性译为秦王。其实，戒日王是不知道至那王（cīna-rāja）还有一个至那王（cīna-rāja，秦王）的称号的！

2.《秦王破阵乐》梵音及传入印度之形态

戒日王所说的《秦王破阵乐》，可以直译为《赞颂至那国王胜利的歌曲》。他们交谈的语境是在讨论当今的帝王，而不是古代的那个秦始皇。“唐之自制乐凡三大舞：一曰《七德舞》，二曰《九功舞》，三曰《上元舞》。”[①]前两个为太宗时所造，后一为高宗所制。只有《七德》颂扬战功。《七德》即《秦王破阵乐》。并不排除戒日王所说的赞颂至那王胜利的歌曲为另外的歌曲而非《秦王破阵乐》的可能。只能说，如果在印度流传着一个来自中国的赞颂中国帝王的歌曲，而这个歌曲竟未见于中国史书——这种情况几乎不可能发生。戒日王所言，最可能就是《破阵乐》。因而玄奘也就“顺水推舟”将之翻译为《秦王破阵乐》了。

此处特别值得注意的是，在玄奘的记述中[②]，无论戒日王说“（氓庶）咸歌《秦王破阵乐》”还是“闻其雅颂，于兹久矣”，以及鸠摩罗王说“今印度诸国多有歌颂摩诃至那国《秦王破阵乐》者，闻之久矣”[③]，均使用的是“歌”和“闻”，而非“舞”和“观”。《破阵乐》原本为大型宫廷舞乐，但前文已述，其传入印度极可能是经由商人僧侣、“率舞蛮夷”等媒介以吟游诗人传唱史诗的方式，因而很难保留具有中国宫廷特征的铠甲、战戟等装饰和规模宏大的舞蹈场面。其传入印度的形态很可能仅留存曲和词。

如果我们大致可以肯定《秦王破阵乐》以传唱方式流入印度，传唱不可无词，那么也就会有词传入印度。

《秦王破阵乐》原词有两个版本。《旧唐书》和《乐府诗集》所载《破阵乐》：“受律辞元首，相将讨叛臣。咸歌《破阵乐》，共赏太平人。”[④]曲词简短质朴，应为民间《破阵乐》词，而非魏徵等改制。其歌颂的对象并不一定是秦王，而更像是一位将军或士兵自述。这很可能是唐太宗撷取《破阵乐》为己所用后命魏徵等改制歌词的原因。[⑤]魏徵等改制的宫廷《破阵乐》词，更名《七德》，其内容应为讲述唐太宗的七种美德。《七德》曲词虽然不传，但其内容可在元和年间观赏《破阵乐》的白居易的《新乐府・七德舞》中窥知一二：

---

① 《新唐书》卷二十一《礼乐十一》，第467页。

② 在《慈恩传》等作《秦王破阵乐》歌舞或歌舞之曲，应为著者自作主张之补入。因其原始材料均来自《西域记》，此处依《西域记》考量。

③ 《西域记》卷十，第797—798页。

④ 《旧唐书》卷二十八《音乐一》；又见于郭茂倩：《乐府诗集》，北京：中华书局，1979年，第302页。

⑤ 《新唐书》卷二十一《礼乐十一》：吕才依《破阵舞图》编舞，“歌者和曰：‘秦王破阵乐！’”史籍留下的《破阵乐》词，并未出现“秦王”二字。

亡卒遗骸散帛收（一德），饥人卖子分金赎（二德）。
魏徵梦见子夜泣，张谨哀闻辰日哭（三德）。
怨女三千放出宫（四德），死囚四百来归狱（五德）。
剪须烧药赐功臣，李勣呜咽思杀身（六德）。
含血吮创抚战士，思摩奋呼乞效死（七德）。[①]

以上“七德”，是唐太宗最为世人称道的典型事迹，宣扬他仁政爱民。如果《七德》曲词随《破阵乐》一同传入印度，戒日王应知悉这些事迹；然而各类史料，或称戒日王不知秦王美德，或依玄奘所述，赞美唐太宗的抽象德行“兴大慈悲，拯济含识”等，却对“七德”内容只字未提；“前代运终，群生无主，兵戈乱起，残害生灵”虽提及隋末乱象，也似与民间《破阵乐》词中“相将讨叛臣”的情形不符[②]。这证明传入印度的《破阵乐》词并非《七德》曲词，也非民间《破阵乐》词。

如果戒日王曾赞美唐王，他的叙述中很可能包含了《破阵乐》曲词传至印度的某一版本大意；而无论戒日王赞美太宗与否，都证明《秦王破阵乐》曲词在传至印度的过程中发生了改变。传唱者使用印度语言，即使是原本翻译出中文曲词，其内容也会与中文含义有所出入，更何况不同的传唱者或不知晓原词，或只知大概记忆混乱，或曾亲睹气势恢宏的武舞场面（率舞蛮夷），或曾亲历初唐盛世，都可能篡改曲词，添入自己的理解和感受，将场景在叙述中更为夸张地再现，从而创作新的唱咏。

综上所述，戒日王口中的《秦王破阵乐》或cīna-rāja-vijaya-gītā，从某种程度上讲，已经不是中原的《秦王破阵乐》，而是基于民间《破阵乐》的传唱形态、具有宫廷《破阵乐》雅颂风格、丧失舞蹈场面、融合印度本土特色和传唱者个人感情的一个节选本或衍生本。

---

① 《全唐诗》（第七册）卷四百二十六《白居易》三，北京：中华书局，1999年，第4701—4702页。

② 即使相对“运终”的隋，唐王也是“叛臣”。

（三）小结

《秦王破阵乐》远播概况，如下表所示：

表3 《秦王破阵乐》远播概况

《秦王破阵乐》	名　　称	音乐	舞蹈	歌词
倭国	秦王破阵乐、皇帝破阵乐	有乐谱①	有②	未知
吐蕃③	秦王破阵乐	有	有	未知
天竺	至那王胜利歌	有	很可能无	有

《秦王破阵乐》曾随日本遣唐使传至日本，有古乐谱和古乐图为证；《秦王破阵乐》也曾传至吐蕃，有《唐书》为证；《秦王破阵乐》更曾传入印度，一系列佐证证实玄奘所述无误。至于《破阵乐》传入印度的形态，曲、曲词一定存在，曲词很可能与中原词（民间《破阵乐》和《七德舞》词）出入较大。传至天竺，戒日王、鸠摩罗王均使用“闻”“歌”等词，与之前推测的吟游诗人的传播方式相应，而其舞蹈部分很可能在流传过程中缺失。

四、戒日王和玄奘是否赞美唐王

《西域记》称戒日王率先赞美至那王的事迹，玄奘予以肯定；《续·玄奘》《慈恩传》《开元录》《行状》和《新唐书》中则把称赞唐太宗的“功劳”都留给了玄奘。

---

① 中唐乐工石大娘所抄《秦王破阵乐》五弦琵琶谱传入日本。参见何昌林：《从古谱符码译解到古曲生命复苏——就唐传日本〈五弦谱〉之研究答NHK京都电视台主持人问》，《交响》（《西安音乐学院学报》）1995年第3期。

② 《信西古乐图》（《中国音乐研究所专刊》，北京：音乐出版社，1959年）收录有《秦王破阵乐》舞图。

③ 《新唐书》卷二百一十六下《吐蕃下》，第6102—6103页，“乐奏《秦王破阵曲》，又奏《凉州》、《胡渭》、《录要》、杂曲，百伎皆中国人。”“百伎”，应包括乐工和舞工。如包括歌工，则有歌词。

如果戒日王早已知悉《秦王破阵乐》，那么他对歌舞中颂扬的主人公秦王或者说至那王的功绩也应略有耳闻，无论是何种版本的功绩，其对唐王的赞美顺理成章。或出于外交辞令，或真心钦佩，戒日王都可能赞美唐王。

玄奘对唐太宗的赞美，则不是可能，而是一定。

戒日王和鸠摩罗王纷纷遣使来唐就是最强有力的证明。

戒日王会晤玄奘之后，中印交流发生了质的变化。之前，戒日王对《秦王破阵乐》早有耳闻，或知秦王功绩，然而并没有进一步举动；之后，戒日王遣使来唐。戒日王不可能仅凭玄奘的到来就派遣使臣。玄奘必然在戒日王面前盛赞唐王，以至戒日王深生崇敬之心：

"贞观十五年（641），尸罗逸多自称摩伽陀王，遣使朝贡。"①

"贞观十五年，（戒日王）自称摩伽陀王，遣使者上书。"②

不仅如此，唐太宗遣使回访，戒日王"膜拜受诏书，戴之顶"③，虽然不能排除唐太宗派遣的使者出于天朝上国的心态对于戒日王恭顺程度的夸张描绘，但至少可以认为，戒日王对待使者的态度是比较恭敬的。

玄奘不仅在戒日王面前赞美唐王，在鸠摩罗王面前也曾极力赞颂唐王：

玄奘说："此歌者，美我君之德也。""我大君圣德远洽，仁化遐被，殊俗异域，拜阙称臣者众矣。"鸠摩罗王随即说："覆载若斯，心冀朝贡。"④

鸠摩罗王并未食言。

《旧唐书》载："四天竺国王咸遣使朝贡"，"有伽没路国，其俗开东门以向日。王玄策至，其王发使贡以奇珍异物及地图，因请老子像及《道德经》。"⑤

《新唐书》又载："（贞观）二十二年，……迦没路国（鸠摩罗王）献异物，并上地图，请老子象［像］。"⑥

迦没路国即玄奘记载的迦摩缕波国，国王就是鸠摩罗王。

---

① 《旧唐书》卷一百九十八《西戎》"天竺"条，第5307页。
② 《新唐书》卷二百二十一上《西域上》"天竺"条，第6237页。
③ 《新唐书》卷二百二十一上《西域上》"天竺"条，第6238页。
④ 《西域记》卷十，第798页。
⑤ 《旧唐书》卷一百九十八《西戎》"天竺"条，第5307—5308页。
⑥ 《新唐书》卷二百二十一上《西域上》"天竺"条，第6238页。

玄奘在戒日王、鸠摩罗王面前夸大其词地赞美唐王，类似于佛教传统的法教，联系到玄奘在唐王面前颇有些不切实际地赞美戒日王，尤其将戒日王描述成敬佛甚至信佛的仁慈君王，这些都可能源自一种复杂心态：热爱故土的情怀、民族自豪的感情、迫于王权的妥协、弘扬佛法的依托。一个身在异乡的僧侣，虽非官方派遣，虽为偷渡出关，也唯有把自己的祖国叙述得强大，才能得到更多的尊重。世人都很难相信，一个高僧大德会来自一个盗贼之乡；而如果来自“风教遐被，德泽远洽”的美德之乡，即使是一个庸碌之人，也会因之而生辉。这或许是玄奘赞美唐太宗的动机之一。除此之外，玄奘弘扬佛法的“教化”目的更为明显：让各位君王互以对方为典范。唐太宗嘱书《西域记》之后，就开始“因劝罢道，助秉俗务”[①]。这一方面体现了唐太宗爱惜玄奘才华，另一方面则表明唐太宗对于佛法尚抱有世俗的见解。译经要得到皇帝的支持，就要让皇帝认识到佛教的重要性和尊贵地位。玄奘对戒日王说唐太宗“爱育四生，敬崇三宝”，是对戒日王的教化；玄奘大肆渲染宗教法会，对戒日王礼佛有意无意的“误读”，以及玄奘对戒日王“仁慈”“孝悌”等的高度评价，[②]则暗含了对唐太宗的“教化”。戒日王对唐太宗的赞颂，玄奘对唐太宗的赞颂，玄奘对戒日王的赞颂，环环相扣，紧密结合，从而不知不觉将唐太宗推上真正“敬崇三宝”的位置，成为玄奘兴建译场、译经弘法的坚实后盾。

对玄奘最仁慈、对佛教最推崇的王，其实是高昌王麴文泰。[③]然而彼时高昌与唐朝正准备开战，玄奘只得收起了对高昌王的赞美，也只得将这些良好品质和赞美“转嫁”到戒日王身上。春秋有孔子“托古改制”，大唐有玄奘“借

① 《慈恩传》卷六，第129页。

② 玄奘借婆尼之口，赞美戒日王“仁慈天性，孝敬因心，亲贤允属”（《西域记》卷五，第428页），又借辅臣执事之口说“物议时谣，允归明德”（人们议论纷纷传唱歌谣，英明的王子应当即位）（《西域记》卷五，第428页）。断食祈请观音菩萨、慈悲为怀重兴佛法、垂三十年兵戈不起、素食戒杀、倾竭府库惠施群有等等，都是戒日王仁慈的表现。孝敬的品性与仁慈相连。在戒日王的陈述中，多次提到慈父仁兄，光父业报兄仇，体现出戒日王的孝悌之情。

③ 《慈恩传》细致记述了玄奘与高昌王麴文泰的深厚友谊。高昌王“对母张太妃共法师约为兄弟”，又约定玄奘求法归来后，在高昌国居住三年，受高昌王供养。然而在《西域记》中，被玄奘第一句话“出高昌故地，自近者始，曰阿耆尼国”一笔带过。参见孟宪实《唐玄奘与麴文泰》，季羡林、饶宗颐、周一良主编：《敦煌吐鲁番研究》（第四卷），北京：北京大学出版社，1999年，第89—101页。

地插秧”。按照梁任公的说法，就是“本意不在述中”，而是借古人、今人、外国人以寄寓理想。[①]夸张地赞美戒日王，并非玄奘言不由衷，而是意在给唐太宗树立一个良好的榜样。

五、结　论

行文至此，可以得出结论。本文开篇的假说一、二均不成立，假说三部分成立，假说四最为可能：《西域记》此处记载最接近真实。其一，《秦王破阵乐》确实在玄奘面见戒日王之时已传入印度。戒日王知晓（摩诃）至那，知晓《破阵乐》，也确实在言谈中提到了《破阵乐》，或者至少是一部近似《破阵乐》的赞颂至那王得胜的歌谣。玄奘听到后大为惊诧和喜悦，遂记录之。其二，戒日王笼统地称摩诃至那国王为至那王，并不知晓秦王、唐王等名号渊源。文中出现的“秦王”仅为玄奘对“至那王”一词的意译，本意为中国王，并非李世民即位前的称号。其三，《破阵乐》传入印度的形态很可能发生了改变，缺失舞蹈部分，仅留乐曲和曲词。曲词与原来的民间《破阵乐》词或《七德舞》词都不尽相同，经传唱者改造，可能在某种程度上传达了盛唐见闻和宫廷武舞的盛大场面。其四，戒日王很可能率先赞美了《破阵乐》中的主人公至那王，或因《破阵乐》的主人公确为战斗英雄，或因外交辞令。其五，玄奘确实在戒日王（以及鸠摩罗王）面前称颂了唐太宗，并且是不吝赞美之辞。戒日王当年派遣使者来唐即为铁证。

① 梁启超：《中国历史研究法》，上海：上海古籍出版社，1998年，第98页。

《金光明经·除病品》中的“应时”观*

郑国栋

内容提要：“应时”是《金光明经》所载医学体系的最高原则，它代表着某个古代印度族群对疾病乃至时空的理解。这项思想发现代表着这个族群的世界观所达到的深度。这个原则似乎更接近于古代中国的“天人相应”的思想。

关 键 词：金光明经　除病品　应时观

作者简介：郑国栋，中国社会科学院外国文学研究所东方文学研究室副研究员。1999年9月—2001年7月，在王邦维教授指导下，于北京大学东方语言文学系攻读梵巴专业文学硕士学位。

大乘佛经《金光明经》（梵文*Suvarṇaprabhāsas sūtra*），又名《金光明最胜王经》（梵文*Suvarṇabhāsottamasūtra*），有着重要影响力。其《除病品》记载了流水与其父亲关于疾病的讨论。流水出于悲悯，向他通晓医学的父亲长者求教，以解除生病众生的痛苦。苍老的父亲向他传授了“元素的诀窍”。流水用了四首偈颂提问①：

* 本文原刊于《百色学院学报》2019年第6期。

① 本文所选译文皆出自黄宝生主编：《梵语佛经读本》，北京：中国社会科学出版社，2014年，第528—573页。译文略有改动。梵文采用诺贝尔（Nobel）的校刊本（*Suvarṇab hāsottasūtra,* Leipzig, 1937）。

感官如何衰败？元素如何转化？而在什么时间，众生产生疾病？（1）
如何适时吃饭，方可让人安适？躯体内的身火，才能不受损害？（2）
风、胆汁和痰以及并发出现，为了平息疾病，应该如何治疗？（3）
何时风邪发作？何时胆汁发作？何时痰液发作？因而人受折磨。（4）

父亲则用了九首偈颂来回答他：

雨季可见三个月，秋季记得三个月。冬季也有三个月，夏季同样三个月。（5）

如此一年依月序，可以分为十二月；三三区分为四季，两月一季成六季。应季消化饮与食，医生体现这善巧。（6）

感官元素在体内，流变相应年时节，感官于是相流变，众生疾病纷纭生。（7）

三月一季成四季，也可区分为六季，医生应知六元素，饮食药草应季服。（8）

风邪发作在雨季，胆汁发作在秋节，并发治病逢冬令，痰盛作祟趁夏时。（9）

雨季腻热咸酸味，秋季宜食腻甜凉，冬季适合甜酸腻，夏季当进涩热辛。（10）

痰盛发作进食时，胆汁怒发消化时，风盛发动消化后，三种元素如此发。（11）

应对风邪宜补益，胆汁逆乱应泻下，痰盛从内用催吐，三管齐下并发时。（12）

风胆痰病及并发，发作时节应知晓，药草饮食须针对，时间元素和对象。（13）

无论是儿子的提问还是父亲的回答，基本都围绕一个中心：时节。流水问，众生在什么时候并怎样感官衰败，元素转化，产生疾病？怎样适时饮食，身火方才不受损害？各元素为病，都在何时发作？应该如何施治？

父亲的九偈回答可以视为印度医学金光明经体系的一个医学主旨总纲。他先强调了印度的时节，包括四季和六季的体系①，然后解释了疾病的发病机制：感官和风、胆、痰及并发诸元素在体内按照季节流变，众生（因违背了时序）产生种种疾病。然后，医生按照四季和六季的时序开出相应的饮食和草药：先指出各种元素对应的季节，再指出施治的味，并指出各元素发作的时间节点，随后提出补益、催吐、泻下和并用的治法。最后，他总结强调了风、胆汁、痰的过盛为病和并发时节，以及对时节、元素与处所（对象，感官），对食物、饮料和药草的掌握。

这里提到了元素（dhātu）②：风、胆汁和痰（黏液）。加上并发，构成四种致病的元素。而病是元素过剩，这体现在加在元素后的词缀adhi上，如vāta-adhika（风盛），pitta-adhika（胆汁盛），kapha-adhika（痰盛）。

dhātu古译“界”，来自词根dhā（意为“放置”）。这里以一种朴素的方式直接对应了四种身体构成元素，并没有按照一般的处理，一定要和地、水、火、风这“四大”联系上。有趣的是，《金光明经》各古汉译本都联系了四大，梵文本则都没有。

本品并未对疾病的症状做任何描述，也没有去详述发病的机理，而对于元素、发病原因（元素过剩）、感官、具有药性的饮食和作为药草的味，以及补吐下等治法，只是一般性地提及，唯一反复强调的是“应时”：与时节相应。

其逻辑是，不应时则病，应时则愈。在未病的时候按照元素的需要，适

① 印度古代的四季，分为雨、秋、冬和夏四季。而其特有的六季，迦梨陀娑在《六季杂咏》里用的是夏（grīṣma）、雨（varṣā）、秋（śarad）、寒（hemanta）、冬（śiśira）和春（vasanta）。

② dhātu，古译“界”“元素”，通常指构成世界的地、水、火、风等四大根本元素，统称“四大”。《金光明经》的几个古代汉译本都这么翻译。医学上dhātu通常指“七界”，即人体内七种基本物质——体液、肉、血液、脂肪、骨、骨髓和精液，而不是印度医学上一般称为“doṣa”的风、胆汁和黏液（痰）。但在当下能找到的《金光明经》梵文文本里，“三界”都是用以特指风、胆汁和黏液（痰）三种致病因素。（参见《梵语佛经读本》第552页、第11颂）这种表达法颇为独特，加上该文本的其他表特殊表述，可以推测《金光明经·除病品》的医学体系是联系于但又区别于印度传统医学主体的独立医学分支。

应季节饮食则无病。在已病的时候，适应季节的味[①]，饮食并进草药，兼以补、吐、下诸法治疗，疾病就会痊愈。而作为医者，需要知道元素和器官的发病时节，明了饮食和药草的应时配用。

本品的最后记录了流水在国内各处行医治病的事迹，国人全都痊愈，恢复了健康和体力，愉悦舒畅。这是对一种理想状态的描述，其叙述本身通常会忽略现实的复杂性。

“应时”是金光明经所载医学体系的最高原则，它代表着某个古代印度族群对疾病乃至时空的理解。这项思想发现，代表着这个族群的世界观的某种深度。这个原则似乎更接近古代中国的“天人相应”的思想。

事实上，疾病和苦的关系是纠缠不清的，而苦的观念恰恰又是佛教教义的基础。流水父子通过强调应时而解决了苦的问题，也许是对传统佛教观念的某种不经意的颠覆。

① 味（rasa），是非常重要的印度概念，常用来表达感情和作为修辞，是重要的诗学概念。这里第（10）颂里提到的味，有些不一定是作为食物的味，如热，凉等，这一些“味”在中国古代医学里被归为“性”。

四部怛特罗考源*

周广荣

内容提要：四部怛特罗，或称四续，即事、行、瑜伽、无上瑜伽，是秘密佛教发展史上最为流行的经典或教法分类体系，对四部怛特罗经典或教法体系的来源或分类依据，前人多有论述，然颇多争议。本文将四部怛特罗教法体系置于印度广阔的宗教文化背景下考察，指出它与湿婆悉檀多派、毗湿奴五夜派的四分教法体系，《薄伽梵歌》中的三种瑜伽，以及《瑜伽经》中的事仪瑜伽等不同时期的教法修习体系，有着密不可分的继承与发展关系。

关 键 词：秘密佛教　怛特罗　事仪　正行　瑜伽　智慧

作者简介：周广荣，中国社会科学院世界宗教研究所研究员。2000年1月—2002年3月，在王邦维教授指导下，于北京大学外国语学院东语系从事中印文化交流史方向的博士后研究。

怛特罗是继吠陀、史传、修多罗之后出现的印度宗教文献，它具有文备众体、术兼多门的特点，其教法体系具有显著的可操作性和实践性，是公元5—13世纪包括印度教（毗湿奴派、湿婆派、性力派）、佛教（秘密佛教，或称金刚乘佛教、怛特罗佛教）、耆那教等印度宗教普遍采用的经典形式或教法传承体系。四部怛特罗，或称四续，即事、行、瑜伽、无上瑜伽，是秘密佛教发展

* 本文原刊于《世界宗教文化》2017年第4期。

史上最为流行的经典分类方法，除此之外，尚有二部、三部、五部、六部、七部等不同的分类法。对四部怛特罗经典或教法体系分类依据，前人多有歧见，或以为是依据婆罗门的四种姓，或以为是依据高、中、低、下四种根器，其他如四种习气、四时、四烦恼等等，不一而足。不过，如果将四部怛特罗教法体系置于印度广阔的宗教文化背景下考察，可以发现它与湿婆悉檀多派、毗湿奴五夜派、《薄伽梵歌》，以及《瑜伽经》中的教法修习体系，有着密不可分的继承与发展关系。本文意在检讨四部怛特罗的分类渊源，及其与印度其他宗教修习体系之间的关联。

一、怛特罗与四部怛特罗

恒特罗，是梵语tantra一词的音译，有经丝、织物、织机、网络、体系、组织等含义，在宗教学研究领域，它指代的是印度秘密宗教的教法体系与经典。作为晚期印度佛教出现的密教经典类型，佛学研究者通常沿用藏传佛教的传统，将其译为“续”（rgyud），进而将怛特罗类经典称为密续或续部经典。不过，就怛特罗在印度文化语境中的应用情形而言，它隐含了多个方面的意义，对它的解释也是众说纷纭，言人人殊。有人粗略统计，怛特罗一词在印度古典文献中至少有25种含义[①]，择其要者而言，至少有如下几种义项值得关注：

a. 织布机或纺织工具。如《梨俱吠陀》（*Ṛgveda* X，71.9），《阿闼婆吠陀》（*Atharvaveda* X，7.42）；《泰帝利耶梵书》（*Taittiriya Brāhmaṇa*，11.5.5.3）等所载。后来的波你尼（Pāṇini）《八章书》（*Aṣṭādhyāyī*，1.4.54 & 5.2.70）中有tantraka一词，义指用织布机织成的布，显然是从此义项派生出来的。

b. 精华或主体。《檀第耶梵书》（*Tāndya Brāhmaṇa*）、《百道梵书》（*Śatapatha Brāhmaṇa*）中，怛特罗皆具此义，因此有学者认为怛特罗在当时表示经论的主体或精华部分。

---

① K.L.Seshagiri Rao & Kapil Kapoor, *Encyclopedia of Hinduism*, Vol. X, India Heritage Research Foundation in association with Rupa & Co., 2011, pp.310–311.

c. 教条、教义，思想体系。自在黑（Īśvarakṛṣṇa, 公元300年）《数论疏》（*Sānkhya Kārikā*，70) 即沿用此义，再如数论思想体系被称为Kapilasya tantra，正理派的思想体系被冠以Gotama-tantra。这里主要是就形而上层面而言的。

d. 系统的教义、实践与礼仪：公元6世纪时，弥曼差派的沙巴罗斯瓦明（Śabarasvāmin）在《弥曼差经注》（*Mīmāṃsāsūtrabhāṣya*，11.1.1, 11.4.1）中指出："所作之事能予众人利益者，称为怛特罗。"①这一义项兼具义理与实践两个层面，与后来所说的怛特罗较为接近了。稍后的《毗湿奴往世书》（*Viṣṇu Purāṇa*）用tantra指以酒、肉为供奉的宗教礼拜。在湿婆派的经典《迦弥迦怛特罗》（*Kāmikā-tantra*）中，怛特罗用以指以坛城、幻方等事项构成的一整套宗教实践与礼仪。这也是公元6—13世纪秘密佛教与湿婆派、毗湿奴派、性力派经典或教法的类称。

与种种稍嫌繁琐的义项相比，从古至今的印度宗教家与学者在分析怛特罗的语音层分时，亦颇多分歧。公元7世纪印度声明学著作《迦湿迦注》（*Kāśikāvṛtti*）认为tantra源自词根√tan（扩展、弘扬）+语尾tra构成。至于后面的语尾tra，现代印度学者达斯古普塔（Das Gupta）认为是trāṇa（救护），所以tantra=√tan（弘布、宣传）+trāṇa（救护），义为宣传救护者。与达斯古普塔不同，有学者认为语尾tra是来自tattva+ mantra。还有一派学者认为tantra的词根应该是√tantri（解释）或√tatri（理解），而非√tan。更有人完全撇开词根说，认为tantra不是从动词派生的，而是来自"身体"（tanu），表示通过瑜伽的修习强健身体。②

从怛特罗一词所包含的这些丰富的义项，以及颇具分歧的语言分析中，可以推见怛特罗在印度古典文化史上的广泛应用与深远影响。不过，如果把它放在印度古代文献学史上，将怛特罗作为某种特定的宗教经典形式或类别，其价值或意义就更容易突显出来。

印度古典文献的历史久远，种类丰富，后人曾从不同角度，将其分别部

① Lal Mani Joshi, *Studies in the Buddhistic Culture of India During the 7th and 8th Centuries A.D.* Motilal Banarsidass, 1977, p. 409.

② 详参Sadhu Santideva, *Encyclopaedia of Tantra*, Vol.1，Chp.1. Delhi: Motilal Banarsidass Publishers, 1999. pp. 1–14.

居，以把握其整体概貌，中古时期的印度教教徒，尤其是怛特罗教徒即依据其历史分期中的四分法，将印度的经典文献分成与之相应的四个大类，即将从古以来的历史分为圆满期（Kṛtayuga）、三分期（Tretāyuga）、二分期（Dvāyuga）与诤斗期（Kaliyuga）四个时段，与之对应的经典分别为天启经典（Śruti）、圣传经典（Smṛti）、史诗与往事书经典（Purāṇa）、怛特罗经典，也就是说怛特罗经典是最后一个历史时段的代表性经典，是斗争时代用以教化民众的圣典。[①]

为了对印度古典文献的类别与文体特征有一个粗略的把握，笔者参稽多家意见，将中古时代的印度宗教文献粗列如下表，由此可以看出怛特罗所赅摄的文献类别与文体特征：

表1　印度古代宗教文献四大部类

四部	文献类型	文体特征
吠陀（veda）	四吠陀《本集》（Saṃhitā-veda），以及相应的《梵书》（Brāhmaṇa）、《森林书》（āraṇyaka）、《奥义书》（Upaniṣad）；六吠陀支（Vedāṅgas）；四副吠陀（upa-vedas）。	语录体，韵散相兼，交接神人。
伊帝呵奢（itihāsa）	两大史诗（Mahākāvya）；《往世书》（Purāṇa，大小各十八种）。	史传体，长篇叙事，内容丰富。
修多罗（sūtra）	1.六派哲学的根本经典及相应注疏； 2.佛教经、律、论三藏； 3.耆那教显教经典。	哲理散文，言简意赅，文约义丰。
怛特罗（tantra）	1.印度教的湿婆派、毗湿奴派及性力派的根本经典；2.秘密佛教经典；3.耆那教秘密经典。	对话或问答形式的说明文，文备众体，术兼多门。

怛特罗作为晚出的宗教经典类型与此前出现的三类文献的差别还是相当明显的，其最突出的特征即是“文备众体，术兼多门”。从其文体来看，怛特罗经典韵散兼具，除了教义与理论的阐发之外，更多的是种种事项与行法的详细介绍与说明。就其所涉及的事项而言，就有真言（mantra）、坛场（maṇḍala）、印法（mudrā）、供养（pujā）、图式（yantra）、布字（nyāsa）、护

① 《中华佛教百科全书》“怛特罗教”条，佛学电子词典，V3.7.34版。

摩（homa）、灌顶（abhiṣeka）等；从具体功用来看，怛特罗经典当为密教阿阇梨师主持、指导各种秘密法会时所用的教法与种种行法的底本。

秘密佛教中的四部怛特罗，即事、行、瑜伽、无上瑜伽，是印度秘密佛教发展史上最为流行的经典分类方法。除此之外，尚有二部、三部、五部、六部、七部等不同的分类法。[①]四部怛特罗的名目、修习内容与代表性经典可以从下表中看出。

表2　秘密佛教四部怛特罗分类

名称	主要内容	代表经典
事怛特罗（kriyā-tantra）	指陀罗尼及经之口诵、印契法、观佛、诸尊供养等法式，即通过外在的作为所修行的密仪。	《秘密总怛特罗》《苏悉地怛特罗》《妙臂问怛特罗》和《后静虑怛特罗》。
行怛特罗（caryā-tantra）	不仅注重洁净等外事，双取世出世行，外事与内修瑜伽，交相为重，如此之教，故称行怛特罗。行怛特罗之修法，亦先灌顶，次学戒，再次正修。	《大毗卢遮那成佛神变加持经》《三昧耶庄严王密怛特罗》《金刚手灌顶经》等。
瑜伽怛特罗（yoga-tantra）	专示修内瑜伽三摩地法。	《金刚顶经》之初会《真实摄经》与《理趣经》(《最胜本初》)。
无上瑜伽怛特罗（anūttarayoga-tantra）	专显内瑜伽最胜三摩地之修法，是怛特罗经典成立的依据与主体。包括方便（upāya，父部）、般若（prajñā，母部）、双入（yuga-naddha）三大部类。	《密集》《阎曼德迦》《毗卢幻网》等；《呼金刚怛特罗》《佛颅经》；《时轮怛特罗》（*kāla-cakratantra*）。

从上列表格可以看出，事、行、瑜伽与无上瑜伽四部怛特罗大致是按着由外及内，由事及理，由浅入深的修行次第而排列的，这也大致符合秘密佛教经典由粗疏向精细逐步发展的历史过程。

对四部怛特罗经典或教法体系的确立与分类依据，佛学研究界及诸种密教经典所载多有歧异。到目前为止，国内外佛学研究者多认为四部怛特罗分类与名称的确立，是在藏地由藏族学僧基于印藏两地的密教宗义体系而建立的。如雅各比·道尔顿（Jacob Dalton）在《宗义体系的危机：8至12世纪的藏人

---

① 详参索南才让《西藏密教史》第一章“金刚乘的起源和特点”第二节“密典的形成和类别”，北京：中国社会科学出版社，1998年，第13—14页。

如何对密续经典系统化整理》一文中提出，四部怛特罗分类体系在藏传佛教中的主导地位，应与萨迦派的崛起息息相关。萨迦二祖索南孜摩（Bsod nams rtse mo，1142—1182）在其《续部总说》(*Rgyud sde spyi'i rnam bzhag pa*）中把密部经典分为事、行、瑜伽、无上瑜伽四部，又将无上瑜伽细分为父部、母部及无二部。因此，宗喀巴《密宗道次第广论》(*Sngags rim chen mo*）把四部怛特罗分类体系的确立归功于印度僧人的原创是错误的。[①]尕藏加认为，布顿是较早提出密宗“四续”（rgyud bzhi）的藏传佛教高僧，他在严格界定经部和续部的前提下，将续部粗略分为事、行、瑜伽、大瑜伽，初步建立四续体系，后来格鲁派的“四续说”与宁玛派的“六续说”都是在此基础上发展出来的。[②]

对四部怛特罗的分类依据，各部密教经典所载也大不相同，或将四部怛特罗与四种姓联系起来，如《胜乐金刚等空续》:“婆罗门洁净为事续，刹帝利主权为行续，王族多随从瑜伽续，本初解脱瑜伽无上续。”或以为四部怛特罗与四个历史时段相对应，如《一切本净摄续》所载 :“初劫圆满为事续，第二减劫为行续，现劫教时瑜伽续，净时无上瑜伽续。”此外，还有经典立足于四部怛特罗的次第与先后差别，称“劣贱为事续，非事瑜伽在其后；殊胜有情瑜伽续，无上瑜伽在其后”(《空行母金刚帐续》)。更有以男女两性相悦亲昵的过程与四部怛特罗的次第类比，称“掉举、相识及握手，相互拥抱共四种”(《吉祥桑布扎后续》)。[③]

结合四部怛特罗经典的教法体系与具体内容，上述种种解释都有其合理性，不过，如果将四部怛特罗经典所弘宣的教法体系置于印度广阔的宗教文化背景下考察，可以发现它与《瑜伽经》《薄伽梵歌》，与湿婆悉檀多派、毗湿奴五夜派的教法修习体系，有着密不可分的继承与发展关系。

---

① Jacob Dalton, A Crisis of Doxography: how Tibetans organized Tantra during the 8th-12th centuries, *Journal of the Inernational Association of Buddhist Studies*, V.28, No.1, 2005.

② 尕藏加 :《藏传佛教密续学述略——以布顿·仁钦珠〈续部总论〉为例》,《世界宗教研究》2016年第2期。

③ 上列引文皆转引自索南才让《西藏密教史》第一章，第14—17页。

二、湿婆悉檀多派与毗湿奴五夜派的四分教法体系

如前所述，怛特罗是公元5—13世纪（诤斗期），印度各个教派通行的经典或教法体系，除了秘密佛教之外，这一时期的印度教的湿婆派、毗湿奴派、性力派，以及耆那教派，都用怛特罗指称其经典或教法体系，怛特罗是上述各教派经典通用、共许的名称。除此之外，他们仍然沿用前期的经典命名方式，如秘密佛教仍沿用此前大乘佛教习用的修多罗（sūtra）[①]，湿婆派以阿含（āgama）命名其经典，毗湿奴派以本集（saṃhitā）指称其经典。考察这些教派经典与教法的具体内容，可以看出四部分类法是不少派别通用的方法，与佛教的四部怛特罗教法体系多有相通之处。

1. 湿婆悉檀多派的“四分教法”

湿婆悉檀多派（śaiva-siddhānta），或称经典湿婆派，是印度教湿婆派的支派，主要流行于南印度泰米尔地区。悉檀多派的教义与修行实践可以概括为三句义、四根本。

三句义(tripadārtha)，或称三实在、三范畴，指主、兽、羂索三个以pa为始的梵语词汇，是湿婆悉檀多派神学思想的核心。主(pati)指的是大自在天主湿婆，兽（paśu）为个体生命或灵魂，羂索(paśa)是困扰、束缚个体灵魂的外在世界。此派的信徒认为，无知（ānava）、业（karman）、幻（māyā）等如同绳索束缚本来、常住、遍在、潜在的精神力量，即兽、个我。个我要除去绳索之束缚，达致解脱，须励行明知，修习瑜伽，敬信礼拜湿婆主尊。至迟在公元六七世纪，湿婆悉檀多派已经盛行于南印度地区，7世纪的阿帕尔（Appar）、T.赏邦达尔(Thirugyana Sambandar)，以及八九世纪的孙达拉尔（Sundarar）是此派著名的成就师，被尊称为“三圣”，他们传承的经典是以《迦弥迦阿含》（*Kāmikāgama*）、《瑜伽阿含》（*Yogajāgama*）、《迦尔那阿含》（*Kāraṇāgama*）

① 如《大毗卢遮那神变加持经》（*Mahā-vairocanābhisaṃbodhi-vikurvitadhiṣṭhāna-vaipulya-sūtrendra-raja-nāma-dharma-paryāya*）的注释者又称此经典为*Vairocanābhisaṃbodhi-tantra*。

等为代表的二十八部阿含圣典。

四根本(catuśpāda)，或称四足、四分，指智慧、事仪、瑜伽与正行四种宗教实践或修行法门，其名目和内容与秘密佛教的四部怛特罗颇多相似、相通之处。

智慧分（jñānapāda），或称明分（vidyapāda），主要涉及哲学，定义三原则（主、兽与羂索，分别代表至上、灵魂与束缚）及其关系。

事仪分（kriyāpāda）处理各种仪轨，诸如选择建筑庙宇的方位与地址，建筑殿宇与神像所用的材料，供养寺庙与神像的礼仪，日常、年度、特定宗教仪式与忏悔礼仪。如《工巧论》所记述的建筑庙宇与图像的细节。阿含中所记述的细节无论在哪里都是必不可少的，在这一部分信徒的个人行仪亦有所论列。

瑜伽分（yogapāda），或称方便分（upāya），指的是控制意念，尤其是通过意念获得神力的方法。分论述脉管之清净，八、七、六瑜伽支，以及被称为初始光明、初烟雾的灵魂运行通道，还有对人体六轮的详细记述。须知，阿笈所讲的瑜伽体系与波颠阇梨《瑜伽经》所讲的瑜伽差别颇多，故被称为湿婆瑜伽。

正行分（caryāpāda），或称成就法（Siddhi），主要讲述种种仪轨、节庆禁忌与社会责任，是湿婆派信奉者所遵行的习俗、制度与规矩。正行通常包括两个方面，其一为道德伦理行为，其二为宗教实践行为，二者相互为用，密不可分。通过持续不懈的修习与深入，修行者渐次获不同的次第，如阿阇梨、成就师等。[①]

四者之间的关系可以用四个以sā开头的词语概括，即正行如同与本尊居于同一世界（sālokya），事行如同已经接近本尊（sāmīpya），瑜伽表示自我已获得亲近本尊的身形(sārupya)，智慧意味着已经与本尊合一（sāyujya），获得解脱。由此可见，四者呈现出个我与本尊之间渐次递进的过程，可视为其修

① 参见《法兰西印度研究院写本叙录》卷一“前言”（*Institute Francais D' Indologie Descriptive Catalogue of Manuscripts* Vol.Ⅰ，Preface），印度本地治理(Pondichery Inde)，1986年，第10—11页。

习的类别与次第。在湿婆悉檀多派的教法中，正行、事仪、瑜伽与智慧，被视为四种获得解脱与成就的基本法门，在他们所传承的经典中有不少章节对这四种法门做过讨论。如二十八部阿含圣典的最后一部——《优语怛特罗》（*Parākhya-tantra*）第十五章，在讲述解脱之法时，即将智慧（知识）、事、行与瑜伽作为通向解脱成就不可缺少的环节，而且这四种方法相互为用，缺一不可。①

2. 毗湿奴五夜派“四分教法”

五夜派（pāñcarātra）是毗湿奴教派的两大支派之一，约形成于公元7世纪前后，是毗湿奴派密教化或怛特罗化的结果。关于五夜派的命名，此派经典有不同的解释，如五种感官、五大、五事、五次第、五盖、毗湿奴的五种身相、传承此派的五位仙人，以及《百道梵书》中提及的五日祭等，不一而足。相较而言，五次第说与五仙人说更具影响力，五次第指此派信徒举行日常宗教活动的五个步骤或次第，五仙人指的是五位婆罗门仙在五个夜晚，从那罗延天传承此派的教法体系。

五夜派的经典有220余种，通常被冠以本集、阿含或怛特罗之名。不过，大部分经典仅存残卷，或很少的章节，其主体内容多已亡佚，只能从后人的引用中略窥其端倪，这些经典产生的时代大致在公元9世纪中期以前。在这些经典中，传播最广、最具影响力的是《萨特跋特本集》《青莲华本集》与《胜语本集》，它们是五夜派最重要的经典，被称为“三夜”（rātratraya）。《萨特跋特本集》（*Sātvata-saṃhitā*）有3 500颂，25章，内容主要涉及真言，对无生诸神的内、外供养，印契，以及神像的安立等，由毗湿奴为商羯罗仙讲说。《青莲华本集》（*Pauṣkara saṃhitā*）有6 000颂，43章，主要讲种种坛法，葬礼，以及年度举行的宗教活动与仪式，由毗湿奴与梵天女讲说。《胜语本集》（*Jayākhya saṃhitā*）有5 000颂，合33章，内容包括宇宙创生、真言、印契、供养、入门仪、瑜伽实践等，对谈者为优留仙与扇底拉仙。

在五夜派看来，世界的终极真实为梵，他又被称为毗湿奴、那罗延、薄

① Dominic Goodall, *The Parākhyatantra: A scripture of the śaiva Siddhanta*, Institute Francais de Pondichery, 2004, pp. 387–393.

伽梵与婆薮天，其身具六德，即智慧（jñāna）、自在主（aiśvarya）、神力（bala）、勇武（vīrya）、根性（śakti）、光芒（tejas），且不受时空的限制。毗湿奴的配偶神拉克什弥被称为吉祥天女、那罗延天女，是神秘力量萨克蒂的化身，她通常与毗湿奴同时出现，是世界的创造者。她创造的世界包括清净分与非清净分，其中清净分有胜初（para）、示现（vyūha）、无生（vibhava）、灵魂（antāryamin）、圣像（arcā）。非清净分指用原初物质创造的有情与非有情。从本质而言，作为生命的个我是清净、常住的，但会受到周围非清净的物质世界，以及世间诸苦的束缚与影响，流传生死。为蠲除诸种苦难，其信徒需要从事四个方面的实践，也就是五夜派经典所谓"四分"或"四足"教法，即智慧、瑜伽、事仪与正行。其名目和内容基本与前述湿婆悉檀多派的"四分教法"多有相似之处，只不过五夜派所敬信崇拜的本尊则由湿婆及其眷属变为毗湿奴及其眷属。

在五夜派经典中，《莲华本集》（*Padma Saṃhitā*）即按照四分教法体系将全书分作四章，依次以智慧分、瑜伽分、事仪分、正行分为题。智慧分是关于终极实在即婆薮天主的知识或认识，主要探讨宇宙论，以及世间的种种色法与类别。瑜伽分是关于瑜伽修习的部分，是对本尊毗湿奴及眷属的观想。事仪分包括营建寺庙，造立神像，以及相关的献祭仪式。正行分是有关诸神崇拜的宗教活动，它包括真言、坛城、幻方、轮供、手印与布字等事相。在起始环节，须实行净界法，以除去行者肉身上的不净之物。敬拜供养包括内供养与外供养，内供养是纯精神性的，须为外供养的前导。除此之外，忏悔法也是正行分的重要环节。需要指出的是，五夜派的经典对各分教的论述并非面面俱到，而是有所选择与侧重，这一点从上述五夜派的三部经典中即可见出。

三、《薄伽梵歌》中的三种瑜伽

湿婆悉檀多派、毗湿奴五夜派的四分教法与怛特罗佛教经典的四部分类法的相近与类似，足以说明秘密佛教修习体系与印度教湿婆派与毗湿奴之间不言自明的借鉴与共生关系，它们都是诤斗时期怛特罗教法或思潮的代表性教派，而从《薄伽梵歌》宣说的三种瑜伽与四部怛特罗之间的关联，则可以看出秘密佛教对毗湿奴派的借鉴和继承。

《薄伽梵歌》出自《摩诃婆罗多》第六篇《毗湿摩篇》的第23—40章，前后共18章，每一章都题为“某某瑜伽”，其内容是俱卢族与般度开战前夜，作为毗湿奴化身的黑天与般度族五兄弟之一的阿周那之间所进行的一次对话。黑天为开导阿周那，向其阐明要想获得解脱，达到人生的最高境界，就要遵行三条道路或三种法门（Sādhanā），即业瑜伽、智慧瑜伽与虔信瑜伽。

业瑜伽（karma-yoga），或称行动瑜伽，是《薄伽梵歌》第三章的标题。本书的汉译者黄宝生先生指出，在上古时代的吠陀文献中，业通常指的是祭祀活动，婆罗门将祭祀称为最高的业；在《薄伽梵歌》中，业指的是广义的动作或行动。由此而言，业（karma）在早期吠陀文献中的意旨与怛特罗教法中的事仪（kriyā）非常相似。在这一章，黑天向阿周那指明世界的维持和人类的生存都离不开行动，教导阿周那要摒弃自私，灭除欲望，专注自我，履行自己的社会责任，从事行动而不执著成果，把行动作为对至高存在的奉献。这种说法与汉代董仲舒所谓的“正其道不谋其利，修其理不急其功”（《春秋繁露·对膠西王越大夫不得为仁第三十二》）的意旨相通。

智慧瑜伽（jñāna-yoga）中的智慧指的是知识或智慧，是《薄伽梵歌》第四章的标题。在这一章，黑天向阿周那讲述，自己是一切众生之主，不生不灭，但为了维持正法，需要一次又一次化身来至凡间。瑜伽智慧的精髓在于，从事行动而不执著其行动成果，就能达到与梵同一，获得解脱。黄宝生先生认为，智慧瑜伽就是以数论和奥义书的哲学智慧，指导自己的行动。

虔信瑜伽（bhakti-yoga）中的虔信（bhakti）是虔诚、崇敬之义，《薄伽梵歌》第十二章即题为虔信瑜伽。在这一章，黑天向阿周那指出，虔诚地崇拜他是获得解脱的方便之门，讲述虔信黑天的四种方法：练习瑜伽、智慧、沉思和弃绝行动成果。

《薄伽梵歌》第四章第32、33、34颂依次讲述了三种瑜伽：

> 种种祭祀展示梵面前，它们全都产生于行动；
> 你应该知道这一切，知道后，就能获得解脱。（32）

智慧的祭祀胜于，一切物质的祭祀；
一切行动，阿周那啊！在智慧中达到圆满。（33）
要知道，通过虔敬，通过讯问和侍奉，
洞悉真谛的智者，会把智慧教给你。（34）①

由此可见，这三种瑜伽是相辅相成的，只有以智慧指导行动，加上虔诚地侍奉黑天毗湿奴，才是最为完整、最为圆满的解脱。黄宝生先生认为："业瑜伽、智瑜伽和信瑜伽代表实践、认识和信仰，属于人类普遍的生存方式。认识世界，尊重客观规律，无私无畏履行职责，从事行动，奉献社会，就能圆满实现人生，达到天人合一的崇高境界。"②此语非常精准地概括了三种瑜伽的关系与意义。

将《薄伽梵歌》中所讲的这三种瑜伽形式与湿婆悉檀多、毗湿奴五夜派的四分教法，以及秘密佛教的四部怛特罗相比，可以发现它们之间有不少相通之处。从其具体内容而言，业瑜伽是一种广义的行法，它包括事仪与正行两个方面的内容，是居家信众与寺庙僧徒奉行的宗教活动与礼仪。其中，关于正行的部分恰可与虔信瑜伽相通，智慧瑜伽与湿婆悉檀多的智慧成就法相类，是关于形而上学的智慧或知识。缘是之故，毗湿奴五夜派的某些教徒亦依《薄伽梵歌》所载，把他们的修行法门概括为四种，即行动（karma）、数论（Sāṁkhya）、瑜伽（yoga）与虔敬（Sarvatyāga），由此使自我解除诸苦，获得解脱，享受至乐。③这种简单的比较或比附有些牵强，不过从宗教实践角度考虑，它们实际上都是不同宗教派别对其解脱方式或解脱观念的表述与概括。

四、《瑜伽经》中的事仪瑜伽

在四部怛特罗中，事部居其首，专指秘密行法中的各种事物性活动或称事

① 毗耶娑著，黄宝生译：《薄伽梵歌》，北京：商务印书馆，2010年，第48页。
② 黄宝生：《薄伽梵歌导言》，毗耶娑著，黄宝生译：《薄伽梵歌》，第11页。
③ K.L.Seshagiri Rao & Kapil Kapoor, *Encyclopedia of Hinduism*, Vol. 8, India Heritage Research Foundation in association with Rupa & Co., 2011, p.26.

相。事仪（Kriyā）是由动词词根√kṛ派生而来，意为行、所行等。在秘密佛教中，为了区别它与正行（caryā）部怛特罗，称之为事部怛特罗，取“所行”义，指动作、行为的对象或结果。注重事相，即事而真，是怛特罗经典与教法的重要特征。在湿婆悉檀多的阿含经典中，事部也占据了大部分篇幅，是湿婆成就师日常宗教实践中最重要的内容。不过，在公元2—5世纪间成书的《瑜伽经》中，事仪已成为一种非常重要的瑜伽修持方法，经文将其称为事仪瑜伽（Kriyāyoga）。

《瑜伽经》（*Yogasūtra*）是对瑜伽修行进行理论总结的最早著作，作者钵颠阇利（Patañjali）生平不详。本书分为四章，包括194条经文。第一章“入定”（Samādhi）讲述心的各种活动状态，抑止心的活动的入定状态，以及达到入定的一些方法。第二章“方法”（Sādhana）指出人生痛苦和烦恼的根本原因是没有认清心的知觉与原人（自我）的区别。修习瑜伽八支以排除无知，求取真知，是获得解脱的根本方法。本章讲述瑜伽八支中的前五支。第三章“成就”（Vibhūti）讲述瑜伽八支中的后三支，同时讲述瑜伽行者由此获得的种种成就。第四章“独存”（Kaivalya）讲述瑜伽修行的最终目的是达到独存，即获得解脱。[①]

钵颠阇利在《瑜伽经》第二章“修持章”开篇讨论的即是事仪瑜伽：

> 苦行、诵习和敬仰自在天是行动瑜伽。为了促进入定和为了减少烦恼。无知、自我性、贪欲、憎恨和执著是烦恼。

本书的汉译者黄宝生先生将Kriyāyoga译为“行动瑜伽”，本文为了避免它与行部怛特罗的混淆，兹称之为事仪瑜伽。从经文所载看，事仪瑜伽是入定的加行，即前期的准备活动，它包括苦行、诵习真言与敬奉大自在天三部分。按毗耶沙（Vyāsa，即广博仙人）的注释，苦行（tapas）是为了祛除无始以来种种业和烦恼的熏习，以及与种种感官对象的接触，让心达到清净，而不造成障

① 黄宝生：《瑜伽经导言》，钵颠阇利著，毗耶娑疏，黄宝生译：《瑜伽经注疏》，北京：商务印书馆，2016年，第3页。

碍。诵习（svadhyāya）是念诵“唵”等祷词，即念诵真言，或者是诵习解脱经纶。敬仰大自在天（pranīdhāna）是将一切行动献给最高的导师，或舍弃行动成果。通过这种事仪瑜伽可以祛除人们的五种烦恼，促进入定。那么，事仪瑜伽在《瑜伽经》所述的瑜伽修习中居于什么样的位置呢？

《瑜伽经》第二章第29条把瑜伽修习的方法概括为八种，称为“瑜伽八支”，此八支依次包括：（1）自制（yama），不杀生、诚实、不偷盗、梵行和不执取。（2）遵行（niyama），遵行纯洁、知足、苦行、诵习和敬仰自在天。（3）坐姿（āsana），坐姿稳定和舒适。（4）调息（prāṇāyāma），断除吸气和呼气的运动。（5）制感（pratyāhāra），控制感官，不与它们各自的对象结合，仿佛依随心的姿态。（6）专注（dhāraṇā），心固定一处。（7）沉思（dhyāna），专心认知。（8）入定（samādhi），沉思唯独闪耀对象的光芒，仿佛失去自己的形态。①

从上列瑜伽八支的各项内容，可以看出事仪瑜伽属于八支中的第二支“遵行”，其苦行、诵习与敬仰大自在天，是《瑜伽经》正面提倡的三种行为，它包含有事仪、正行与虔信三个层面，是事仪、正行与虔信的混沌未分状态。

通过上文的检讨，我们可以看出，怛特罗经典的四部分类体系目前虽仅保存于藏传佛教的秘密教法中，但从其成立的历史背景与教法体系来看，它实际是依止于整个印度宗教的修行体系与解脱法门，这种宗教的修行体系注重知行合一、理事不二，注重智慧（知识、理论）与行动（行为、实践）的圆融结合。因此，事仪、正行与智慧也就代表了其宗教实践中的事与理两个层面，而瑜伽则代表了这两个层面的圆融结合，以及最后所达致的境界。怛特罗是印度宗教文献与教法的发展与集成，四部怛特罗是对《瑜伽经》、《薄伽梵歌》、湿婆悉檀多派、毗湿奴五夜派等印度宗教教法体系的继承与发展。

① 黄宝生：《瑜伽经导言》，钵颠阇利著，毗耶娑疏，黄宝生译：《瑜伽经注疏》，第66页。